임효빈님께,

참 좋은 인연입니다!

2017. 12. 3.

박재복 드림

글로벌 시대의
방송 콘텐츠 비즈니스

글로벌 시대의 방송 콘텐츠 비즈니스

박재복 지음

W미디어

최근 미디어 업계 전반에 불고 있는 변화의 바람은 미처 그 흐름을 따라잡기가 어려울 정도로 빠르고 광범위하다. 시장이 급속하게 글로벌화하고 있는가 하면, 또 다른 한 편에선 첨단기술에 기반한 신개념의 매체들이 속속 출현하고 있다. 이 같은 상황에 기인하여 미디어 및 콘텐츠 업계 전반의 기본 틀이 요동치고 있다. 그런데 통상 변화의 격랑은 안주하려는 자에겐 위기로 인식되지만 도전하는 자에겐 절호의 기회로 다가선다는 점이 흥미롭다. 변화는 그 속성 상 새로운 기회를 내재하고 있기 때문일 것이다. 우리가 당장 밀려오는 격랑 속에서 살아남고, 나아가 승자로 거듭나기 위해서는 변화 물결의 방향성을 정확히 포착하고 거기에 대비하는 전략이 필요할 것이다.

인간은 태생적으로 사회적이고 오락적인 동물이다. '사회적'이란 말은 우리가 커뮤니케이션 영역에 묶여 있다는 의미이고, '오락적'이란 특성은 엔터테인먼트 산업의 기반으로 작용하고 있을 것이다. 방송 콘텐츠를 포함한 문화산업은 이 같은 인간 본성과 부합되는 21세기형 우량아임에 틀림없다. 그런데 인간사회는 경쟁을 피할 수 없는 구조를 갖고 있고, 어쩌면 '정글의 법칙'에서 벗어난 예외적 존재는 더더욱 아니다. 생각해보면 인류는 언제부턴가 무력이나 경제력 경쟁을 해왔고, 지금은 이 시대의 유망 분야인 문화산업 영역에서 가히 국가 대항 총력전을 펼치고 있는 양상이다.

지금 진행 중인 문화전쟁의 판세를 개략적으로 살펴보면 전통적인 최강국인 미국 그리고 2~3위권의 일본과 중국이 선두경쟁을 벌이고 있고, 영국, 독일, 프랑스 등 유럽 국가들도 나름의 세력을 형성하고 있다. 다행히 우리나라도 '한류'를 통해 그 잠재 가능성을 확인한 후 문화산업 부문의 경쟁력 제고가 나아갈 미래방향이란 점에 국민적 공감대가 형성돼 있다.

인간의 내면을 살펴보면 시視, 청聽, 후嗅, 미味, 촉觸 등 오감을 만족시키기 위한 사치가 대단한 동물이다. 전통적인 문화강국인 미국은 이 점에 착안하여 할리우드 군단을 앞세워 사업영역을 개척하며 오랜 세월 동안 세계인들의 눈과 귀를 지배해왔고, 지금은 촉감의 영역을 선점하기 위해 노력을 경주하고 있다. 엔터테인먼트 산업은 인간의 본성에 바탕을 둔 사업영역이란 점에서 인간사회가 끝나지 않는 한 지속되는 네버엔딩 스토리가 될 것이다. TV나 라디오가 진화하여 또 다른 뉴미디어로 변신하거나 또 다른 첨단매체가 등장할지언정 감성 상품에 대한 수요가 사라지는 일은 없을 것이란 의미이다. 다만 이 황금 영역을 차지하는 승자는 계속 바뀔 것이고, 세상 사람들은 새로운 승자에게 환호할 것이다.

이 책에서는 미디어 업계 전반에 불고 있는 변화의 바람 속에서 방송 콘텐츠의 주요 장르별 글로벌 시장 진출 현황을 살펴보고 최근의 시장변화 흐름 속에서 우리가 구사해야 할 비즈니스 전략의 기본 틀을 함께 고민해보고자 한다. 주지하는 사실이지만 우리 경제는 내부구조 측면에서는 '빈약한 부존자원'과 '협소한 내수시장 규모'라는 결정적인 핸디캡 속에서 고전해왔고, 외부환경적인 측면에서는 대륙 세력과 해양 세력이 부딪치는 틈새에서 늘 고민이 깊었다. 그렇지만 최근에 형성된 글로벌화와 디지털화 분위기는 우리가 활용하기에 따라서는 기회요인으로 작용할 가능성이 훨씬 크다. 이 책은 우리가 직면하고 있는 상황 속에서 내부 핸디캡을 극복하고 해양 세력과 대륙 세력을 지렛대로 활용한 신국부 전략이 없을지 함께 고민하고자 한다. 이 책에 담긴 내용들이 작은 초석이 되고 원대한 미래그림을 그리는 데 있어서 단초를 제공하길 바라는 마음이다.

이제 원고를 마무리하려니 여전히 부족하고 허술한 부분이 많이 보이지만 제가 바라본 현상분석과 미래 비전을 제시해본 것으로 만족하려 한다. 늘 느끼는 일이지만 광대한 우주 속에서 인간의 지식은 너무 빤히 바닥이 보이고, 그나마 그 대상도 정지상태가 아니라 계속 변화하고 있어서 한계를 절감한다. 이 같은 인간의 한계를 보완하는 방법은 그나마 집단지성이 아닐까 싶고, 이 책이 집단지성의 바다에 작은 부분이라도 보탬이 되길 기대한다.

마지막으로, 이 책의 출간을 위해 결정적인 응원군이 돼준 방송문화진흥회의 저술지원사업 관계자분들께 감사의 말씀을 드리고, 또 자료조사 등 연구보조 역할을 기꺼이 맡아준 한양대 박사과정의 정은정 님께도 마음의 인사를 드린다. 아울러 이 책의 출판과정에 있어서 꼼꼼한 원고교정과 따뜻한 자문을 해준 W미디어의 박영발 사장 외 관계자분들께도 감사의 말씀을 드린다.

박재복

Contents

예능 콘텐츠 비즈니스

 다큐 콘텐츠 비즈니스

제5장 애니메이션 콘텐츠 비즈니스

제6장 방송 콘텐츠 비즈니스 실무

제7장 미디어 환경 변화 및 향후 전망

글로벌 시대의
방송 콘텐츠 비즈니스 환경

1. 방송 환경의 변화추이

언젠가부터 '문화'가 시대를 대표하는 키워드가 되었고, 이 같은 분위기가 반영돼 21세기는 '문화의 세기'라고 칭해지기도 한다. 실제로 최근 들어 문화와 감성 관련 산업이 급부상하고 있고, 문화와 자본이 결합하여 '문화산업'을 창출하고 있다. 문화산업이라는 용어는 프랑크푸르트학파의 아도르노와 그의 동료들이 창의적이고 심미적인 고급문화를 의미하는 '문화'와 자본주의 체제 하 대량생산의 반복적이고 착취적 방식의 '산업'을 비판적으로 대비시키기 위해 처음으로 사용되었다.[1] 그렇지만 문화산업 부문에서 다국적기업의 등장과 국가 간 문화지배와 종속, 문화적 정체성, 문화산업에 대한 지원과 육성 등의 이슈가 국가 정책의 관심사항으로 부상하면서 개념이 보다 구체화되었다고 할 수 있다.

이 같이 문화산업의 부상에 따라 인류의 경쟁 양상도 이전의 무력경쟁이나 경제전쟁에서 한 발 더 나아가 문화전쟁 양상도 추가되며 패러다임이 전환되고 있다. 실생활 속에서 살펴보면 직접적인 문화상품의 확장뿐만 아니라 일반적인 상품에 있어서도 문화적 요소의 비중이 확대되고 있는 추세다. 그래서 인간의 창의력이나 아이디어를 기반으로 하는 창조산업의 위상이 부각되고 있고, 사고의 패턴도 기술 중심에서 벗어나 다시 사람 중심으로 회귀하는 흐름도 감지되고 있다. 문화산업의 다양한 영역 중에서도 방송 콘텐츠 분야는 방송 미디어의 특성이 결합되면서 국가 간 문화전쟁 전반에 결정적인 역할을 하는 핵심 첨병으로 기능하고 있다는 사실이 입증되고 있다.

[그림 1] 시대 흐름과 방송 콘텐츠

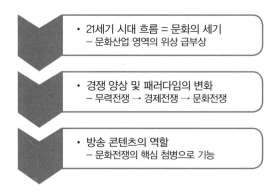

- 21세기 시대 흐름 = 문화의 세기
  – 문화산업 영역의 위상 급부상

- 경쟁 양상 및 패러다임의 변화
  – 무력전쟁 → 경제전쟁 → 문화전쟁

- 방송 콘텐츠의 역할
  – 문화전쟁의 핵심 첨병으로 기능

문화산업 영역에서 경쟁우위를 확보하기 위한 국가 간의 경쟁도 치열하다. 문화산업계의 경쟁상황을 개괄적으로 살펴보면, 전통적인 문화강국의 위상을 구축해온 미국이 화려한 할리우드 군단을 이용하여 오랜 세월 세계인의 눈과 귀를 지배해 왔고, 지금도 여전히 세계시장의 33% 내외를 점유하며 선두를 지키고 있다. 그 뒤를 이어 탄탄한 경제력을 바탕으로 한 저력의 일본과 최근 급부상하고 있는 중국이 2, 3위를 놓고 경합하는 양상인데, 중국의 약진세가 두드러져 조만간 무난히 2위권을 돌파하리란 예측에 무게가 실리는 분위기이다. 중국은 국가주석이 직접 문화산업 부문의 경쟁력을 챙기며 중국공산당 100주년인 2021년을 앞둔 2020년까지 문화산업 최강국이 되겠다는 구체적인 정책목표를 제시하였다. 중국 문화부에 따르면 중국은 문화산업 증가액이 2010년 1.1조 위안으로 GDP의 2.75%를 차지했지만, 2014년에는 동기 대비 12.1% 증가하여 중국 문화산업의 성장률이 GDP의 3.76%에 이른다고 밝히고 있다. 애니메이션을 비롯한 문화산업의 기반이 탄탄한 일본 역시 쿨저팬Cool Japan 정책을 기조로 문화산업 육성에 역량을 집중하는 모습이다. 또한 전 세계인의 공통 언어로 기능하고 있는 영어를 모국어로 쓴다는 점에서 엄청난 이점을 갖고 있는 영국은 문화산업을 '창조산업'으로 명명하며 미래 전략산업으로 육성하고 있고, 우리나라도 '한류' 현상을 통해 가능성을 확인한 후 '문화융성'을 정책적 슬로건으로 내걸고 문화산업 분야에서 미래 성장동력을 찾기 위해 노력을 경주하고 있다. 그 외에도 대부분의 국가들이 문화산업 분야에 정책 우선순위를 두고 경쟁 역량 키우기에 매진하는 모습이다.

[그림 2] 주요 국가별 문화산업 육성 전략

미국

- 엔터테인먼트 산업이 군수산업과 함께 2대 핵심산업으로 자리매김
  - 시장규모 6,317억 달러(점유율 32.7%, 2015)
    월트디즈니, AOL타임워너, 유니버설 스튜디오 등 메이저사가 포진

일본

- "Cool Japan" 정책을 기조로 문화산업 육성
  - 시장규모 1,654억 달러(점유율 8.6%, 2015), 세계 애니메이션 시장 13% 점유(2012)
- 대표적인 가전기업 Sony가 주력사업을 가전에서 엔터테인먼트로 전환
  - 노부유키 회장 "디지털시대에 콘텐츠를 잡지 못하면 소니의 미래는 없다"

영국

- 문화산업을 "창조산업"으로 명명하고 미래전략산업으로 육성
  - 시장규모 1,028억 달러(점유율 5.3%, 2015)
- 음악 등 문화산업으로 "제2의 대영제국"을 재건 가능성 확인
  - "비틀즈 효과"(연간 저작권료 1억 달러)의 경험으로 콘텐츠 산업의 중요성을 인식
    〈해리포터〉, 〈반지의 제왕〉, 〈오페라의 유령〉 등으로 자신감 회복

중국

- 중국 공산당 창당 100주년인 2021년을 맞아 2020년까지 '문화산업 최강국' 정책목표를 공표
  - 시장규모 1,647억 달러(점유율 8.5%, 2015)

* 자료: PWC(2015), 이경민(2013. 7. 24) 등을 참고하여 재구성.

　　방송은 이제 기존과 같은 단순 언론매체라는 개념에서 벗어나 미디어 산업이라는 새로운 영역에 편입되고 있고, 미디어를 통해 전달되는 내용물인 콘텐츠도 시장에서 거래되는 상품으로 거듭나고 있다. 특히 방송 콘텐츠는 매체 특성으로 인해 문화전쟁 전반에 영향을 끼치는 핵심 분야로 인식되고 있고, 실제로 방송 콘텐츠의 해외진출에 의한 경제적 측면의 부대효과나 문화적 파급력이 상당하다는 사실이 입증되고 있기도 하다. 대표적인 사례로는

한류 초창기에 드라마 〈사랑이 뭐길래〉의 중국 방영 당시 외교가에서 "드라마 한 편이 외교관 몇 명의 몇 년 간 노력보다 낫다"는 평가가 있었고, 드라마 〈대장금〉이나 〈겨울연가〉의 경제적 효과를 계량적으로 분석해보려는 시도도 있었다.

그와 함께 미디어 관련 기술도 나날이 발전하면서 미디어 및 콘텐츠 산업 분야의 미디어 기술발전에 기인한 경영환경도 급속하게 변화하고 있다. 인터넷이나 모바일의 속도는 더 빨라지고 있으며, 세계의 네트워크를 연결하는 기술도 점점 촘촘해져 가고 있고, 기기나 플랫폼 간 융합도 가속화되고 있다. 이러한 미디어의 기술적 발전은 글로벌화와 디지털화를 촉진시키고 있다. 종합미디어그룹으로 성장한 뉴스 코퍼레이션News Corporation의 루퍼트 머독 회장은 뉴스 코퍼레이션의 2008년 경영보고회에서 "뉴스 코퍼레이션의 수익창출 근원은 글로벌화와 디지털화 흐름이다"라고 진단한 바 있다. 뉴스 코퍼레이션 그룹이 굴지의 글로벌 미디어 그룹으로 성장하게 된 바탕에는 이와 같은 최고의사결정권자의 정확한 경영환경 분석이 결정적인 방향타가 되었을 것이다. 또한 최근 미디어 업계에서 주목받고 있는 중국도 글로벌 시대에 부응하여 국영방송 CCTV가 현재 7개 채널에서 6개 언어로 24시간 해외방송을 하면서 해외지사 2개, 해외총국 5개, 해외지국 63개를 운영하고 있다. 171개국 3억 명의 시청자를 가진 CCTV는 정부의 전폭적인 지원과 강력한 네트워크, 그리고 막강한 자본력을 바탕으로 미디어를 통한 세계 지배를 꿈꾸고 있다.[2] 국내에서

는 KBS가 KBS월드를 통해 2013년 기준 세계 88개국 주요 방송 플랫폼에 진출해 있다.[3]

그런데 글로벌화 흐름이 시장 전반을 휩쓸고 있는 시장을 자세히 관찰해보면 언어 등 문화적으로 근접성이 있는 특정 권역별로 지역 문화 블록이 형성되는 현상도 감지되고 있다. 지역별 문화 블록이 형성되는 요인으로는 언어, 종교, 피부색 등이 복합적으로 작용하는 것으로 보이며, 우리가 속해 있는 동북아시아권의 경우 중국 등 중화권과 일본, 한국이 핵심적인 역할을 하는 주역으로 부상하고 있다. 산업 전반을 종횡으로 관통하는 변화 흐름은 가히 현기증이 날 정도로 광범위하고 빠른 속도로 진전되고 있고, 이 같은 변화의 바람 속에서 미디어 및 콘텐츠 관련 제작과 유통 전반의 생태계가 요동치고 있다. 최근 미디어 환경의 변화 양상은 글로벌화, 디지털화, 지역 블록화라는 3대 키워드를 중심으로 설명이 가능하다고 할 것이다.

[그림 3] 21세기 방송환경의 3대 키워드

1) 세계가 함께 보는 방송 − 글로벌화

세계시장은 정치적, 지리적인 의미에서의 국경이나 경계는 허물어지고 하나의 시장으로 통합되는 것이 대체적인 추세이다. 미디어나 콘텐츠 산업 역시 고유의 특수성에도 불구하고 이러한 대세에서 예외는 아니다.

[표 1] 세계 엔터테인먼트&미디어 시장 규모(2013)

(단위: 억 달러)

순 위	국 가	시장 규모(시장 점유율)
1	미 국	6,317(32.7%)
2	일 본	1,654(8.6%)
3	중 국	1,647(8.5%)
4	독 일	1,131(5.8%)
5	영 국	1,028(5.3%)
6	프랑스	817(4.2%)
7	한 국	564(2.9%)
8	브라질	483(2.5%)
9	캐나다	478(2.4%)
10	이탈리아	413(2.1%)
세계 전체		19,292(100%)

* 출처: PWC(2015). Global Entertainment and Media Outlook 2015−2019.

미디어 및 콘텐츠 시장의 글로벌화가 진전되면서 세계 콘텐츠 관련 업계에서는 미디어 기업 간 M&A나 사업다각화가 활발하게 진행되고 있다. 이 같은 미디어 기업들의 대형화 움직임은 기본

적으로 내수시장을 넘어 세계시장을 겨냥한 경영전략에 바탕을
두고 있다. 개별기업의 통합과 합병을 통해 재탄생한 거대기업들
중 상위 5개 문화 콘텐츠 기업의 매출액이 약 12%를 차지할 정도
로 시장을 주도하고 있다.[4]

[표 2] 글로벌 문화 콘텐츠 기업 빅5(2013년 기준)

(단위: 억 달러)

기업명	매출액	세계시장 점유율
컴캐스트	708	3.7%
월트디즈니	493	2.6%
뉴스코프	397	2.0%
타임워너	350	1.8%
비아컴	318	1.6%
2013년 세계 시장 규모 1조9,292억 달러 중 11.7% 차지		

* 자료: PWC(2014), 이지성(2015. 9. 4) 등을 참고하여 재구성

세계 엔터테인먼트 및 미디어 산업 부문의 시장 규모는 2013년
을 기준으로 총 1조9천억 달러로 추산되는데, 이는 세계시장 규
모가 4천억 달러 수준인 휴대폰 산업의 약 5배, 3,400억 달러인
반도체 산업보다 약 6배 수준이다.[5] 엔터테인먼트 및 미디어 시장
은 지금도 성장세를 이어가고 있기 때문에 2018년에는 세계시장
규모가 2조2,464억 달러에 이를 것으로 전망된다.[6]

세계 각국이 경합하는 문화산업계에서 우리나라의 TV 프로그
램들도 해외시장으로 활발하게 진출하면서 '한류 현상'을 창출하

고 있다는 것은 의미 있는 청신호라고 할 수 있다. 드라마 장르는 거의 모든 작품이 국내 방영뿐만 아니라 글로벌 무대로 진출하여 글로벌 상품으로 거듭나고 있는데, 이 같이 우리나라 드라마가 글로벌 경쟁력을 확보하게 된 것은 1990대에 들어서면서부터 MBC 드라마 〈사랑이 뭐길래〉, KBS 드라마 〈첫사랑〉, SBS 드라마 〈모래시계〉 등을 중심으로 국내 시청률 60%대를 기록하며 국민적 사랑을 받은 것이 그 바탕이 된 것으로 분석된다. 즉 국내 시장에서 형성된 높은 시청률을 기반으로 경쟁 역량을 축적하여 이를 동력으로 글로벌 무대에 진출하게 되었다는 의미이다. 이러한 "드라마 한류"의 진행상황을 도식적으로 정의한다면 아시안 메이저Asian major 수준을 넘어 월드 마이너World minor 단계에 진입하고 있는 것으로 분석된다.[7]

문화산업 관련 분야의 시장성과 향후 성장 잠재력을 고려할 때, 한국의 엔터테인먼트 및 미디어 기업들도 글로벌화 추세에 대응하여 보다 적극적으로 해외시장 개척에 나설 필요가 있을 것이다. 문화산업 분야에서 일정 성과를 창출하고 있는 대표적 기업인 CJ그룹은 2015년 문화산업 진출 20주년 기념 간담회를 통해 향후 5년 동안 10조원을 문화산업과 관련 서비스 부문에 투자하여 글로벌 10위권의 문화 콘텐츠 기업으로 도약하겠다는 비전을 제시한 바 있다. 이처럼 방송산업 환경의 글로벌화는 단순히 우리의 콘텐츠를 수출한다는 것에만 초점을 맞출 것이 아니라, 산업 환경 전체를 아우르는 글로벌화의 흐름을 읽고 콘텐츠의 세계화, 관련 기업의 세계화에 대한 구체적인 투자와 비전 제시가 있어야 할 시점이다.

2) 세계로 뻗어가는 날개 – 디지털화

1930년대에 들어서면서 라디오나 영화 같은 전통적 매체를 제치고 첨단매체로 등장한 텔레비전은 오랫동안 '안방극장'으로 불리기도 했다. 이는 가구단위로 한두 대 꼴인 텔레비전을 보기 위해 저녁이면 가족들이 거실에 모여앉아 텔레비전을 시청하던 당시의 모습이 반영된 표현이다. 오랜 시간 동안 매체는 아날로그 방식과 '전파의 희소성'이라는 제한된 틀에 갇혀 있었기 때문이기도 하다. 하지만 지금은 개개인이 하나 이상의 미디어를 자신의 손 안에 휴대하고 있다. 이로 인해 사람들은 항상 들고 다니는 스마트폰을 통해 텔레비전이 있는 집에서뿐만 아니라 언제 어디서든 방송 콘텐츠를 쉽게 즐길 수 있다.

콘텐츠의 디지털화와 네트워크의 확장은 미디어, 플랫폼, 매체로 불리는 운송수단들과, 내용물로서의 콘텐츠를 분리시켰다. 이는 PC, 스마트폰, 태블릿 PC 등의 기기를 통해 더욱 확산되면서 이제는 TV를 통해 볼 수 있는 거의 모든 것을 인터넷망이 통하는 모든 곳에서 볼 수 있게 된 것이다. 이 같은 시청 패턴의 변화 양상은 국내에만 국한되지 않고 글로벌 시장 전반에 영향을 준다. 즉 국내에서 제작된 콘텐츠를 우리나라 사람들이 시간과 공간적 제약 없이 자유롭게 볼 수 있는 것은 물론이고, 국경을 넘어 다른 나라 사람들도 관심만 있다면 얼마든지 찾아보기 쉬워졌다는 의미다. 인터넷의 고도화와 더불어 방송 콘텐츠의 디지털화가 이루어지면서 콘텐츠에 있어서 지리적 경계는 사라지게 된 것이다.

[그림 4] 글로벌 유무선 인터넷 사용자 전망

(단위: 백만 명)

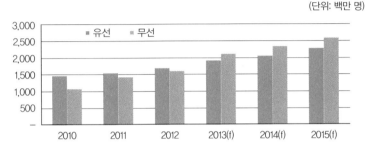

* 자료: 한국방송통신전파진흥원, 2012, 재인용

[그림 5] 글로벌 스마트 디바이스 보급률

(단위: 백만 대)

* 자료: 한국방송통신전파진흥원, 2012, 재인용

또한 이전까지 방송 콘텐츠의 해외수출을 위해서는 외국 방송사와의 계약은 물론 상대 방송사의 편성 사정이나 시청률의 문제까지를 고려해야 했지만 디지털화된 방송 콘텐츠는 직접 시청자와 접촉이 가능하다. 물론 특정국가의 TV 프로그램이 다른 국가의 방송사에서 방영되기 위한 방영권을 사는 형태가 없어진 것은 아니다. 하지만 중국처럼 국가 차원에서 해외 콘텐츠의 방영 쿼터를 정하는 경우 지장이 클 수 있는 콘텐츠 수출에 있어서 인터넷망을 통한 유통은 또 다른 활로가 되고 있다. 게다가 방송사에서 전략적으로 수출하는 콘텐츠가 아니더라도 온라인을 통해 반응을 확인한 이후에 정식 수출계약이 이루어지는 경우도 있다.

콘텐츠의 디지털화와 전 세계의 네트워크화로 인해 미국과 같은 막강한 자본력과 인지도를 갖지 않더라도 이전보다 쉽게 다른 나라에 콘텐츠를 소개하고 관심을 얻을 수 있는 환경이 조성되었다고 할 수 있다. 방송 영역에서 디지털화는 미디어의 융합, 플랫폼의 다양화를 가능케 하는 환경이 조성되었다는 의미이다. 이같이 디지털화가 매체 증가라는 의미로 다가서면서 소구력 있는 콘텐츠라면 유통경로는 얼마든지 선택할 수 있을 정도로 더 다양해지고 있다. 새로운 환경에서는 그동안 지상파 TV에서 케이블 TV, 위성 TV, IPTV로 이어지던 유통방식이 OTTOver The Top 플랫폼을 통해 인터넷만 연결돼 있으면 어떤 단말기로든 방송 콘텐츠를 즐길 수 있는 방식으로 변화했다. 이미 넷플릭스Netflix를 비롯한 OTT 플랫폼의 확장은 인터넷만 연결돼 있으면 TV, 컴퓨터, 스마트폰, 태블릿 PC 등 여러 단말기를 통해 서비스되기 때문에 콘텐츠 유통에 있어서 획기적으로 변화된 모델을 제시하고 있다. OTT 이용자 수는 2~3년 후인 2018년경이면 19억 명이 될 것으로 예상되며, 매출은 433억 달러에 이를 것으로 전망되고 있는 만큼[8] 플랫폼을 넘나드는 콘텐츠의 중요성은 더욱 커질 것이다. 실제로 2015년 9월, 서울의 코엑스에서 열린 BCWW(국제 방송영상 견본시)에서 세계 최대의 유료 동영상 서비스 업체인 미국의 넷플릭스는 2016년 말까지 전 세계 서비스를 목표로 하고 있다고 발표했다. 넷플릭스는 이미 전 세계 50개국에 진출해 있으며 유료 가입자만 6,500만 명 수준에 이르는 것으로 알려져 있고, 미국에서는 저녁 8시대 인터넷 점유율의 30%를 넷플릭스가 차지하고 있다.[9] 최근에는 일본, 멕시코를 비롯한 10개국에서 자체 콘텐츠를 제작하면서 콘텐츠 공급자로 진화하고 있기도 하다.

[표 3] 대표적인 OTT 동영상 사업자

구분	넷플릭스	훌루	유튜브
서비스 기반	가입자 기반	광고+가입자 기반	광고+가입자 기반
유료 서비스 요금 (매월)	7.99달러	7.99달러	0.99달러
콘텐츠 구성	영화, TV 방송	영화, TV 광고	사용자 제작 콘텐츠(UCC), 단편영상, 뮤직비디오, 엔터테인먼트
강화 전략	직접 콘텐츠 제작, 독점 콘텐츠 계약	직접 콘텐츠 제작, 독점 콘텐츠 계약	오리지널 콘텐츠, 유료 서비스 개시
가입자(천 명)	51,825	−	−
2013년 매출 및 순이익(백만 달러)	4,375/112	−	59,825/12,920

* 출처: 권호영 · 송민정 · 한광접(2015). 〈디지털미디어경영론〉. 서울: 커뮤니케이션북스

우리나라도 동영상 플랫폼 사업자 푹POOQ이 이용자들의 이용 행태에 관한 빅데이터를 축적하고 CP사(콘텐츠 공급자)에 판매할 계획을 세웠다. 되돌려보기, 일시정지, 검색 기록은 물론 누적 동영상 시청, 주중·주말 시청 행태 등 모든 형태의 빅데이터가 익명으로 축적되며, 푹의 대주주인 KBS, MBC, SBS 등 지상파는 빅데이터를 바탕으로 예능, 드라마, 시사교양 콘텐츠를 제작하고, 광고도 빅데이터 기반으로 최적화시킬 것으로 예상된다. 넷플릭스가 2013년 플랫폼 이용자들의 행태를 분석하여 〈하우스 오브 카드〉라는 글로벌 인기 콘텐츠를 제작하기도 한 것처럼, 디지털화로 인한 환경 변화를 적절하게 활용하는 콘텐츠 제작 및 유통 형태라고 할 수 있겠다.[10]

디지털화, 온라인화로 인한 콘텐츠 제작, 유통의 변화는 시청률 집계와 광고의 패러다임도 바꿔가고 있다. TV 대신 PC, 스마트폰, 태블릿 PC로 방송을 보는 사람들이 늘어나면서 VOD를 비롯한 TV 이외의 시청에 대한 집계가 필요해진 것이다. 광고 분야에서도 TV 시청률에만 의존하던 것에서 매체 주목도, VOD 이용 순위 등 새로운 지표에 대한 관심이 늘어나고 있으며, 쌍방향 맞춤광고 등의 비중을 늘려가는 추세다. 방송통신위원회는 이 같은 문제를 해결하기 위해 TV, PC, 스마트폰을 포함한 새로운 시청률 조사 기준을 마련하려는 시도를 하고 있기도 하다.

3) 동일 문화권역 내 연대 – 지역 블록화

디지털화와 온라인 활성화로 인해 한국의 방송 콘텐츠를 한국 밖의 특정지역에서도 쉽게 접할 수 있게 되었다고 하지만, 기본적으로는 동일 언어권이나 비슷한 문화권에서 창출된 콘텐츠가 문화적 가치 하락이 적고 유통되기에도 쉬울 것이란 것은 어쩌면 당연한 이야기다. 따라서 방송 콘텐츠 교류에서도 핵심 상대가 되는 국가가 있으며, 이를 지역화 혹은 지역 블록화라고 일컫기도 한다. 이런 특성은 시장 구도에도 반영돼 세계시장은 글로벌화 흐름과 함께 지역별로 블록화하는 지역주의regionalism가 혼재하는 양상을 띤다. 방송 콘텐츠 등 문화적 상품의 국제유통에서도 글로벌화 바람 속에 문화적인 뿌리와 언어, 인종, 지리, 종교 등 유사성에 의거한 문화 블록이 형성되고 있다. 특히 문화적 상품은 문화적 할인이 일어나는데, 이 같은 문화적 할인요소 중에서도 언어적 요소가 끼치는 영향은 절대적이라 할 수 있다. 이 점에서 언어 권역별 시장 규모를 살펴볼 필요가 있는데, 영어는 세계인의 공통언어로서의 지위를 누려왔고, 최근에는 국제사회에서 중국의 역할 확대에 힘입은 중국어권의 부상이 눈에 띈다.

이에 따라 영어권 국가는 물론 서유럽, 라틴아메리카, 아시아 시장 등과 같은 동일 언어·문화권을 중심으로 지역화 추세가 강화되고 있다. 예를 들면, 아랍권 국가들의 경우는 전체 방송 콘텐츠 수입 물량의 약 3분의 1을 같은 권역 내 국가들에 의존하고 있으며, 라틴아메리카의 경우도 미국 방송 콘텐츠의 영향이 줄어들

[표 4] 언어권별 방송시장 규모

(단위: 억 명. 억 달러. %)

언어권	원어민 수	방송시장 규모			포함 국가
		2013	2018 (f)	성장률 (평균)	
영어	17.1	2,364	2,773	4.8	미국, 영국, 캐나다, 인도, 호주, 남아공
중국어	13.8	225	342	5.1	중국, 대만
인도네시아어	2.5	31	55	12.0	인도네시아
스페인어	2.2	189	249	11.2	멕시코, 아르헨티나, 스페인, 칠레
포르투갈어	2.0	142	210	8.0	브라질
러시아어	1.4	64	99	8.8	러시아
일본어	1.3	248	283	2.7	일본
아랍어	1.2	10	17	11.7	아랍에미리트, 이집트, 사우디아라비아
베트남어	0.9	6	11	10.5	베트남
독일어	0.8	258	278	1.5	독일
터키어	0.8	32	47	8.0	터키
프랑스어	0.7	145	159	1.9	프랑스
이탈리아어	0.6	102	120	3.3	이탈리아
타이어	0.6	31	42	6.4	태국
한국어	0.5	66	75	2.6	한국(북한 미포함)
스웨덴어	0.1	33	39	3.3	스웨덴

* 자료: PWC(2014)의 국가별 방송시장 규모 및 전망에 관한 통계자료가 있는 27개국을 대상으로 언어권 분류. 인구 수는 위키피디아 및 네이버 검색 자료를 이용하여 재정리하면서 1천만 명 이하는 4사5입.

고 멕시코, 브라질, 아르헨티나 등 동일 권역 내의 방송 콘텐츠를 수입하는 경향이 두드러지고 있다.[11] 멕시코의 사례도 이를 뒷

받침해준다. 과거 스페인의 식민지였던 멕시코는 전 세계의 스페인어 사용국 중 인구가 가장 많으며, 영상물 대기업인 텔레비사 Televisa의 본사가 있는 곳이다. 지리적으로 인접한 미국의 스페인어 시장을 비롯하여 주변의 같은 언어권인 중남미 시장, 스페인 TV 방송시장에도 언어적인 동질성을 바탕으로 스페인어권이라는 단일 언어권 시장을 만들어 성공을 거두었다.[12]

아시아 지역의 국가들 역시 서구권 방송 콘텐츠보다 지리적 근접성은 물론 언어·문화적 근접성 등과 함께 상대적으로 가격 경쟁력이 있는 같은 아시아권 시장을 통해 방송 콘텐츠를 수급하는 경우가 많다. 우리나라의 프로그램 수출액 중 일본, 중국, 대만, 홍콩, 태국, 필리핀, 베트남 등 아시아 7개국의 비중을 MBC 프로그램의 사례를 중심으로 살펴보면, 한류 바람이 불기 시작한 2003년 이후 줄곧 80%를 상회하고 있음을 알 수 있다.

[표 5] 1991~2008년 MBC 프로그램 수출액 중 아시아 7개국이 차지하는 비중

(단위: 달러, %)

연도	전체 수출 프로그램 수 (a)	7개국 수출 프로그램 수 (b)	비중 (b/a)	전체 매출액 (A)	7개국 매출액(B)	비중 (B/A)
1991	1	1	100	190,000	190,000	100
1992	4	2	50	174,175	27,075	15.5
1993	7	6	85.7	267,100	209,900	78.6
1994	7	4	57.1	192,256	157,550	82
1995	6	6	100	135,000	135,000	100
1996	7	5	71.4	200,906	184,500	91.8

1997	7	7	100	234,600	234,600	100
1998	23	15	65.2	872,170	722,570	82.9
1999	27	19	70.4	831,397	613,080	73.7
2000	27	24	88.9	908,786	675,746	74.4
2001	49	44	89.8	3,307,798	2,337,598	70.7
2002	60	43	71.7	5,424,343	3,201,443	59
2003	81	66	81.5	9,193,164	7,450,594	81
2004	81	67	82.7	15,661,804	13,281,494	84.8
2005	100	95	95	26,482,549	24,279,619	91.7
2006	101	80	79.2	27,896,523	25,444,898	91.2
2007	69	53	76.8	26,328,703	23,742,965	90.2
2008	95	85	89.5	29,224,971	26,364,656	90.2

* 출처: 박재복(2012). MBC의 수출실적을 중심으로 검증가능한 부분만 발췌, 도출된 수치임.

동일 권역 내에서 방송 콘텐츠의 교류 비중이 높다는 사실은 1991년부터 2008년까지 MBC에서 방영된 드라마, 시트콤 중 아시아 7개국에 수출된 프로그램의 비중을 살펴본 연구결과에서도 나타나고 있다. MBC의 드라마 장르를 중심으로 수출지역을 분석한 이 연구결과에 따르면 [표 6]에 나타나듯이 2003년 이후부터는 거의 90% 이상, 1999년부터 평균 75% 이상이 아시아 7개국에 집중돼 있다. 이 같은 추이는 후속 연구가 이루어지지 않은 2009년 이후에도 큰 틀에서 마찬가지 추이를 보이고 있는 것으로 추정된다.

이 같은 지역 블록화는 중심 – 준중심 – 주변국가라는 방송 콘텐츠 글로벌 시장의 3층 구조로 설명할 수 있다. 방송 콘텐츠 소비는 영화와 달리 우선적으로 자국 콘텐츠 중심으로 이루어지며, 다음으로 지리·문화·언어적으로 근접한 국가, 이를 통해서

[표 6] 1991~2008년 MBC 방영 드라마, 시트콤 중 아시아 7개국 수출 프로그램 수

연도	MBC 방영프로그램 수	아시아 7개국으로 수출된 프로그램 수	수출 프로그램/방영 프로그램 비율(%)
1991	13	3	23.1
1992	11	3	27.3
1993	10	4	40.0
1994	13	8	61.5
1995	11	9	81.8
1996	18	10	55.6
1997	15	10	66.7
1998	16	11	68.8
1999	16	12	75.0
2000	21	18	85.7
2001	17	14	82.4
2002	18	14	77.8
2003	20	18	90.0
2004	17	15	88.2
2005	22	20	90.9
2006	22	20	90.9
2007	25	25	100.0
2008	24	18	75.0
합 계	309	232	평균 75

* 출처: 박재복(2012).

도 충족되지 않을 경우 다른 지리·문화·언어권의 콘텐츠를 소비하게 된다는 것이다. 이는 미국의 영화가 세계적인 지배력을 과시하는 것과 달리 방송 콘텐츠의 지배력은 비교적 낮다는 점에

서도 알 수 있다.[13]

과거 일본에서 KBS 드라마 〈겨울연가〉를 중심으로 불었던 한류 바람을 비롯하여 최근 SBS 드라마 〈별에서 온 그대〉도 중국 고위층의 입에 공식적으로 오르내릴 정도로 중국에서 큰 사랑을 받았다. 이는 결국 한국 화장품이나 의류에 대한 관심, 한국 여행에 대한 수요로도 이어지고 있다. 이처럼 방송 콘텐츠의 지역 블록화는 단순히 프로그램 수출의 증가만을 의미하지 않는다. 지리·문화·언어권이 비슷한 국가들 사이에서는 더욱 밀접한 추가적 교류가 일어나기 쉽다. 더욱이 온라인 해외 쇼핑, 해외여행 등의 수요가 증가한 요즘의 환경에서 다른 문화권보다 인적·물적 교류가 손쉽게 이루어질 수 있는 이점을 갖고 있기 때문에 지역 블록화의 장점을 잘 활용할 필요가 있다.

그 중에서도 중국의 영향력은 온라인 사이트들을 중심으로 확장되고 있는 추세다. 중국 정부의 수입 콘텐츠 쿼터제로 인해 한국 방송 콘텐츠의 입지가 줄었다고는 하지만, 그것을 온라인 사이트들이 메움으로써 대중국 방송 콘텐츠 수출이 다시 10%대를 회복하기도 했다. 또한 중국 방송시장 자체가 10%대 중반의 고속 성장세를 보이고 있으며, 인터넷 동영상 스트리밍 사이트(유쿠투도우, 소후, 아이치이 등)의 성장세는 40%에 이른다고 보고 있다.[14]

2014년 SBS 드라마 〈별에서 온 그대〉로 촉발된 '별그대 열풍'을 통해서도 알 수 있듯이 중국은 한국의 방송 콘텐츠에 열광하고 있고, 중국이 가진 잠재력은 이미 많은 이들이 지적한 바 있다.

12.3억 명의 모바일 가입자가 있는 중국은 이제 세계의 공장이 아니라 한국이 전략적으로 접근해야 할 한국의 '내수 소비시장'으로 바라봐야 한다는 지적도 있다.[15] 중국 시청자들이 '별그대'를 우리나라와 같은 시간대에 실시간으로 온라인을 통해 시청하며 '치맥', '천송이 코트' 등 드라마 속의 유행 코드에 즉각적으로 민감하게 반응한 것을 보면 틀린 말도 아닌 것이다. 다만 최근의 드라마 사전심의제 등 중국의 규제안에 따른 중국 수출의 걸림돌을 돌파할 대안도 함께 고민해야 할 시점이다.

따라서 방송 콘텐츠의 지역 블록화에 대한 인식이 글로벌 방송 콘텐츠 비즈니스에 있어서 중요한 지점이 될 수 있을 것이다. 특히 중국에 대한 한국 방송 콘텐츠의 경쟁 우위를 활용하고 지역 블록화의 장점을 극대화할 수 있는 방안을 찾는 것이 앞으로의 한국 방송 콘텐츠 수출과 문화산업, 그리고 연관 산업들의 동반 성장에 두루 도움이 될 것이다.

2. 한국 방송 콘텐츠 수출 개황

한국 방송 콘텐츠의 해외수출 역사는 그리 길지 않아서 1990년대 초에 처음으로 해외로 수출되기 시작했고, 수출액도 수입액에 비해 100분의 1에도 미치지 못했다. 그렇지만 2002년을 기점으로 수출액이 수입을 넘어서는 출초상황으로 역전되었다.[16] 이제는 포맷 판매를 포함한 지상파, PP(방송 채널 사용사업자)의 방송 콘텐츠의 해외수출 총액이 2013년 기준 2억8,775만 달러(교민방송 관련 수출액 제외)에 이르며, 이는 전년 대비 32.6% 증가한 수치다. 방송 콘텐츠 수출 총액은 1997년 이후 계속해서 성장세를 이어가고 있다. 또한 우리나라 엔터테인먼트와 미디어 시장 규모는 2013년 기준으로 세계시장의 2.9%를 점유하여 세계 7위권에 랭크되고 있다.

[그림 6] **연도별 방송 콘텐츠 해외판매액(1997~2013)**

(단위: 십만 달러)

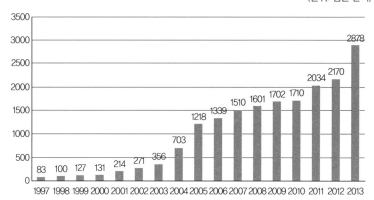

* 출처: 문화산업통계(1997~2000), 방송산업실태조사(2001~2014)

수출 지역도 일본, 중국, 대만, 베트남과 같은 아시아를 중심으로 유럽, 중앙아시아, 중남미, 아랍, 아프리카에 이르기까지 조금씩 확장돼 가고 있다.[17] 우리나라 TV 프로그램의 수출지역을 국가별 수출 총액을 기준으로 살펴봐도 1999년의 경우 일본 22%,

중국 20%, 대만 13%, 홍콩 6% 순으로 구성돼 수출시장이 단순했지만, 2009년의 경우 일본 63%, 대만 10%, 중국 6%, 홍콩 4%, 태국 4%, 필리핀 2%, 베트남 2% 등의 순으로 구성돼 있어 시장 다변화가 이루어지고 있음을 알 수 있다.

[그림 7] **지상파 방송 프로그램의 국가별 수출입 현황**

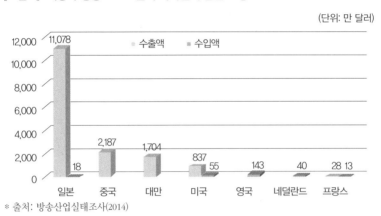

2014년 방송통신위원회의 〈방송산업실태조사〉에서는 지상파 방송 수출의 경우 일본 57.9%, 중국 11.4%, 대만 8.9%, 태국 3.6%, 베트남 3%로 중국의 비중이 반등한 모습을 볼 수 있다.

중국에 대해서는 2000년대 중반 이후 외국 방송 콘텐츠에 대한 수입 규제 강화로 2010년까지 수출 비중이 크지 않았으나, 2010년 이후 중국 온라인 영상물 유통 사이트에 판매를 확대할 수 있게 됨에 따라 10%대를 넘어선 것으로 볼 수 있다.[18] 방송 콘텐츠 수출에 있어서 아시아의 비중이 93.6%(2013년, 지상파 기준)로 대

[그림 8] **우리나라 TV 프로그램의 국가별 수출비중 변화**(1999/2013년 수출액 기준)

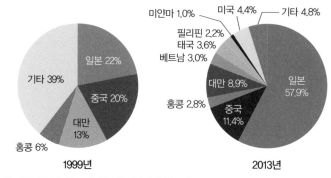

* 출처: 문화산업통계(2000), 방송산업실태조사(2014)

[그림 9] **방송 채널 사용사업 국가별 방송 프로그램 수출입 현황**

(단위: 만 달러)

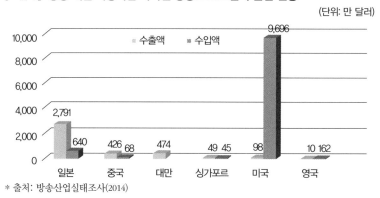

* 출처: 방송산업실태조사(2014)

부분을 차지하기는 하지만 미국, 프랑스, 영국 등으로 수출하는 사례들도 늘어가고 있다.

장르별로는 지상파의 경우 수출에서 드라마의 비중이 89.4% 로 가장 많고, 오락 4.2%, 다큐멘터리 1.5%로 집계되었다. 수입 에서는 다큐멘터리가 64.8%로 가장 많았고, 영화 17.4%, 드라마

12.7%, 애니메이션 5% 순으로 나타났다. 1차적으로 극장에서 상영되는 영화를 제외하고 드라마, 오락, 다큐멘터리, 애니메이션이 방송 콘텐츠로서 주로 거래되고 있음을 알 수 있다.

3. 글로벌 시대 방송 콘텐츠 수출의 의의

1) 방송 콘텐츠 수출의 경제적 가치

방송 콘텐츠의 해외수출을 통해 창출되는 경제적 가치는 직접적인 수출액을 말하는 직접적 가치와 방송 콘텐츠 해외수출의 영향을 통해 연관 산업에 끼치는 간접적 가치로 나눌 수 있다.

(1) 직접적 가치

2013년 기준으로 우리나라 콘텐츠 산업(지식정보, 콘텐츠 솔루션 제외) 중 방송 콘텐츠 수출액은 게임, 캐릭터 다음으로 높은 3억9백만 달러(교민방송 등 포함)를 기록했다. 2009년부터 2013년까지의 연평균 증감률 또한 13.8%로 높은 편이다. 콘텐츠 산업 부문의 수출액 약 50억 달러는 외형적으로는 우리나라 국가 전체 수출액 5,597억 달러(2013년 기준)[19] 중에서 1% 수준의 미미한 수치로 인식될 수 있지만 일반상품의 수출 마진이 10%에도 미치기 어려운 데 반해 콘텐츠 상품의 마진율은 90%를 상회한다는 점을 고려한다면 결코 적지 않은 수치라 할 수 있다.

[표 7] 콘텐츠 산업 수출액 현황

(단위: 천 달러)

구분	2009	2010	2011	2012	2013	비중 (%)	연평균 증감률 (%)
출판	250,764	357,881	283,439	245,154	291,863	5.9	3.9
만화	4,209	8,153	17,213	17,105	20,982	0.4	49.4
음악	31,269	83,262	196,113	235,097	277,328	5.6	72.6
게임	1,240,856	1,606,102	2,378,078	2,638,916	2,715,400	55.1	21.6
영화	14,122	13,583	15,829	20,175	37,071	0.8	27.3
애니메이션	89,651	96,827	115,941	112,542	109,845	2.2	5.2
방송	184,577	184,700	222,372	233,821	309,399	6.3	13.8
광고	93,152	75,554	102,224	97,492	102,881	2.1	2.5
캐릭터	236,521	276,328	392,266	416,454	446,219	9.1	17.2
지식정보	348,906	368,174	432,256	444,837	456,911	9.3	7.0
콘텐츠 솔루션	114,675	118,510	146,281	149,912	155,201	3.2	7.9
합계	2,608,702	3,189,074	4,302,012	4,611,505	4,923,100	100.0	17.2

* 출처: 한국콘텐츠진흥원(2015). 2013년 확정치 기준 콘텐츠 산업 규모 분석

[그림 10] 콘텐츠 산업별 수출액 비중(2013년 기준)

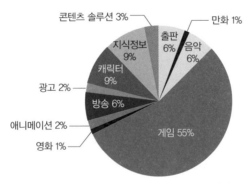

* 출처: 한국콘텐츠진흥원(2015). 2013년 확정치 기준 콘텐츠 산업 규모 분석

(2) 간접적 가치

방송 콘텐츠의 수출은 문화를 담고 있기 때문에 직접 수출을 통한 이윤 외에도 인접 산업에 대한 관심과 수요로 이어질 수 있다는 점에서 일반 소비재의 수출과 차별성을 가진다. 한국경영학회에서는 2012년 기준으로 한류의 자산가치를 94조7천억원, 부가가치액을 33조4천억원으로 분석하면서 LG그룹과 포스코 그룹의 기업가치를 합한 정도의 수준으로 가치를 설정한 바 있다.[20]

또한 한국문화산업교류재단은 한류 소비와 타 상품 소비의 관계 연구[21]를 통해 한류 콘텐츠, 즉 K-POP, TV 드라마, 영화, TV 오락, 애니메이션, 게임이 한국 상품(식료품, 의류, 화장품, 주류, 액세서리, 한식당)에 미치는 영향을 분석한 바 있다. 분석대상 국가는 아시아에서는 중국, 일본, 대만, 인도네시아, 타 문화권으로는 미국, 프랑스, 영국, 브라질 등이었다. 이 연구에 따르면, 중국 시장에서는 K-POP, TV 드라마, TV 오락, 게임의 소비 비중이 증가할수록 식료품을 비롯한 기타 제품 소비 또한 증가하는 것으로 나타났다. 특히 TV 드라마의 경우 다른 콘텐츠에 비해 소비 영향력이 큰 것으로 파악되었다. 다른 국가들에 비해 대부분의 상품 소비에서 골고루 영향을 미치는 것으로 나타나 한류의 소비 비중 증가와 한국 제품에 대한 소비가 강한 인과관계를 맺고 있었다.

일본에서는 K-POP과 애니메이션이 한국 상품의 소비에 영향을 미치는 것으로 나타났다. 중국과 달리 일본에서는 TV 드라마나 TV 오락 프로그램의 경우는 한국 상품 소비에 대한 영향력이 그다지 크지 않은 것으로 나타났다. 대만의 경우 TV 오락 프로그램, K-POP이 한국 상품의 소비에 영향을 끼치는 것으로 나타났으나 그 외 콘텐츠들의 영향력은 낮았다. 인도네시아와 미국은 한류가 확산 단계이면서 고성장 그룹에 속하는데, 두 국가 모두 TV 드라마의 영향이 두드러졌다. 두 국가 모두 한국 TV 드라마를 많이 볼수록 한국 상품 전반에 대한 소비도 증가하는 것으로 나타났다. 특히 미국의 경우는 미국 내 한국 드라마 시청자 수가 약 1,800만 명으로 추산되며, 한국 드라마 스트리밍 사이트(Drama Fever, Viki, Kdrama)를 중심으로 한국 드라마의 고정 팬층이 넓고 고르게 존재하는 것으로 파악된다.[22]

한류가 확산 단계에 있으면서 중간 단계의 성장을 보이는 국가들 가운데 프랑스는 K-POP을 중심으로, 영국은 TV 드라마와 K-POP을 중심으로 한국 상품 소비에 영향을 끼치고 있었다. 남미 중에서는 브라질의 경우 TV 드라마 시청과 K-POP이 한국 상품 소비에 영향을 끼치는 것으로 나타났다.

이 같은 결과들은 국가별로 영향력은 다르지만 방송 콘텐츠와 K-POP이 한국 상품의 소비를 비롯하여 인접 산업에 영향을 준다는 점을 일관되게 보여주고 있다.

2) 방송 콘텐츠 수출의 문화적 가치

드라마는 당장의 금전적인 측면 이외에 간접적인 파급효과가 엄청나다는데 더 큰 의미가 있다. 여기서 TV 드라마가 문화교류에 기여한 대표적 사례를 살펴보자면 한류의 시원으로 평가받는 드라마 〈사랑이 뭐길래〉와 킬러 콘텐츠로 기여해온 드라마 〈대장금〉 그리고 〈겨울연가〉 등을 꼽을 수 있다.

우선 드라마 〈사랑이 뭐길래〉는 1997년 중국의 국영 중앙방송인 CCTV에서 방영되면서 당시로서는 낯선 거대시장으로 남아있던 중국 시청자들의 마음을 움직여 한류의 시원이 되었다. 이 드라마가 방영되면서 중국에서의 한국에 대한 국가 이미지가 바뀌었다는 현지 리포트가 쏟아지기도 했다. 당시 외교가에선 "한-중 외교관계 단절 50년 공백을 드라마 한 편이 채웠고, 외교관 몇 명이 한 몇 년 동안의 노력보다 드라마 한 편의 위력이 더 강하더라"는 평가가 나오기도 했다.

또한 드라마 〈겨울연가〉는 오랜 세월을 거치며 "가깝지만 먼 나라"로 고착돼 있던 한국과 일본 사이에서 촉매로 작용하면서 "다시 가까워진 나라" 만들기의 가능성을 보여준 작품으로 기록돼 있다. 그리고 드라마 〈대장금〉은 현재까지 아시아권뿐만 아니라 유럽, 러시아, 동구, 아랍, 아프리카에 이르기까지 90여 개국에 수출되면서 기록갱신 행진을 이어가고 있다.[23]

그런가 하면 방송 콘텐츠의 수출이 문화적 교류뿐만 아니라 한국에 대한 국가 이미지에 영향을 끼치고, 한국 방문 의향에도 영향을 끼친다는 연구들도 많다. 국제문화산업교류재단[24]의 보고에 따르면 한국의 드라마, 영화, 대중음악, 게임 등이 한국의 국가 이미지에 매우 긍정적인 영향을 미치고 있는 것으로 나타났다.

또한 태국 수용자들을 대상으로 한 연구에서는 한국 드라마에 대한 인식이 한국에 대한 인지도, 관심도, 선호도에 공통적으로 영향을 준다고 제시하고 있다.[25]

4. 방송 콘텐츠 글로벌 비즈니스의 특성[26]

1) 방송 콘텐츠의 상품 특성

방송 콘텐츠는 수요자와 공급자, 그리고 이들이 만나서 가격을 결정하고 거래가 이루어지는 시장이 있다는 점에서 하나의 상품으로 볼 수 있다. 그러나 TV 프로그램을 포함하는 문화적 상품은 특정문화를 바탕으로 창출된다는 점에서 일반상품과는 다른 독특한 특성을 갖고 있다. 이러한 특성이 방송 콘텐츠의 시장유통이나 국제교류의 전반에 걸쳐 영향을 준다는 점에서 방송 콘텐츠는 몇 가지 상품 특성을 갖는다. 우선 방송 콘텐츠를 비롯한 영상물은 기본적으로 인간의 창작활동의 결과물로 탄생하며 속성상 꿈과 모험, 사랑과 감동, 갈등 등의 요소들이 결합하여 상품가치를 창출하게 된다. 이 같은 점에서 한국 드라마 등은 우리 민족 특유의 정情, 흥興, 한恨, 끼 같은 요소들이 적절히 배합돼 특유의 맛을 창출하고 있는 것으로 분석된다. 특히 드라마의 경우는 거래시장에서 아름다움에 기반한 스토리 상품이란 특성이 강하게 부각되고, 1차적으로 제작이 이루어진 후에는 추가비용이 거의 들지 않으면서 부가가치가 창출되는 특성을 갖고 있다.

[그림 11] **방송 콘텐츠 산업의 특성**

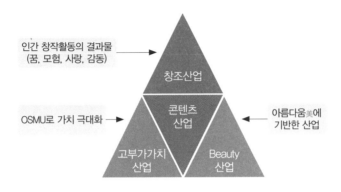

(1) 공공재적 속성

공공재적public good 속성은 방송 콘텐츠가 상품으로서 갖는 독특한 특징이다. 공공재적 속성은 한 사람의 소비행위가 다른 사람의 이익을 감소시키지 않는다는 비경합성non-rivalry과 특정계층의 사람들을 재화의 소비에서 배제할 수 없다는 비배제성non-excludability으로 나타난다.[27] 여기서 비경합성은 소비 면에서 경합이 발생하지 않고, 공동소비 혹은 등량소비 형태로 사용되기 때문에 일단 한 개인에게 공급되면 다른 사람에게 추가로 공급되는데 소요되는 한계비용은 제로(0)에 가깝다는 것을 뜻한다. 또한 비배제성은 비용 지불이 없다 하더라도 특정 그룹의 사람들을 재화의 소비에서 얻는 혜택으로부터 완전히 배제할 수 없는 것을 의미한다.

[표 8] 방송 콘텐츠의 공공재적 속성

속성	의미	예시
비경합성 non-rivalry	• 한 사람의 소비 행위가 다른 사람의 이익을 감소시키지 않음	• 주원이가 〈무한도전〉을 본다고 해서 윤아가 〈무한도전〉을 볼 수 없는 게 아니다.
비배제성 non-excludability	• 특정 사람들을 재화의 소비에서 배제할 수 없음	• 식당 TV의 시청료는 식당 주인만 지불하지만, 식당 손님들은 추가 비용 지불 없이 식당에서 틀어놓은 〈용팔이〉를 모두 함께 볼 수 있다.

　시장경제 체제에서 생산되고 소비되는 모든 사적재는 각각의 시장 가격을 가지고 있으며, 소비자가 해당 가격을 지불하지 않으면 누구든 소비혜택으로부터도 배제되는 것이 일반적이다. 이 것을 배제원칙exclusion principle이라고 부르는데, 시장경제에서는 일반적으로 이 같은 원칙에 따라 자원의 배분이 이루어진다. 그런데 방송 콘텐츠는 이 같은 배제원칙이 적용되지 않고 소비자가 대가를 지불했는지의 여부와 관계없이 소비혜택을 받게 되는 특성을 갖고 있는 것이다. 영화나 텔레비전 프로그램은 이러한 공공재적 속성이 극대화되는 미디어 상품이다.[28]

　이 같이 아무런 대가를 지불하지 않고도 공공재의 이용과 소비에 전혀 지장을 받지 않는다면 대가를 지불하지 않으려는 무임 승차자free-rider가 생길 수 있는데, 이 같은 무임승차자 문제로 인해 방송 콘텐츠의 공급은 시장을 통해서 자유롭게 이뤄지기 어렵기도 하다. 예를 들어 지하철에서 스마트폰을 통해 드라마를 보고 있는 사람이 있다면 옆자리에 앉은 사람도 그것을 함께 볼 수 있다. 이 경우 함께 드라마를 보는 옆 사람은 스마트폰을 구입하거나 그 프로그램을 보기 위한 아무런 대가도 지불하지 않았지만 드라마를 보는 데 별다른 제약을 줄 수 없으며, 강제로 그 사람에게 시청의 대가를 요구하는 방법도 마땅치 않다.

따라서 공공재는 사적재의 경제적 원리와는 다르게 독특한 방식으로 교역이 일어난다. 다시 말하자면, 사적재가 교역될 때는 저비용 생산자가 비교우위를 가지게 되지만 공공재의 경우는 고비용 생산자가 유리하다. 공공재적 속성, 특히 비경합성에 따라 추가 공급을 위해 추가로 투입되는 비용이 거의 없기 때문에 처음 제작하는 단계에 고비용으로 양질의 상품을 제작하게 되면 더 많은 소비를 불러일으킬 수 있는 것이다.

이러한 점에서 방송 콘텐츠의 공공재적 속성은 국제 유통에 있어서 일반 상품과는 다른 미디어 상품의 교역 특성을 설명하는데 적합한 개념이라고 할 수 있다.

(2) 창구화 및 규모의 경제

일반적으로 영상 콘텐츠 상품은 생산에 있어서 막대한 비용이 소요되지만, 초판 제작비용first copy이 투입돼 일단 생산된 상품을 추가 소비자를 위해 복제할 경우 재판분부터는 추가되는 복제비용이 최초 생산비에 비해 미미하고 단위당 생산에 들어가는 추가

비용이 거의 제로zero에 근접한다. 이 점에서 시장의 확장은 제작자의 이익을 극대화하는데 있어서 중요한 역할을 하게 된다. 영상물의 잠재적인 시장은 지리적으로 확장되기도 하지만 시간적으로도 확장된다. 이러한 시간적 차원에서의 시장확대를 창구화 windowing라고 부른다.[29]

이 같은 창구화 효과는 제작에 투여한 자본을 회수하고 이윤을 얻을 수 있는 기회를 여러 단계로 늘림과 동시에 분산시킴으로써 영상 콘텐츠의 이윤 획득 가능성을 높이고 시장 실패의 불확실성을 줄이는 효과를 가져온다.[30] 일반적으로 하나의 영상 콘텐츠 상품은 극장, 홈비디오, 유료 케이블 TV, 지상파 TV, 케이블 TV, IPTV, VOD 등 다양한 매체를 통해 시간적 차이를 두고 유통되는데, 이러한 유통은 통상적으로 특정한 1개국 내에서만 이뤄지는 것이 아니라 지리적으로도 영역을 확대하여 전 세계를 무대로 이루어짐으로써 창구는 더욱 복잡해진다.

미국 영화의 경우를 살펴보면, 제작이 완료된 후 가장 먼저 극장에서 상영되고, 이어서 DVD, 홈비디오 시장에 판매되며, 이를 전후하여 페이퍼뷰Pay Per View와 유료 케이블 TV, IPTV, 인터넷 VOD의 창구가 설정되고, 그 다음에서야 비로소 지상파 TV 네트워크에서 방영된다. 미국의 경우 영화 유통의 가장 마지막 단계는 일반적으로 신디케이션인데, 이는 영화가 최초 극장에서 상영된 후 대략 5년이 경과한 시점에 일어나는 것으로 분석된 바 있다. 방송 콘텐츠는 특성상 영화에 비하여 여러 단계의 유통을 통

한 수입을 얻을 기회가 제한돼 있는 것이 일반적이다.[31]

또한 매체별 배포 시기는 최근 들어 점점 단축되는 추세이며, 순차적으로 일어나지 않고 동시에 겹쳐서 일어나는 경우도 많아지고 있다. 최근에는 시간적 차원에서의 시장 확대뿐만 아니라 지리적 차원의 시장 확대에도 창구화의 개념을 사용하고 있다. 인터넷과 디지털 기기의 발달로 시간적 창구화의 주기가 짧아지면서, 지리적 창구화가 규모의 경제를 실현할 수 있는 수단으로 대두되고 있는 것이다.

[그림 12] 온라인 배포 비즈니스에 따른 콘텐츠 창구전략의 변화

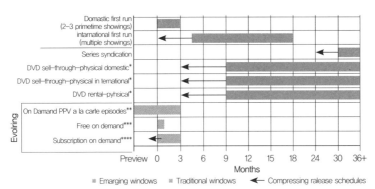

※ 출처: IBM Institute for Business Value(2006)(한국방송영상산업진흥원(2007) 재인용).

한편, 상품을 제작함에 있어서 생산 규모가 확대되면 평균 생산비용은 감소하게 되는데, 이 같은 현상을 '규모의 경제economies of scale'라고 한다. 이는 동질적인 상품을 생산하는 경우 규모가 큰 기업이 상대적으로 규모가 작은 기업보다 생산비용을 절감할 수

있다는 의미의 해석도 가능하다.

규모의 경제는 "생산 규모가 커질수록 고정비용의 분산이 이루어지고, 단위당 인건비가 줄어들고, 재료의 구입 등에서도 비용이 절감"되는 것을 말한다.[32] 이를 방송 콘텐츠를 포함한 영상 콘텐츠 상품에 적용시켜 보면 유통단계를 다양화시켜 보다 많은 시장에 배급할수록 이윤이 늘어나게 되는데, 이 같은 영상 콘텐츠 상품의 배급과정에서 발생하는 규모의 경제적 특성은 영상산업에서 완전경쟁이 불가능하게 하는 요인으로 작용하기도 한다. 즉 규모의 경제를 활용하여 기존의 사업자가 보다 경쟁력 있는 가격조건으로 고품질 상품을 유통시킬 경우 신규 사업자에 대한 진입장벽으로 작용하게 되며, 필연적으로 자연독점이 발생하게 되는 것이다.[33] 세계 영상산업이 할리우드를 중심으로 한 미국에 의해 주도되었던 이유도 이러한 원리에서 근본적인 이유를 찾을 수 있을 것이다.

다시 말해 막대한 자본력과 기술력, 그리고 인적 자원을 바탕으로 한 미국의 영상산업은 자국시장에서의 유통만으로도 충분히 이윤을 창출할 수 있으므로, 미국 이외의 시장에서는 저렴한 가격조건으로 상품을 공급해 결과적으로 세계시장을 지배하고 있는 것이다. 이를 창구화의 개념으로 설명하면, 미국이 자국시장 이외의 시장으로 지리적 영역을 확대해 영상물을 공급하는 지리적 창구화에 있어서 유리한 가격 조건을 갖고 있다고 볼 수 있다.

규모의 경제의 원칙 하에서는 생산요소의 투입, 분업, 전문화,

협업 등을 통해 생산성 향상을 가져올 수 있다. 예를 들면 일본의 경우 아시아의 다른 나라에 비해 큰 출판만화 시장을 가지고 있었고, 여기서 발생한 많은 작품과 관련 종사자, 기술력 등이 결합됨으로써 만화뿐 아니라 국제적인 애니메이션 프로그램의 수출국이 될 수 있었던 것으로 분석된다. 이를 다른 아시아 국가들 간의 교역에 적용해 보더라도 각각의 국가가 규모의 경제 측면에서 가진 강점들이 무엇인지를 파악할 수 있다면 향후 이뤄지는 국제교역에서의 방송 콘텐츠 수출입에 대한 전망과 분석도 가능할 것이다.

그런데 규모의 경제는 통상적으로 기업 또는 공장 단위에서 분석되지만 특정국 내의 여러 기업으로 구성된 특정산업에도 적용할 수 있다. '외부적 규모의 경제external economies of scale'란 특정국 내의 한 산업이 규모가 커지면서 그 산업에 속한 모든 개별기업들이 종전에 비해 더욱 낮은 비용으로 생산할 수 있는 경우를 말한다. 기업의 소재지역이 동일지역에 집중돼 있는 산업의 경우 외부적 규모의 경제 효과는 더 크게 나타난다. 이는 투입부품 및 원자재 공급자들이 지역적으로 특화하여 성장하면서 개별기업에 긍정적 영향을 미칠 뿐 아니라 기업 또한 인력수급의 측면에서 숙련된 인력의 확보가 더욱 용이해지며, 기업 간 비공식적인 정보의 공유도 가능하기 때문이다. 방송산업에서도 여타 산업과 마찬가지로 외부적 규모의 경제는 수출이 가능한 경우에만 발생한다. 국내 시장만을 대상으로 한 산업인 경우 시장 규모의 한계 때문에 투입 비용의 우위를 확보할 정도로 성장할 수 없다. 그러나 수출을 통해 급속히 성장하는 경우 국내 시장에서의 입지를 구축하는 동시에 외국기업에 비해 상당한 우위를 확보할 수 있다.

방송 콘텐츠의 교역에서도 이 같은 미시경제학적 이론을 적용할 수 있는데, 여기에는 영화나 방송 콘텐츠는 배급에 있어서 규모의 경제가 성립한다는 가정을 바탕에 두고 있다. 즉 영화나 방송 콘텐츠의 제작을 위해 투입되는 고정비용은 높은 반면, 이를 복제하여 배급하는데 소요되는 한계생산비용은 미미하기 때문에 생산량이 늘어날 경우 평균생산비는 빠르게 감소하게 되는 것이다.[34]

그렇기 때문에 하나의 상품을 제작하여 여러 국가에 유통시킬 수 있으면 생산비용에 비해 높은 이윤을 얻을 수 있는 규모의 경제를 실현하기가 보다 용이하다. 이 같은 점에서 최근에는 글로벌화 추세로 인하여 지리적 창구화의 중요성이 점점 더 강조되는 분위기이다.

이와 관련해 워터만과 로저스Waterman & Rogers, 듀페인과 워터만 Dupagne & Waterman이 각각 아시아와 유럽 시장에서 방송 콘텐츠의 무역에 관한 실증적 자료를 가지고 방송 콘텐츠의 무역에 대한 경제학적 모델을 입증한 바 있다. 이들 연구에 의하면, 특정 국가의 TV 프로그램에서 자국 프로그램이 차지하는 비율은 그 국가의 국민총생산GDP과 국내 방송 미디어의 규모와 정적인 상관관계가 있다는 것이다. 또한 미국, 영국, 프랑스, 독일, 이탈리아, 일본의 영화시장 점유율과 영화 후속 창구에 대한 데이터를 가지고 영화 무역의 패턴을 계량적으로 연구한 결과에 의하면 분석대상 국가들에서 1970년대 이후 미국 영화의 전 세계적인 독점화 현상이 미국 내 영화 후속 창구들의 급속한 보급에 의해 설명될 수 있음이 밝혀졌다.[35] 즉 미국은 다른 국가들에 비해 상대적으로 영화의 후속 창구가 급속하게 발전, 보급되었기 때문에 규모의 경제를 실현할 수 있었고, 이것이 더 많은 영화 제작비를 투입할 동기를 제공했다는 것이다. 이러한 제작 여건이 영화산업을 발전시키는 데에 기여했으며, 이렇게 제작된 고품질의 영화 콘텐츠들은 상대적으로 후속 창구가 발달되지 못했던 유럽 및 일본 등으로의 수출이 활발하게 이루어지게 되었다.

미디어 상품의 생산에서 초판비용을 결정하는 것은 잠재적 시장의 규모인데, 통상적으로 시장 규모가 클수록 지불의사가 높고 잠재적 소비자의 크기도 커지므로 제작비를 많이 투입할 유인이 생긴다. 즉 미국과 같이 규모의 경제를 실현할 수 있을 정도로 자국시장에서 후속 창구가 발달해 있다면 시간적 차원의 창구화만으로도 어느 정도의 수익이 보장된다. 그러나 후속 창구 시장만으로 규모의 경제를 실현하기 어려운 규모의 자국시장을 가진 국가의 경우에도 콘텐츠의 경쟁력만 확보된다면 해외시장은 자국시장과 마찬가지로 수익 창출이 가능한 매력적인 창구라고 평가된다.[36]

2) 방송 콘텐츠의 국제유통 관련 이론

방송 콘텐츠의 국제유통은 공공재적 특성과 창구화, 규모의 경제 등의 상품 특성을 바탕으로 이루어지게 되지만, 이를 보다 효과적으로 분석하기 위해서는 상품 특성에 더하여 국제유통 관련 이론에 대한 논의가 필요하다.

지금까지 방송 콘텐츠와 같은 문화상품의 국제유통에 대한 연구가 문화제국주의cultural imperialism 관점이나 미시경제학적 관점에서 이루어져 왔지만 최근에는 이 같은 이론적 틀로 설명하기 어려운 영상물 유통 현상도 나타나고 있다.[37] 따라서 방송 콘텐츠를 포함한 문화상품의 국제유통 현상을 종속이론 및 문화제국주의론, 시장중심론 및 자국시장 모형, 문화적 할인의 세 가지 틀에서 살펴보고자 한다.

(1) 종속이론 및 문화제국주의론

영상물의 국가 간 유통은 상호 간 비슷하게 균형을 이루기보다 불균형한 양상을 보일 가능성이 크다. 종속이론dependency theory 은 1960년대 말에서 1970년대 들어서면서 제기된 이론으로 핵심 내용은 몇몇 강대국들이 시장, 자원, 생산 및 노동에 대한 지배를 통해 개발도상국을 통제하게 된다는 것이다. 이러한 현상은 선진국의 지배를 강화하고 주변국들을 종속적 입장에 머물러 있도록 하여 '종속적인 발전'[38]의 조건을 형성한다. 종속 이론가들은 구조주의와 신新마르크스주의 같은 정치경제학적 접근 방식에 뿌리를 두고 미디어 분야에서도 초국가적 미디어 그룹과 커뮤니케이션 기업에 의한 시장지배가 이루어지고 있음을 밝혀내려 했다.

종속 이론가가 아닌 학자들 사이에서도 1980년대까지 미국 중심의 영상물 공급과 불균형적인 흐름에 대해 많은 연구들이 있어 왔으며, 그 결과에 대해 대체적으로 동의하고 있다. 즉 미국의 방송 콘텐츠는 유럽이나 중남미, 아시아 등 세계 전 지역으로 공급되었으며, 이 같은 흐름을 역행하는 경우는 상대적으로 미미했다. 이는 실질적으로 1980년대까지 전 세계 영상 콘텐츠 유통 중 많은 부분이 미국에 의해 이루어지고 있었던 것이 사실이기 때문이다. 최근 들어서는 영상 콘텐츠를 사고파는 국제 마켓에서 미국의 역할과 비중이 다소 축소되고 있으나 미국은 여전히 단일국가로서는 가장 높은 비중을 차지하는 영상대국의 자리를 지키고 있다.

이 같은 영상 콘텐츠의 국제교역에 있어서 불균형 상황을 설명하기 위하여 문화제국주의론은 가장 많이 사용된 이론적 틀이다. 이는 영화나 방송 콘텐츠와 같은 영상 콘텐츠의 유통이 단순히 콘텐츠의 흐름에 머무르는 것이 아니라 영상 강대국의 헤게모니와 가치관 등이 약소국에 전파되는 과정으로 보는 이데올로기적 시각이라 할 수 있다.

이 외에도 많은 학자들이 세계 영상물 시장에서의 미국 지배구조에 대한 논의를 활발히 진행해 왔는데, 이들이 경험적인 연구를 통해 일관되게 지적하고 있는 것은 국제시장에서의 미국 배

[표 9] 종속이론 및 문화제국주의 관련 주요 연구

학자	주요 연구 내용
쉴러Schiller	• 미국이 자국산 프로그램을 해외시장에 배급하는 동기에 주목하면서 미국은 자국의 군사적 지위와 미국의 상업문화로 통제하고자 하는 노력의 일환으로 자국산 영상 콘텐츠를 해외로 유통시키고 있다고 분석했다.[39] 특히 유럽을 중심으로 한 식민제국건설 움직임은 퇴조하고 있는 반면, 미국의 미디어 기업을 통한 세계 지배가 이를 대체하고 있다고 주장했다.
바리스Varis	• 69개의 국가들을 대상으로 외국에서 수입한 TV 프로그램과 자국 내에서 제작된 프로그램의 방영 비율을 조사하여 TV 프로그램이 선진국에서 후진국으로 일방적으로 유통되고 있다는 연구결과를 보고한 바 있다.[40]

급사들의 지배적인 역할과 국제 프로그램 영상물 유통이 미국 주도 하에 일방적으로 이루어지고 있다는 사실이다.[41]

이처럼 세계 영상물 유통시장이 미국을 중심으로 형성되었던 이유는 1980년대까지만 해도 세계 각국은 국제무역 관련 법 규정이 허술했다는 점과 미국이 영상물 산업의 경쟁력을 강화시키기 위해 국가 차원에서 유통구조에 대한 규제완화 조치를 취했다는 점이 복합적으로 작용한 결과로 분석된다. 이 같은 유통환경에 힘입어 결과적으로 미국산 영상물은 같은 영어권 국가뿐 아니라 제3세계에까지 급속도로 확산되었다고 할 수 있다.

미국의 이러한 전략은 단순히 세계 영상물 시장을 통제하는 수준이 아닌 세계시장에서 유통되는 영상물의 내용에 미국 문화에 대한 우월의식을 담아냄으로써 개인주의나 소비주의와 같은 자신들의 특별한 문화적, 경제적 가치를 전달한다는 점에서 '문화제국

주의'로 일컬어질 만큼 전 세계적으로 큰 영향을 미쳤다.[42]

그러나 1980년대 이후부터 영상물 유통시장에서 라틴 아메리카와 아시아 일부 국가들의 대미 영상물 의존도가 차츰 낮아지는 현상이 나타나고 있다.[43] 문화제국주의적 시각은 현재까지도 여전히 많은 학자들에 의해 지지되고 있으나 구체적이고 실증적으로 반증하기 어렵다는 이론적 약점을 가지고 있으며,[44] 약소국에서 강대국으로 또는 약소국 간에 이뤄지는 방송 콘텐츠 상품의 교역을 설명하기에는 무리가 있다는 허점을 노출하고 있다.

이미 미국 중심의 공고한 문화적 지배체제는 점차 허물어지고 있으며, 다양화된 가치와 자유로운 사고, 그리고 디지털과 인터넷을 통한 기술적인 장벽의 약화가 세계의 영상물 유통을 보다 유연하게 변화시키고 있다. 과거와 같은 종속이론이나 문화제국주의론만으로는 보다 다양하고 유연해진 영상물 국제유통을 설명하기 어렵다는 점에서 정보의 자유 유통 및 시장중심론에 관한 이론이 설득력을 얻고 있다.

(2) 시장중심론 및 자국시장 모형

미시경제학적 입장을 견지하는 학자들은 종속이론이나 문화제국주의론자들과 달리 미디어 기업이 시장경제 체제 내에서 이윤 극대화를 목표로 움직이는 경제적 조직임을 전제하고, 영상물의 일방향적 흐름의 원인을 규명하기 위해 프로그램이라는 상품의 특성과 개별시장의 이질성에 주목한다.

이 같은 미시경제학적 유통 모델은 프로그램의 공공재적 특징을 기반으로 시장의 크기가 프로그램의 국제교류에 있어서 흐름을 결정짓는 중요한 요인으로 작용하고 있다고 설명한다.

그와 같은 입장을 견지하는 학자들은 세계 영상물 시장은 분절돼 있는 다수의 단위시장들로 세분되며, 이들 각각의 시장을 구성하고 있는 수용자들은 미디어 지출 및 언어 등에 있어서 상당히 이질적인 특성을 지니고 있다고 분석한다. 만약 특정시장의 잠재 수용자들의 미디어 지출 규모가 크고, 언어시장 측면에서의 규모도 클 경우에 제작자의 입장에서는 보다 높은 제작 동기를 갖게 되고, 이윤의 극대화를 위해 프로그램 제작에 더 많은 예산을 투입하게 된다. 이는 앞서 방송 콘텐츠의 상품 특성에서 지적한 바와 같이 규모의 경제를 실현하기 위한 경영적 선택이라 할 수 있다. 또한 상대적으로 많은 예산을 투입하여 제작된 콘텐츠 상품은 수용자에 대한 소구력이 그만큼 높아지기 때문에 1차적인 목표시장에서뿐만 아니라 추가시장의 수용자들에 대해서도 높은 소구력을 갖게 된다.

[그림 13] **미시경제학적 순환 모델**

반면에 상대적으로 작은 시장에서 소규모 예산을 투입하여 제작된 프로그램은 문화적, 언어적 소구력도 낮을 뿐만 아니라 품질 측면에서도 완성도가 낮기 때문에 고품질 프로그램에 익숙해진 큰 시장의 수용자를 대상으로 판매가 성사될 가능성도 그만큼 낮아진다. 따라서 이들은 TV 프로그램을 포함한 콘텐츠 상품은 상대적으로 경제 규모가 큰 시장에서 작은 시장으로 일방향적으로 유통되는 것이 일반적일 수밖에 없다고 주장한다.

이 모델은 미국의 세계 영상물 시장 지배를 대변하고 있다는 점에서는 기존의 종속이론이나 문화제국주의적 입장과 동일하지만, 미국뿐만 아니라 어느 나라든 시장 규모나 투자액 규모가 크면 국제 방송시장에서 경쟁력을 확보할 수 있다고 보는 점에서 차이가 있다.[45]

[표 10] 시장중심론 관련 주요 연구

학자	주요 연구 내용
풀Pool	• 미국산 영상물의 세계적인 확산은 문화제국주의적 시각보다는 시장체제라는 자연스러운 논리에 의거할 때 보다 잘 설명된다고 주장했다.[46]
와일드만Wildman, 워터만Waterman	• 국제시장에서 영상물의 흐름을 경제학적 측면에서 분석했다. 이들은 영상물의 특수성과 영상산업의 산업적인 특성 때문에 일방적인 유통이 일어난다고 분석한다. 이와 같은 관점의 기본 진제는 영상산업 시장은 정치적 경계, 언어, 문화적 차이로 인해 수많은 작은 시장들로 나뉘어 있으며, 개별시장의 소비자들은 영상산업에 대한 지출 패턴이 상당히 다르다는 것이다.[47]

따라서 영상물 제작자들은 이윤의 극대화를 위해 초기투자 비용보다 많은 수익을 얻을 것으로 기대되는 일정 규모 이상의 시장을 목표로 영상물을 제작하게 된다.[48] 이 같은 점에서 시장 규모는 프로그램의 품질을 결정하는 프로그램 제작비 투입 규모에도 직접적으로 영향을 미치는데, 대개의 경우 높은 제작비는 완성도 높은 프로그램을 제작할 수 있도록 하여 국내 시장뿐만 아니라 해외시장에서의 소구력을 제고시키는 요인이 된다.

국가별 시장 규모가 광범위한 문화상품의 수출에 유의미한 효과를 갖는다는 연구와 함께, 영화 무역에 영향을 주는 요인에 관한 최근의 경험 연구를 통해 국가별 시장 규모 효과의 증거들이 발견되기도 했다.[49]

한편, 자국시장 모형Home market model은 영상물의 국제 유통에 대해서 경제적 측면에서 보다 직접적인 설명을 시도한다. 자국시장 모형에 의하면 미국과 같이 상대적으로 크고 부유한 내수시장을 가진 국가가 세계 미디어 시장에서 우위를 나타낸다는 것이다. 이러한 자국시장 모형에 대해서는 커뮤니케이션 연구자들 사이에서 많은 연구가 진행되고 있다.

[표 11] 자국시장 모형 관련 주요 연구

학자	주요 연구 내용
크루그만Krugman 등	• 수송비transport cost가 많이 들 경우, 규모가 다른 산업들 간의 불완전한 경쟁에서 자국시장 모형의 효과가 뚜렷하게 나타난다는 사실을 확인했다.[50] 즉 시장에 참여하는 회사들은 수송비를 최소화하기 위해 상대적으로 큰 시장에 위치하려는 경향이 있다는 것이다. • 최근에는 이 같은 모형을 확대 적용하여 국가 간 수요가 다르거나 비용이나 소비에 대한 가정이 다른 상황에서도 비슷한 결과가 나올 수 있다는 연구 결과들도 보고되고 있다.[51]
와일드만과 사이웩 Wildman & Siwek	• 미국이나 다른 큰 나라의 미디어에 특화된 자국시장 모형을 제시했다.[52] 이들의 연구결과에 따르면 상대적으로 크고 부유한 나라들이 영화에 대한 수요 규모도 큰 것으로 분석된다.
리와 워터만 Lee & Waterman	• 1950년부터 2003년까지 미국, 일본, 독일, 영국, 프랑스, 이탈리아 등 6개국의 영화 무역과 자국 영화의 시장 점유율을 자국시장 모형을 중심으로 분석했다. 그 결과 자국 영화시장 점유율은 자국 영화의 소비량, GDP 대비 영화 소비량, 영화 입장객 규모라는 변인과 정적인 관계가 있으며, 극영화의 국제 무역에서 자국시장 효과가 있음을 통계적으로 분석했다.[53]
워터만과 자야카르 Waterman & Jayakar	• 일본과 미국, 이탈리아와 미국에서 영화 관객 점유율 추이와 영화 소비 분석을 통해 미국의 우위에 대한 자국시장 모형에서의 해석과 일치한다는 사실을 확인했다.[54]
위터만Waterman	• 1970년 이래 일본, 독일, 영국, 프랑스, 이탈리아에서 미국 영화의 관객 점유율 증가가 미국 소비자의 상대적으로 빠른 영화 소비 증가, 즉 비디오, 케이블 TV 등 영화 직접 소비의 보다 빠른 확산 및 강화에 따른 영화 소비 증가에 기인해왔다고 주장했다.[55]

(3) 문화적 할인

방송 콘텐츠는 기본적으로 해당 국가의 언어와 문화를 담고 있기 때문에 문화상품에 해당한다. 우리가 미국 드라마나 영국 드라마, 일본 드라마를 볼 때 각각 미국, 영국, 일본의 문화를 함께 배우게 되고, 반대로 영어나 일본어를 배울 때 미국 드라마, 영국 드라마, 일본 드라마를 반복적으로 시청하는 방법을 쓰기도 하는 것은 방송 콘텐츠가 자연스럽게 그 나라의 언어와 문화를 전달하기 때문일 것이다.

기본적으로 영상물의 국제 유통은 자국시장 모형을 따르는 것으로 간주돼 왔다. 즉 미국과 같이 상대적으로 크고 부유한 내수시장을 가진 국가가 세계 미디어 시장에서 우위를 나타낸다는 것으로, 여러 실증적 연구들을 통해 그 효과가 입증돼 왔다.

그러나 우리나라의 한류나 중남미 TV 프로그램이 미국으로 진출하는 텔레노벨라 현상에 대해서는 자국시장 모형의 설명이 한계를 드러낸다. 이를 효과적으로 설명하는 것이 바로 문화적 할인cultural discount이다. 문화적 할인은 문화상품이 타 문화권의 국가로 수출될 경우 언어, 문화적 차이 등으로 생겨나는 가치의 저하를 말한다.

따라서 방송 콘텐츠 상품도 해당지역의 시청자가 받아들이기 어려운 내용을 담고 있다면 당연히 유통에 제한을 받을 수밖에 없으며, 보편적인 정서와 가치를 담고 있어서 '문화적 할인율'이 낮은 영상물이 시장반응도 좋을 것이다. 이 같은 사실은 최근 우

문화적 할인[56]

수용자들이 자국의 프로그램을 보다 더 선호하는 현상을 설명하기 위해 호스킨스와 미러스Hoskins & Mirus(1988)가 도입한 개념으로 "프로그램이란 제작국의 문화에 기반하고 있으므로 그 문화 내에서는 소구력을 지닐 수 있지만, 그 밖의 문화권에 노출될 경우 프로그램이 지니는 특정 스타일, 가치, 신념, 행동과 수용자와의 동일시가 어렵기 때문에 소구력이 감소되며, 더빙이나 자막 처리도 이러한 소구력 감소에 영향을 미치는 요인으로 작용한다"는 것이 핵심적인 내용이다. 결과적으로 수용자들은 다른 조건이 동일하다면 문화적으로 근접한 프로그램을 선택하게 되며, 문화적 할인 효과는 프로그램의 지리적 확대를 저해하는 요인으로 작용하게 된다는 의미를 담고 있다.

[표 12] 문화적 할인 관련 주요 연구

학자	주요 연구 내용
쉐먼트와 동료들 Schement, et al.	• 미국에서 SINSpanish International Network이 성공하게 된 것은 미국 내의 스페인어 사용 인구의 영향이 컸다고 설명하고, 언어나 인종적 특성이 프로그램 유통을 결정하는 요인이 될 수 있다고 주장한다.[57]
와일드만과 사이웩 Wildman & Siwek	• 인구가 많고 GDP 수준이 높으며 대규모 자국어 시장을 가진 제작자의 프로그램이 더 큰 투자를 이끌어낼 수 있고, 이 같은 투자의 확대는 시청자들에게 더 강한 소구력을 가진 프로그램을 제작할 수 있게 한다고 설명한다.[58]
스트로봐 Straubhaar	• 수용자가 해외에서 제작된 프로그램을 시청하기 위해서는 언어, 문화 등이 수용 가능해야 한다고 설명한다. 또한 수용자들의 구매력과 같은 경제적 능력과 더불어 정부의 정책과 같은 국가의 내적 상황을 구체적으로 살펴보아야만 프로그램을 충분히 이해할 수 있다고 상조했다. 남미의 텔레노벨라 연구가 대표적이다.

리나라 드라마의 해외수출 경향을 살펴봐도 쉽게 알 수 있는데, 역사나 전통적인 가족관계에 초점을 맞춘 묵직한 정통 드라마보다는 현대적이고 감각적인 트렌디 드라마가 상대적으로 해외진출에 부담이 없고, 실제로 수출 상담도 활발하다.[59]

최근 중국은 해외 방송 콘텐츠의 방송뿐만 아니라 온라인 방영에 대한 규제 및 제한조치[60]를 강화하고, 외국 방송 프로그램 수입에 대한 심사[61] 또한 강화하면서 외국 방송 프로그램 수입을 점차 축소하고 있다. 그러나 트렌디 드라마 위주의 한국의 방송 콘텐츠 중국 수출은 지속적으로 증가하고 있는 것으로 나타난 점에서도 이러한 특징을 찾아볼 수 있다.[62] 이는 문화적 할인이 프로그램의 장르에 따라서도 달라진다는 점에 기인한다.[63] 국가에 따른 유머 취향의 차이와 언어의 미묘한 뉘앙스 차이가 있는 시트콤이나 사회, 문화적 맥락을 파악해야 이해할 수 있는 시사 프로그램보다는 액션 같은 장르가 문화적 할인율이 낮다는 선행연구[64]에서 보듯이 드라마 중에서도 정통 드라마보다는 쉽게 이해가 가능한 트렌디 드라마가 수출에 더 용이하다는 점을 알 수 있다.

그러나 문화적 할인 이론에서 중요한 변인으로 다루어지고 있는 문화적 거리 및 역사적 경험 정도 등은 수치화하거나 계량화하기 어렵기 때문에 이에 대한 실증적인 연구는 거의 이루어지지 못하고 있는 것이 사실이다. 그렇지만 관련 연구결과들을 종합해 보면 국가 간의 프로그램 유통에 가장 중요한 영향을 미치는 문화적 요인은 지리적 근접성, 국가 간의 언어적인 공통성, 역사적인 경험들을 통해 구성된 두 나라 간의 유사한 문화적 배경, 여행자 수, 국제결혼 등과 같은 두 나라 간의 교류로 요약된다.

　문화적 할인이라는 개념으로 언어·문화적으로 인접한 국가 간의 수출이 용이함을 설명했지만, 결국 쉽게 말하면 지리적 근접성, 유사한 문화적 배경 등의 문화적 요인들이 비슷한 나라들끼리 문화상품의 교류가 더 활발할 수밖에 없다는 것이다. 그 점에서 우리나라의 방송 콘텐츠 수출에서 높은 비중을 차지하고 있는 일본은 물론, 그 비중이 점차 늘어남과 동시에 시장 잠재력이 큰 중국에 대해서도 문화적 할인이 낮은 특성을 잘 활용하여 접근할 필요가 있다. 또한 역으로 문화적 할인이 적게 일어나는 장르를 중심으로 타 문화권에 진입하는 것도 방송 콘텐츠 수출을 통해 문화적 교류를 늘려가는 좋은 기회가 될 수 있다. 애니메이션 〈뽀롱뽀롱 뽀로로〉가 세계 130개국에 수출되고, 캐릭터 관련 시장도 연간 5,000억원을 넘어서는 등 대표적인 성공 사례로 꼽히고 있고,[65] 최근에는 프로그램 자체보다 문화적 할인 극복이 가능한 포맷 수출을 통해 활로를 열고 있는 경우도 많다.

드라마 콘텐츠 비즈니스

1. 드라마 콘텐츠의 역사와 위상

TV 드라마가 세상에 처음 선보인 효시는 1928년 9월 미국의 WGY가 시험 송출한 〈여왕의 사자The Queen's messenger〉였고, 좀 더 드라마다운 틀을 갖춘 첫 작품은 1930년 7월 영국 BBC가 방송한 〈꽃을 문 사나이The man with a flower in his mouth〉였다고 한다. 아시아 권에서는 1940년 5월 일본의 동경기술박람회에서 처음으로 선보인 〈석향전夕餉前〉이라는 12분짜리 드라마가 첫 작품이었고, 우리 나라에서는 1956년 7월 〈천국의 문〉이 사상 처음으로 전파를 탔다고 한다.[66]

우리나라의 드라마는 1960년대 들어 KBS, TBC, MBC 세 방송사가 개국하면서, 이미 전성기를 누리고 있던 라디오 드라마와 함께 조금씩 시청자들에게 다가가게 되었다. 당시의 드라마는 생

방송 스튜디오 제작 형태를 띠고 있었다. 1970년대에 들어서면서 사후편집 작업이 가능한 스탠더드 VTR이 도입되면서 일일연속극이 활발하게 제작되기 시작했고, TBC 〈아씨〉, MBC 〈새엄마〉, 〈수사반장〉 등 인기 프로그램이 탄생했다. 지상파 3사가 경쟁적으로 드라마를 편성하고, TV 수상기 보급률이 크게 증가하면서 드라마의 인기는 날로 커져 갔다. 1980년대에는 컬러 TV가 도입되기는 했지만 신군부의 언론 통폐합이 기존의 드라마에 많은 제한으로 작용하여 1984년 일일연속극이 전면 폐지되고 드라마의 소재가 제한되었다. 그러면서 KBS, MBC 양대 공영방송 체제에서 대형 드라마와 장기 기획 드라마들이 공영방송 신뢰도 고양 차원에서 제작되기도 했다. 1990년대에는 상업방송 SBS가 개국하고 케이블, 위성 등 다매체 다채널 시대가 본격화하면서 한류의 원조격인 드라마들이 방영되기 시작했고, 시트콤 등 새로운 장르가 개척되기도 했다.[67]

이러한 시기들을 거쳐 현재의 한국 드라마는 한류의 중심으로 각광받고 있다. 그 결과 이제 한국의 TV 드라마는 안방에서 소비되는 일상적인 대중문화의 위치에서 나아가, 수익성이 높은 '문화상품'이자 국가 이미지를 제고하는 '홍보와 광고의 수단'으로 그 위상이 격상되었다.[68] TV 드라마가 다큐멘터리나 애니메이션에 비해 문화적 할인이 크게 작용하는 편이기는 하지만, 한국 TV 드라마가 지닌 매력과 한류 스타의 영향이 이 같은 한계를 뛰어넘고 있다.

초기 한류 붐을 이끌었던 MBC 드라마 〈사랑이 뭐길래〉는 1990
년대 초 중국 CCTV에서 한국 드라마로는 최초로 방영되면서 시
청률 4.3%로 수입 외화 중 시청률 2위를 기록하며 곧바로 앵콜
방송으로 이어졌다. 한국 드라마 수출의 발전기는 일본의 대對 아
시아 드라마 수출의 절정기와 맞물려 있다. 절정기의 일본 드라마
는 아시아 시장의 구매력을 감안하지 않고 자국 중심의 고가격정
책을 고수했고, 일본 드라마를 대체할 비교적 값이 싸고 질 좋은
상품을 찾던 아시아 시장은 한국 드라마를 대안으로 선택했다.[69]

[표 13] 1990년대 후반 방송 프로그램 수출 현황

(단위: 천 달러)

연도	지상파 방송사		케이블 TV/독립제작사		합계	
	수출 금액	증가율	수출 금액	증가율	총 수출 금액	증가율
1997	6,967	29.4%	1,351	120.7%	8,318	38.7%
1998	7,756	11.3%	2,261	67.4%	10,017	20.4%
1999	10,836	39.7%	1,900	−16.0%	12,736	27.1%

* 출처: 박장순(2006). 〈문화콘텐츠학개론〉. 서울: 커뮤니케이션북스

이후 한국 드라마의 해외수출은 성장기조를 이어가다가 2003
년 일본에서 KBS 드라마 〈겨울연가〉의 폭발적인 인기로 다시 한
번 불붙었다. 이어 MBC 드라마 〈대장금〉은 전 세계 90여 개국
에 수출되면서 아시아를 중심으로 형성되었던 한류 영역을 중앙
아시아, 중동, 아프리카, 유럽에까지 이를 정도로 외연을 넓혔
다. 〈대장금〉의 인기는 실제로 한국 영화에 대한 선호로도 이어

[그림 14] MBC 드라마 〈대장금〉 아랍어 현지 홍보 브로슈어

져 2005년 한국 영화 수출이 역대 최고액을 기록하면서, 한국 드라마의 인기가 한국 문화 콘텐츠의 글로벌화를 이끌었다는 분석도 있다.[70] 한류 20년 대표 콘텐츠를 선정하는 조사에서 방송 분야 빅5 콘텐츠 중 상위 3위가 〈대장금〉, 〈겨울연가〉, 〈별에서 온 그대〉로 모두 드라마였다는 점에서도 한국 드라마의 위상을 엿볼 수 있다.[71]

2. 드라마 콘텐츠의 수익 및 유통구조

어쩌면 당연한 얘기겠지만 드라마는 걸음마부터 TV라는 새로운 매체의 발명과 밀접한 관련이 있었다. 두말할 필요 없이 TV

는 속성상 뭔가 실어나를 콘텐츠가 필요하다는 점에서 여러 가지 시도와 실험이 이루어졌으리라 짐작된다. 이 같은 고민의 과정을 거쳐 태어난 드라마이지만 유감스럽게도 처음부터 우량아는 아니었던 것으로 보인다. 이미 틀을 갖춘 연극이나 영화와 비교하면 어정쩡한 실험 장르로 치부되었을 것이다. 그렇지만 세월이 쌓이면서 드라마는 TV라는 매체와 어우러지면서 독특한 형식과 틀을 개발해왔고, 이제는 많게는 수십억 명의 시청자를 동시에 웃기고 울릴 정도의 막강한 파워를 가진 장르로 거듭나고 있다.

TV 드라마는 이제 더 이상 소일용 볼거리나 1회용 소모품이 아니고 글로벌 시장에서 거래되고 부를 창출하는 주력상품이다. 따라서 드라마 제작비도 글로벌형 수익 모델에 맞춰 점점 대형화되고 있어서 우리나라 드라마도 1시간물의 평균 제작비가 2억~3억원대를 넘어서고 있고, 더러는 10억~20억원을 넘나들고 있는 분위기이다. 수출 현장을 둘러보면 해외수출이 활발히 이루어진 대표작들은 드라마 장르에서도 이미 제작비의 거의 전액을 해외수출을 통해 보전하고, 경우에 따라서는 제작비의 몇 십 배에 해당하는 수익을 해외시장에서 회수하고 있다.[72]

드라마는 단일 장르로는 뉴스에 이어 가장 활발하게 생산되는 문화 콘텐츠이자, 문화정체성과 문화다원성을 지켜주며 국민통합 기능을 수행하는 콘텐츠라고 할 수 있다. 또한 드라마는 명대사, 음식, 음악, 패션 등을 통해 유행을 선도하거나 빈부격차, 고부갈등, 가부장제도, 실업 등의 사회적 이슈를 현실감 있게 다루면서 사회적 메시지를 제시하고 논의의 장을 제공하기도 한다. 지금과 같이 세계 곳곳에 한국 드라마가 유통되는 현실에서는 한국 문화의 해외 보급, 대외 이미지 개선 등에 기여함은 물론이고, 한류 드라마의 인기가 한류 시장을 견인하면서 관광, 영화, 출판, 대중음악, 뮤지컬, 애니메이션, 공연 등으로 확산되는 추세를 보이고 있다. 드라마가 가지는 사회, 경제, 문화적 영향력은 이미 곳곳에서 증명되고 있는 셈이다.[73]

다매체 · 다채널로 확대된 미디어 산업의 시각에서 바라볼 때, 드라마는 방송 콘텐츠 중에서도 창구 효과windowing를 통해 규모의 경제를 가장 잘 실현시켜줄 수 있는 콘텐츠이다. 드라마는 다양하고 폭넓은 시청층과 변화한 미디어 환경 덕분에 본방송을 통한 광고 판매, PPL은 물론 케이블 TV, IPTV, 위성 TV 판매, 모바일 스트리밍과 VOD 판매, 그리고 해외 판매까지 다양한 창구를

[그림 15] MBC 드라마 〈내 이름은 김삼순〉 이스라엘 수출시 현지 매거진 기사

통해 수익을 얻을 수 있는 대표적인 콘텐츠가 되었다. 초기 상품 개발 및 제작비용이 상대적으로 많이 들어가는 대신 배포 비용이나 재가공, 재제작 비용은 매우 낮은 미디어 콘텐츠는 창구 효과를 극대화하기에 용이한 상품인 것이다.

미디어 상품은 수요자의 많고 적음과 상관없이 제작비용이 고정되기 때문에 수요자가 늘어남에 따라 수요자 한 사람이 분담해야 하는 비용은 줄어드는 셈이 되므로 후속시장을 통해 규모의 경제를 이루게 된다.

한편, 후속시장도 작은 시장으로 갈수록, 첫 출시로부터 시간이 많이 흐를수록 상품의 가격이 낮게 형성된다. 그러나 미디어 콘텐츠의 특성상 후속 창구에서의 출시 비용은 거의 발생하지 않기 때문에 상품의 성격, 소비문화, 불법 복사품의 유포 등에 따라 각 단계의 후속시장에서의 상품 출시 타이밍에 차이가 있다.[74]

그러나 드라마가 처음부터 방송사의 효자상품이었던 것은 아니다. 1995년 케이블 TV의 개국과 함께 조금씩 상품으로서의 가치가 상승하다가, 다매체·다채널 환경의 본격화, 한류를 통한 수출 활로 개척 등 환경적 변화를 타고 더욱 수익성이 높은 상품으로 자리매김하기 시작한 것이다. 이제는 다매체·다채널 환경에서 한 발 더 나아가 모바일화, N스크린화한 새로운 콘텐츠 유통 환경에 맞춘 다양한 시도들이 이어지고 있다. 수익구조의 다각화와 유통구조의 다변화를 통해 플랫폼을 넘나드는 콘텐츠 시장의 변화에 대응하는 움직임들이 발 빠르게 나타나는 추세다.

3. 한국 드라마 수출입시장의 특성[75]

한국 드라마를 수입하는 주요 시장의 특성을 살펴보기 위하여 1991년부터 2008년 사이 MBC에서 제작, 방송된 드라마와 시트콤 중 해외에 판매된 프로그램을 대상으로 분석해 보았다.[76] 싱가포르의 해외 영화 소비에 관한 연구[77] 결과를 보면, 국내 시장이 큰 국가에서 온 영화, 싱가포르와 문화적으로 보다 비슷한 국가에서 온 영화의 흥행 성적이 좋았다. 홈 마켓의 크기와 문화적 거리cultural distance가 영화의 흥행을 결정하는 요소라는 것이다. 드라마 분야에서도 이와 크게 다르지 않을 것이다. 따라서 방송 콘텐츠의 수출도 해당국가와의 지리적 거리, 일반상품 교역량, 인구이동량, 종교 등 문화적 특성에 따라 상당한 영향을 받을 것으로 추정된다는 점에서 이 같은 분석을 통해 시장 특성이 도출될 것으로 기대된다.

1) 한국 드라마 수출지역의 특성

아래의 [표 14]는 데이터에 포함된 국가들과 드라마 수출 편수, 무역량, 지리적 거리, 인구 이동량을 정리한 것이다.

[표 14] 국가별 수출 편수와 문화적 거리 관련 지수값

순위	국가	수출 편수	무역량	지리적 거리	인구 이동량
1	대만	155	2,083,991	927	320,244
2	일본	145	6,980,857	719	2,378,102

3	베트남	141	808,035	2,243	76,402
4	중국	140	68,592,605	550	1,167,891
5	미얀마	93	17,381	2,361	50,636
6	태국	90	731,630	2,315	160,687
7	싱가포르	89	1,898,941	2,909	95,960
8	홍콩	89	1,576,962	1,305	160,325
9	말레이시아	54	1,343,759	2,868	83,754
10	인도네시아	45	1,468,038	3,293	81,001
11	필리핀	40	640,233	1,631	276,710
12	캄보디아	36	35,014	2,260	6,895
13	브루나이	23	108,756	2,385	924
14	아랍	22	1,792,089	4,295	1,010
15	마카오	17	3,536	1,331	4,462
16	유럽	12	11,459,368	5,577	592,303
17	우즈베키스탄	10	81,109	3,038	23,754
18	아프리카	9	950,026	8,532	26,209
19	이란	9	1,087,984	4,076	8,054
20	몽골	8	21,096	1,240	42,577
21	이스라엘	8	154,714	5,016	7,587
22	카자흐스탄	8	47,170	2,825	5,831
23	북미	7	6,175,030	5,960	714,105
24	터키	7	341,463	4,948	12,574
25	우크라이나	5	202,022	4,537	27,326
26	호주	5	1,573,582	5,181	96,138
27	라오스	3	5,996	2,005	930
28	뉴질랜드	2	1,511,495	6,234	24,435
29	러시아	2	1,619,076	4,111	136,342
30	아르메니아	2	2,143	4,275	188
31	중남미	2	3,637,177	7,496	30,510

* 주: 무역량 – 수출액 및 수입액을 합한 총액(단위: 천 달러)

지리적 거리 – 두 나라 수도 간 항공편 이동거리를 분 단위로 표기

인구 이동량 – 상대국에 대한 방문자 숫자

대만은 분석대상 기간 중 MBC 드라마의 수출 편수가 가장 많은 국가로 분석되었다. 이는 대만에 1990년대 중반부터 〈불꽃〉, 〈가을동화〉, 〈여명의 눈동자〉 등이 진출하면서 시장이 열린 이후, 1990년대 후반부터 한국 드라마의 편성이 대폭 증가하고 GTV, 비디오랜드 등 한국 드라마를 우선적으로 편성하는 채널까지 출현했다는 점, 대만의 방송시장은 지상파 방송 5개와 CATV 채널 100여 개가 치열하게 경쟁하는 상황이라는 점 등이 복합적으로 작용한 결과로 분석된다. 이 때문에 대만에서는 한국 드라마가 일정 수준 이상의 시청률을 확보하면서 한국 드라마 확보를 위한 과당경쟁 상황이 연출된 바 있기도 하다.

대만에 이어 분석대상 기간의 수출 편수가 145편으로 두 번째로 많은 일본은 한류 초창기에는 한국 드라마의 수출이 미미했지만, 2003년 4월부터 NHK에서 방영된 KBS의 드라마 〈겨울연가〉를 기점으로 한국 드라마의 선호도가 높아지면서 본격적인 한류 흐름이 형성된 것으로 분석된다. 특히 일본은 경제 규모가 큰 국가라는 측면에서 방송 콘텐츠 구매단가도 높아서 우리나라 방송 콘텐츠 수출 총액 중 일본이 차지하는 비중이 60%를 상회(2008년 69.7% → 2009년 63.1% → 2010년 53.9%)할 정도로 최대시장을 형성하고 있다. 일본의 수출시장 특성은 첫 번째로, 한류의 경우 직접 극장에 가거나 2시간을 넘는 시간을 투자해야 하는 영화보다 접근성이 좋고, 많은 사람들에게 노출되는 방송 콘텐츠가 주도적인 역할[78]을 하고 있다는 것이다. 이는 두 번째 특성인 2차 이용

시장의 발달과도 연관되는데, DVD 소장을 선호하고 OST나 출판, 머천다이징, 사진집 등 프로그램이나 관련 배우의 다양한 파생 가치를 비즈니스화하는 2차 이용 시장의 규모가 크다는 특성이 일본에 있어서 한국 방송 콘텐츠의 매력도가 높은 이유 중 하나이다.

수출 편수가 세 번째로 많았던 베트남은 1990년대 중반에 드라마 〈아들과 딸〉이 처음 진출하면서 수출의 문을 열었고, 그 후 드라마 〈모델〉, 〈의가형제〉, 〈마지막 승부〉 등이 히트하면서 한국 드라마에 대한 시장이 본격적으로 형성되었다. 베트남에서 한류가 형성되고 있는 것은 한국과 베트남 간의 역사적 배경과 문화적 유사성에서 그 기원을 찾을 수 있다. 과거 한국의 베트남전 참전 사실로 인해 젊은 세대는 한국을 싫어하고 배척하는 분위기였으나 한국의 대중문화는 그러한 인식을 줄이는 데 기여했다. 베트남은 한국과 같이 과거 냉전시대의 피해자로 분단의 역사를 갖고 있으며, 미국과 소련의 대리전이 이루어졌던 지역이라는 역사적 유사성,[79] 불교 및 유교 문화권에 속한다는 기본적인 공감대를 기반으로 대가족제도와 한국 경제발전 모델에 대한 동경과 같은 심리적 기제가 복합적으로 작용하고 있는 것으로 분석된다. 이 같은 이유로 베트남은 한때 베트남 내 주요 방송사의 전체 외화 편성 물량의 50% 이상을 한국 드라마가 차지할 정도로 높은 인기를 보이기도 했다. 이 같은 점이 본 연구의 수출 분석에도 반영돼 분석대상 기간에 베트남 지역에 대한 수출 편수가 141편으로 3위에 기록된 것으로 보인다.

중국은 분석대상 기간 중 수출 편수가 140편으로 전체 분석 국가 중 4위를 기록하고 있는데, 이는 중국에 1993년 처음 진출한 한국 드라마 〈질투〉, 〈여명의 눈동자〉, 1994년에 계약돼 1997년 처음으로 CCTV 전파를 타면서 시청률 4.3%로 전체 수입외화 중 2위를 기록할 정도로 대히트한 드라마 〈사랑이 뭐길래〉 등이 시장 분위기를 살려내기까지 시장이 다소 늦게 열렸다는 점과 중국 정부의 외화수입 규제정책[80] 등이 작용한 결과로, 대만 등 유사한 문화권역 국가들보다 다소 수출 편수가 적게 나타난 것으로 분석된다.

중국에 이어 5위와 6위를 기록한 미얀마와 태국은 전통적인 불교문화권 국가이지만 외국 프로그램 수입과 관련하여 국내 사정이 작용하면서 한국 드라마의 수출도 다소 늦어진 공통점이 있다. 즉 미얀마는 군부정권이 외국문화의 유입에 대해 민감하여 수입 규제정책을 폈고, 내용에 대한 검열이 이뤄졌다는 점에서 한국 드라마의 진출 속도를 늦추는 요인으로 작용했고, 태국은 자국 문화에 대한 자부심과 충성도가 강한 국민 특성이 반영돼 인접국들에 비해 한국 드라마의 진출이 늦어졌다는 점이 분석대상 기간의 수출 편수가 상위권 국가들에 비해 적었던 이유로 분석된다.

싱가포르와 홍콩은 크게 보아 중국이나 대만과 같이 중화권역에 속한 국가이지만 정치적 측면에 기인하여 상대적으로 서구화된 시청 패턴 및 방송편성과 상대적으로 채널 숫자가 적다는 점[81]에서 한국 드라마 수입 시에도 신중한 기조를 유지했기 때문에 수출 편수가 적게 나타난 것으로 보인다. 그러나 홍콩은 한류 초기 단계에 중국 시장이 본격적으로 열리기 전까지는 중화권에 한국 TV 프로그램을 알리는 관문 역할을 수행해낸 것으로 평가받고 있다.

말레이시아와 인도네시아는 지역적으로 아시아권에 속해 있지만 문화적인 측면에서는 이슬람 문화권이라는 점에서 인접국에 비해 상대적으로 시장 열기가 늦게 달아올랐다는 점이 작용하여 한국 드라마의 수출 편수가 적게 나타난 것으로 보인다. 또한 필리핀은 아시아 지역에 속해 있으면서 가장 서구화된 시청 패턴을 보였던 국가로, 비교적 늦게 한류 흐름이 형성돼 수출 편수가 적게 나타난 것으로 분석된다.

기타 국가들은 한류의 외연이 점차 확장되면서 한류 영향권에 편입된 지역으로 한류의 출범이 늦었다는 점에서 수출 편수도 적게 나타난 것으로 분석된다. 다만 몽골의 경우는 한국을 '솔롱고스(무지개가 뜨는 나라)' 혹은 형제국가로 인식할 정도로 한국 문화에 대한 선호도가 상당히 높고, 거의 모든 한국 드라마가 국내 방영 수개월 후에 몽골에서 방영되고 있으면서도 수출 편수를 집계한 통계자료에서는 낮은 수치로 나타나고 있는데, 대부분의 작품이 합법적으로 수출되지 않고 불법으로 이용되고 있다는 점이 작용한 결과로 분석된다.

2) 한국 드라마의 수출 클러스터

클러스터 분석은 링크 패턴이 유사한 노드(국가)들을 파악할 수 있도록 시각화된 결과를 도출한다. [그림 16]의 덴드로그램 dendrogram은 링크 패턴이 유사하여 군집성 정도가 더 높은 국가 간에 더 짧은 꺾쇠로 연결되며, 군집성 정도에 따라 차등적으로 꺾쇠가 연결돼 있다.

[그림 16]과 같이 클러스터 분석 결과를 보면 드라마 수출 네트워크가 전체적으로는 위계적인 단일군집으로 형성돼 있으며, 특정 국가들 간에 링크 패턴이 유사한 하부 그룹이 존재하고 있음을 보여준다. 먼저 대만과 중국이 가장 가까운 노드로 확인되었

[그림 16] 드라마 수출 클러스터 분석 결과

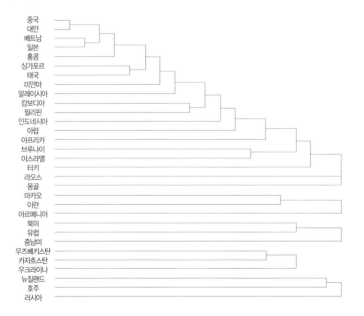

다. 즉 대만과 중국은 드라마 수입에 있어 거의 동일한 프로그램을 선택하여 매우 유사한 링크 패턴을 보였다. 이는 대만과 중국의 드라마 선호도가 거의 일치한다는 것을 의미한다. 다음은 일본, 베트남, 싱가포르, 태국, 홍콩의 순으로 클러스터가 점진적으로 확대되고 있다.

베트남과 일본, 싱가포르와 태국, 캄보디아와 필리핀, 브루나이와 이스라엘, 마카오와 몽골, 북미와 유럽, 우즈베키스탄-카자흐스탄-우크라이나, 뉴질랜드-호주-러시아가 한국 드라마 선택에 있어 유사한 패턴을 보여주고 있다.

클러스터 분석 결과에 대해 조금 더 논의해보면, 먼저 중국과 대만은 MBC 드라마의 선택에 있어서 가장 가까운 노드로 확인되었다. 두 나라 모두 해피엔딩을 줄거리로 하는 장편 드라마를 선호한다는 점이 공통점이지만, 대만은 방송홍보를 통한 시청률 만들기에 유리한 주말드라마 등 장편 드라마를 더 선호하는 반면, 중국은 지표(수입 쿼터)로 인해 20시간 내외의 프로그램을 우선 검토한다는 점에서 다소 간의 차이가 있는 것으로 분석된다.

일본은 지리적 거리가 가깝고 문화적 유사성도 많다는 점에서 이와 같은 결과가 당연한 것일 수도 있지만, 실제로 일본 시장은 한류가 가장 늦게 열린 시장이다. 일본 시장은 2003년 드라마 〈겨울연가〉가 NHK BS2에서 방영되고 2004년부터 NHK 지상파에서 방영되면서 평균시청률 14%가 넘는 대히트를 기록하여 한류의 불을 지폈고, 최근에는 우리나라 TV 프로그램 수출액의 60%

를 상회할 만큼 한류의 중심시장으로 자리 잡고 있다.

베트남은 일본과 비교하면 지리적 거리가 다소 멀지만 문화적 근접성이 한결 높다는 점이 지리적 거리를 뛰어넘어 인접국인 일본과 거의 동일 수준의 링크를 형성하고 있는 것으로 분석된다. 베트남과 한국은 정서적으로 유사함과 정감을 갖고 있으며, 경제성장 모델 등이 드라마 내에 녹아 있다는 점이 한국 드라마의 소구력을 더 크게 하고 있는 것으로 분석된다.[82] 이런 점에서 베트남은 동남아 지역에 한류의 불씨를 지필 거점시장으로 평가받고 있다.

홍콩의 경우, 한국 TV 프로그램의 해외수출 초기 단계에 있어서 인구 20억의 중화권 진출을 위한 교두보 역할을 톡톡히 수행해낸 것으로 평가받는다.[83] 당시 홍콩 스타 TV를 통해 방영된 드라마 〈마지막 승부〉나 〈별은 내 가슴에〉 등은 홍콩에 한류의 씨를 뿌린 작품으로 평가받고 있다. 홍콩은 초창기 한류시장에 있어서 중국으로 우회진출하거나 간접적으로 시장을 넓혀가는 교두보 역할을 수행해냈다. 그렇지만 홍콩이 수행해온 중화권 진출을 위한 관문 역할은 홍콩이 중국에 귀속되고, 경기침체 등 경제적 요인이 겹치면서 대만으로 넘어간 측면이 있다.

싱가포르와 태국은 한국으로부터의 지리적 거리도 비슷하지만 한국 드라마의 선택 패턴에서도 비슷한 점이 많다. 태국과 싱가포르는 국가 규모는 다르지만 매체 숫자가 비슷하다. 태국은 자국 프로그램에 대한 충성도 등이 강하다는 점에서, 싱가포르는 영어권이기 때문에 다양한 외국 프로그램을 선택하며 한국 프로그램의 구입을 엄격하게 검토하는 편이라는 점에서 둘 사이에 유사한 패턴이 도출된 것으로 분석된다.

미얀마는 40% 이상이 몽골리안이며 중국계도 많아 한국인들과 외모나 정서가 매우 비슷하여 문화적 공감대 형성이 용이하며, 한국 문화에 대한 동경도 강한 편이다.[84] 미얀마는 드라마 자체 제작 능력이 미숙하여 방송 프로그램의 수입을 우선 고려해야 할 뿐더러 타국 문화에 대한 강력한 제재가 없어 드라마 시간대의 80%를 수입 드라마에 할애하고 있다는 점에서 한국 드라마의 인기가 높은 편이다.

터키와 아랍은 문화적 교류가 빈번한 이슬람 문화권이란 공통점이 있기 때문에 유사한 패턴을 보이는 것으로 분석된다. 또한 아랍과 아프리카 사이에도 인접지역이라는 특성으로 인해 인적 교류가 많다는 점이 프로그램 구매 패턴에 영향을 준 것으로 보인다.

이 밖에 우즈베키스탄과 카자흐스탄은 중앙아시아 지역에 위치하는 인접국이라는 공통점 외에 정치적으로 구소련의 일원이었다는 점과 종교적으로 이슬람 권역에 속한다는 점이 프로그램 구매 패턴에도 반영된 것으로 분석된다.

3) 한국 드라마 수출 관련 중심국

MBC의 드라마를 수입한 적이 있는 31개국을 대상으로 다차원 척도법에 의해 분석해본 결과, [그림 17]에서 보듯이 중국-대만-

일본-베트남 등이 중심부에 위치하고 있는 것으로 나타난다. 그리고 이 같은 중심국들과 바로 인접한 주변에 싱가포르, 태국, 홍콩, 미얀마가 위치하고 있고, 이보다 좀 더 거리가 떨어진 외곽에 필리핀, 말레이시아, 인도네시아, 캄보디아 같은 아시아 국가들이 자리 잡고 있다. 중앙아시아의 우즈베키스탄과 카자흐스탄, 구▧소련권의 러시아와 우크라이나 그리고 아르메니아, 아랍권 국가들과 이스라엘, 유럽 및 중남미 국가들, 호주 및 뉴질랜드, 그리고 아프리카 국가들은 가장 외곽에 위치하고 있는 것으로 나타난다. 요컨대 한국 드라마는 아시아권 국가들과 문화 인접성을 갖고 있고, 그 중에서도 중국, 일본, 대만, 베트남 같은 국가들이 가장 핵심적이라고 할 수 있으며, 이는 위세중앙도 분석이나 클러스터 분석에서 나타난 결과와 동일하다.

[그림 17] 다차원 척도법 분석 결과

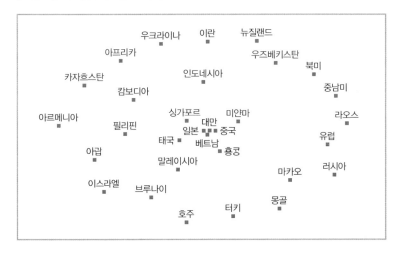

다만 몽골의 경우는 대부분의 한국 드라마들이 정식계약에 의해 공급된 것이 아니고 불법적으로 방영되고 있기 때문에 다차원 척도법에 의한 분석에서도 왜곡현상이 발생한 것으로 보인다. 또한 아시아권 국가이면서도 주변부에 위치하고 있는 것으로 분석된 라오스, 캄보디아, 마카오 같은 지역의 경우는 수출단가가 낮다는 점에서 상대적으로 마케팅 노력이 미약했다는 점과 주변국을 통한 불법 유입 콘텐츠가 많다는 점에서 왜곡현상이 나타난 것으로 분석된다. 그 외에 아랍권 국가들과 이란의 경우는 이슬람권의 종교적인 금기사항들이 많다는 점이 수출현장에 직접적으로 작용하여 외곽에 위치하는 것으로 분석되었지만, 수출상품의 구성에 따라서는 얼마든지 위치변동이 일어날 가능성이 있는 것으로 보인다. 터키의 경우는 지역적으로는 유럽권에 속해 있지만 아시아적인 취향과 시청 패턴이 나타나고 있다는 점에서 고품질의 역사 드라마 상품이 많이 공급된다면 좀 더 중심부로 이동할 가능성이 있는 지역으로 분석된다.

4) 소결

한국 드라마의 수입 선택에서 가장 중심적인 역할을 하고 있는 국가들은 대만, 일본, 중국, 베트남 4개국인 것으로 파악되고 있다. 수출액을 기준으로 보면 경제력을 바탕으로 수출단가가 높은 일본의 비중이 크고, 수출 편수를 기준으로 하면 대만이나 중국의 비중이 큰 것으로 나타났는데, 특히 베트남의 경우는 경제 규모가 작아 전체 수출액 기준으로는 크지 않으면서도 한국 드라마의 수입과 소비에서 중심적인 국가로 확인되었다.

최근의 추세에서는 방송 콘텐츠의 종류를 막론하고 중국의 영향을 무시할 수 없는데, 중국의 경우 중앙정부에서 운영하는 CCTV와 각 성省마다 운영하는 위성 TV가 있다. CCTV는 기본적으로 15개의 채널이 제공되며, 성급위성은 총 31개이다. CCTV를 포함한 중국 방송국 평균시청률 10위권이자 성급위성 평균시청률 1~3위권에 있는 후난 위성, 저장 위성, 장수 위성은 한국의 콘텐츠를 주시하는 방송국으로 잘 알려져 있다.

한편, 특정 국가군 또는 문화권별로 별도의 클러스터는 형성되지 않고 단일한 위계적 클러스터 구조가 나타났다. 이는 한국 드라마 선택에 있어 특정한 문화권별 수요가 별도로 존재하지 않음을 의미한다. 즉 일본이 수입하는 드라마들과 중국이 수입하는 드라마 프로그램들이 거의 동일하며, 이러한 동일성은 종교(예: 이슬람 문화권), 경제 규모 등과 상관없이 적용되고 있다는 점이다. 이는 한국 드라마가 문화권별로 특정한 소구력을 가진 다양한 콘텐츠를 제공하지 않았다는 점에 기인할 수도 있지만, 기본적으로 해외 미디어 시장에서 드라마 콘텐츠는 특별한 경우의 내용을 제외하고는 보편적인 문화상품으로 수용되고 있다는 의미로 해석된다. 특히 성적, 폭력 표현 등 국가별로 다른 수용 기준을 가지고 있는 경우에도 자체 편집 등을 통해 부분적인 내용 수정이 가능하여 드라마 선택 자체에는 영향을 미치지 않는 것이다.

[표 15] 중국 방송국 평균시청률 순위(CCTV 포함, 2015년 1~4월)

순위	방송국	시청률(%)	시청 점유율(%)
1	CCTV1 종합 채널	0.517	4.403
2	후난 위성	0.461	3.921
3	CCTV3	0.361	3.069
4	CCTV6	0.353	3.002
5	CCTV뉴스채널	0.343	2.923
6	저장 위성	0.298	2.535
7	CCTV4	0.290	2.464
8	장수 위성	0.265	2.254
9	CCTV5	0.228	1.941
10	CCTV8	0.228	1.939

* 출처: 한국콘텐츠진흥원(2015). 중국 콘텐츠 산업동향(2015년 21호).

[표 16] 중국 방송국 평균시청률 순위(CCTV 미포함, 2015년 상반기)

순위	방송국	시청률(%)
1	후난 위성	0.419
2	저장 위성	0.307
3	장수 위성	0.250
4	베이징 위성	0.205
5	상하이 동방위성	0.189
6	산동 위성	0.182
7	안휘 위성	0.158
8	톈진 위성	0.144
9	장시 위성	0.139
10	후베이 위성	0.134

* 출처: 한국콘텐츠진흥원(2015). 중국 콘텐츠 산업동향(2015년 21호).

반면 한국 드라마의 해외수출과 관련한 클러스터 분석에서는 별도의 클러스터가 존재하지 않고, 중국과 대만이 가장 가까운 노드로 외국 프로그램의 수입에 있어서 매우 유사한 링크 패턴을 보이고 있으며 일본, 베트남, 싱가포르, 태국, 홍콩 순으로 클러스터가 확대되고 있는 것으로 나타났다.

한국 드라마의 수출입시장을 보호무역적 규제 장벽이 높은 경우(중국, 대만 등), 제작 노하우가 떨어져 자국 프로그램을 육성하는 경우(베트남), 문화적 할인이 큰 경우(북미, 유럽), 지적 재산권 보호 수준이 낮은 경우(동남아시아) 등[85]으로도 분류가 가능하다.

또한 한국과 거리가 가깝고, 관광객 등 인구 이동량이 많으면 드라마 수입 네트워크의 중앙도도 높게 나타났다. 이는 지리적 거리, 인구 이동량이 드라마 수입에 영향을 끼친다는 것을 간접적으로 유추할 수 있게 해주는 것으로, 언어나 인종, 종교, 정치 체제, 가치관 등에 따른 문화적 할인이 드라마 수입에 작용하고 있음을 실증적으로 확인해주고 있다.

이러한 문화적 할인 효과는 한류 현상의 형성 요인이라는 점에서 함의를 가질 수 있지만, 역설적으로 한국 드라마가 미국의 영상 콘텐츠처럼 글로벌한 소구력과 문화적 수용력은 갖추지 못하고 있음을 보여준다. 한국에서도 최근 '미드'로 통칭되는 미국 드라마의 인기가 다시 높아지고 있는데, 이는 글로벌한 소구력을 갖춘 높은 품질의 영상 콘텐츠가 해외시장에서 우선적으로 선택되는 경향을 보여주는 사례라고 할 수 있다. 이 점에서 한국 드라마가 국제 경쟁력을 지속적으로 확보하려면 문화적 할인 효과에만 기대기보다 보편적 문화 수요에 부응할 만큼 고품질 작품을 제작해야 한다는 시사점을 발견할 수 있다고 할 것이다.

4. 한국 드라마 콘텐츠 비즈니스 사례연구

1) MBC 드라마 〈대장금〉[86]

아시아를 넘어 중남미, 미국, 유럽, 아프리카 등 여러 대륙에 걸쳐 90여 개국에 수출된 MBC 드라마 〈대장금〉은 한류 열풍과 한국 드라마의 세계 진출에 있어서 빼놓을 수 없는 사례다. 〈대장금〉은 이란에서 86%의 시청률을 기록했으며, 짐바브웨를 중심으로 탄자니아, 가나, 에티오피아 등 아프리카에서도 인기리에 방영되었다.[87]

〈대장금〉은 경제적 측면에서는 방영권 판매와 OSMUOne Source Multi Use 매출 등 약 220억원의 수익과 1,100억원의 생산유발 효과를 기록했고, 문화적으로도 한식과 한복 등 우리 고유의 문화에 대한 관심을 높여주며 한국 드라마 수출의 성공적인 사례로 평가받고 있다.

KBS 드라마 〈겨울연가〉의 경우 출연배우였던 배용준과 최지우를 중심으로 마케팅이 이루어졌지만, 〈대장금〉의 경우에는 사극이라는 장르적 특성으로 인해 한복과 궁중음식 등 한국의 문화

[그림 18] MBC 드라마 〈대장금〉의 일본 NHK 홍보잡지 소개자료

자체가 소재가 되었다는 점에서 기존의 다른 드라마들이 해외에서 거둔 성과보다 더 큰 문화적 의미를 지니고 있다.

　MBC에서 직접 제작한 〈대장금〉은 편당 제작비가 1억3천만원으로 54부 전체 총 제작비가 약 70억원 정도로 추산된다. 그러나 광고 수익이 약 249억원에 달해 제작비를 상쇄하고도 남았다. 경제적 측면에서 〈대장금〉 사례가 높은 평가를 받는 이유는 단지 수익 때문만은 아니다. 〈대장금〉 제작 당시만 하더라도 콘텐츠 유통시장과 부가사업에 대한 중요성이 상대적으로 덜 인식되었지만, 국내 드라마로는 거의 최초로 방송 도중 부가수익사업을 위한 TF팀을 구성하여 국내 드라마의 대표적인 수익 다각화의 사례로 꼽히는 성과를 낼 수 있었다. 또한 방송사가 자체 제작한 콘텐츠라는 점에서 해외 판매 및 부가 판권 사업의 주체가 일원화돼 수

익을 파악하기에 용이하기도 했다.

〈대장금〉은 평균시청률 46.2%, 국내 최고시청률 57.8%를 기록하며 역대 최고시청률 10위에 오를 만큼 국내 시청률 면에서도 큰 성과를 거두었다. 이는 기본적으로 콘텐츠 자체가 가진 매력이 컸다고 볼 수 있는데, 사극이지만 속도감 있는 전개와 음식을 소재로 한 특성을 살려 시청자들의 눈을 사로잡았고, 장금이가 매회 새로운 미션을 해결해가는 형식이 흥미를 끌었다는 것이다.

[표 17] 국내 드라마 최고시청률 순위

순위	제목(방송사)	최고시청률(%)	기록날짜
1	첫사랑(KBS2)	65.8	1997. 4. 20
2	사랑이 뭐길래(MBC)	64.9	1992. 5. 24
3	모래시계(SBS)	64.5	1995. 2. 6
4	허준(MBC)	63.7	2000. 6. 27
5	젊은이의 양지(KBS2)	62.7	1995. 11. 12
6	그대 그리고 나(MBC)	62.4	1998. 4. 12
7	아들과 딸(MBC)	61.1	1999. 3. 21
8	태조 왕건(KBS1)	60.2	2001. 5. 20
9	여명의 눈동자(MBC)	58.4	1992. 2. 6
10	대장금(MBC)	57.8	2004. 3. 23

* 출처: 국제문화산업교류재단(2008). 한류 포에버-한류의 현주소와 경제적 효과 분석.
　원자료: AGB 닐슨 미디어 리서치

드라마 〈대장금〉은 가까이는 중국과 일본 등 아시아권과 멀리

글로벌 시대의
방송 콘텐츠 비즈니스

는 유럽과 중남미 그리고 아프리카권에 이르기까지 전 세계 90여 개국에 수출되면서 다양한 지역에서 다양한 이유로 관심을 모았다. 이 드라마의 해외 시청 성과를 살펴보면, 대만의 경우 가장 먼저 〈대장금〉을 수입, 방영하여 대만 전체 종합시청률 2위를 기록하기도 했으며, 한중수교로 중단되었던 한국-대만 간 항공노선이 재개되는데 기여하기도 했다. 일본에서는 〈대장금〉 전반부 시청률이 〈겨울연가〉의 2.5배에 달해 한국 드라마 시청률 기록을 갱신했다. 이란에서는 시청률이 거의 90%를 기록하면서 MBC 드라마 16작품이 한꺼번에 아랍어권 18개국에 방영권을 수출하는 기염을 토하기도 했다.

[표 18] 〈대장금〉의 해외 방영 주요성과

국가/방송사	방영 시기	시청 상황
대만 GTV (CATV)	2004. 5~8 2004. 9~12 2005. 5~6	최고시청률 6.22%로 대만 내 CATV 중 1위 및 전체 종합 2위를 기록하며 앵콜 및 재앵콜 방송으로 이어짐. 한중수교로 중단되었던 한국-대만 간 민간교류 복원 및 항공노선 복항의 촉매제 역할 수행
일본 NHK (TV 및 위성)	위성 2004. 10~2005. 10 지상파 2005. 10~2006. 10	최고시청률이 위성 3.1%, 지상파 11.7%로 한·일 문화교류 재개 및 전통문화 전파에 결정적 역할을 수행(남성 및 젊은층으로 시청층 확산)
베트남 VTV (TV)	2004. 9~11	최고시청률 20.8%를 기록하며 베트남 지역의 한류를 한 단계 레벨업
말레이시아 TV8 (TV)	2004. 11~2005. 2	최고시청률 3.8%를 기록하며 한류 열기를 증폭시킴

홍콩 TVB (TV)	2005. 1~5	평균시청률 47%(시청점유율 90%)로 홍콩의 25년간 역대 프로그램 중 시청률 3위를 기록
중국 Hunan TV (위성)	2005. 9~12	평균시청률 8.6%로 전국 동시간대 시청 순위 1위를 차지하며 중국 전역에 한류 열풍을 재점화
태국 TV3 (TV)	2005. 10~2006. 4	외국 프로그램에 배타적인 태국 시장을 한류 영역에 본격 편입시키는 계기로 작용
인도네시아 Indosiar (TV)	2005. 11~2006. 2	최고시청률 30%를 기록하며 인도네시아 지역에 한류 붐 점화
필리핀 GMA (TV)	2005. 11~2006. 6	최고시청률 40%(시청점유율 59%)를 기록하며 필리핀을 한류 영역에 본격 편입시킴
이란 IRIB (국영 TV)	2006. 10~2007. 10	시청률 86%에 이르는 대히트를 기록하면서 아랍권에서의 한류를 본격화시키는 계기로 작용. 〈대장금〉의 히트로 주연 이영애를 활용한 LG전자의 수출 확대에도 기여
터키 TRT (국영방송)	2008. 1~3	〈대장금〉 방영을 계기로 후속 수출이 이어지면서 유럽 지역 내 한류 점화의 계기로 작용
헝가리 MTV (국영 TV)	2008. 3~5	헝가리 지역에 최초로 수출 성사된 드라마로 시청률 Top5에 진입하면서 동유럽권 한류를 점화
기 타		싱가포르, 인도, 카자흐스탄, 러시아, 보스니아, 몬테네그로, 마케도니아, 이스라엘, 이집트 등 아랍권 전역, 이스라엘, 케냐, 나이지리아, 가나, 잠비아, 말라위, 탄자니아 등 약 90여 개국 방영(다국적 위성 포함)

* 출처: 국제문화산업교류재단(2008) 및 MBC 내부자료를 종합하여 재정리

[그림 19] 대장금 방영국가 현황(2013년 9월 기준 총 90개국)

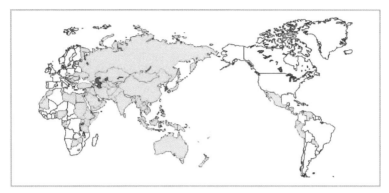

* 출처: MBC 미래방송연구실(2013)

해외수출 성과 외에도 〈대장금〉은 드라마를 브랜드로 활용하여 새로운 형태의 수익 모델을 성공시킨 최초의 드라마라고 해도 과언이 아닐 것이다. 〈대장금〉 만화책, 소설, 대본집, 화보집 등 출판물을 통한 스토리 파생 수익은 물론, 음식과 관련된 드라마의 특성상 떡, 농산물, 술, 인삼 드링크류 등 음식 관련 상품에 상표를 빌려주거나 드라마의 내용을 차용한 게임, 인터넷 모바일 서비스, 액세서리, 인형 등 25가지 상품에 상표를 빌려줌으로써 약 25억원의 부가 수익을 거뒀다.

[표 19] 〈대장금〉의 OSMU 수익구조(2008년 기준)

해외 수출	인터넷 서비스	머천다이징	모바일 게임	출판물
125억원	9억원	30억원	6억원	12억원

* 출처: 국제문화산업교류재단(2008), 한류 포에버–한류의 현주소와 경제적 효과 분석

〈대장금〉은 애니메이션 〈장금이의 꿈〉과 뮤지컬 〈대장금〉으로 재탄생되면서 국내와 일본에서 좋은 반응을 얻었고, 향후 관광 관련 상품과의 연계도 가능하여 경기도 양주의 '대장금 테마파크' 를 비롯한 〈대장금〉 관련 관광 상품도 기획되고 있다.

2) KBS 드라마 〈겨울연가〉

2002년 한국에서 방송된 KBS 드라마 〈겨울연가〉는 2003년 4월 일본 NHK의 위성 채널인 BS2에서 방송되면서 폭발적인 인기를 끌었다. NHK는 〈겨울연가〉를 같은 해 12월 BS2를 통해 재방송했고, 2004년에는 지상파 메인 채널인 NHK 종합에서 다시 방송을 할 정도로 뜨거운 반응이 있었다.[88]

특히 중장년층 여성들에게 쿨하고 도시적인 일본 드라마와 달리 지고지순한 사랑 이야기가 향수를 자극했다. 〈겨울연가〉의 인기는 일본이 한국의 드라마와 K-POP 등 한국의 대중문화를 보다 자연스럽게 받아들일 수 있는 토대가 되면서 한류의 확산에 큰 영향을 미쳤다.

일본에서의 〈겨울연가〉 히트 요인은 드라마 자체의 매력, NHK의 프로모션, 일본 방송의 구조적 요인 등으로 분석된다.[89] 먼저 〈겨울연가〉는 아름다운 영상과 대사, 음악, 배용준과 최지우 등 배우들의 적절한 캐스팅, 그리고 순수한 사랑을 다룬 내용이 중장년층 일본 여성들에게 어필했다. 또한 중장년층 시청자가 많은 NHK에서 방송했고, 스페셜 프로그램을 별도로 편성해 보내고 수

[그림 20] KBS 드라마 〈겨울연가〉의 해외수출 홍보용 브로슈어

[그림 20] KBS 드라마 〈겨울연가〉의 해외수출 홍보용 브로슈어

시로 프로그램 안내를 통해 홍보했다는 점도 유리하게 작용했다. 지상파 민간방송이 중장년 여성들의 구미에 맞는 드라마를 거의 만들지 않았기 때문에 여기에 소외감을 느낀 시청자들이 〈겨울연가〉로 몰렸다는 점도 한몫을 한 것이다.

　〈겨울연가〉는 당시 단일 드라마 사상 최고액인 192만 달러의 수출실적을 기록하며 일본, 중국, 싱가포르, 대만 등 10여 개국에 수출되었다.[90] 〈겨울연가〉의 경제적 성과를 보면, 2004년 상반기 매출은 소설, 가이드북, VHS/DVD 판매 등을 포함하여 1,500억원으로 알려졌고, 다이이치생명 경제연구소는 〈겨울연가〉의 경제적 파급효과를 2조3,000억원으로 분석하기도 했다.[91] 그러나 〈겨울연가〉 매출의 대부분은 NHK의 매출이며, 이 중 10~13%만

[표 20] 드라마 〈겨울연가〉의 해외진출 현황

수출 연도	수출 국가	비고
2002	중국/홍콩(3월), 대만(3월), 말레이시아/인도네시아(3월), 싱가포르(3월), 태국(4월), 베트남(5월), 일본(11월)	9개국
2003	우즈베키스탄(3월), 필리핀(6월), 캄보디아(11월)	3개국
2004	이집트(7월), 가나(8월), 미얀마(9월)	3개국
2005	브라질(5월), 탄자니아(6월), 튀니지(10월), 터키(10월), 네팔(11월)	5개국
2006	멕시코, 미국	2개국
2007	코스타리카, 엘살바도르, 파라과이, 베네수엘라, 에콰도르, 도미니카(이상 지원), 코트디부아르	7개국
2008	파나마, 과테말라, 페루(이상 지원)	3개국
2009	가봉, 마다가스카르, 케냐	3개국
2010	중앙아프리카(지원), 보츠와나, 푸에르토리코	3개국
2011	루마니아, 몰도바	2개국
2013	콜롬비아	1개국
계	수출지역은 총 61개국(단일국가 41개국 외 아랍 지역 포함), 수출 총액은 266억원 내외임.	

* 출처: KBS 내부자료 등을 종합하여 재정리

이 〈겨울연가〉를 수출한 입장에서 받을 수 있는 로열티였다는 점에서 아쉬움이 남는다.[92] 하지만 배용준, 최지우의 광고 출연료나 〈겨울연가〉를 통한 관광 수익, 차기작 〈여름향기〉의 수출 단가가 당시 역대 최고 수출가를 기록한 점 등을 볼 때, 간접적인 수익과 향후 한국 드라마 수출의 조건이 향상되었다는 점에서 〈겨울연가〉의 기여가 크다고 할 수 있겠다.

[표 21] 〈겨울연가〉 일본 방영 시청률(2003년)

회	방송일	시청률	회	방송일	시청률
1회	4/3	9.2%	11회	6/19	17.6%
2회	4/10	10.8%	12회	6/26	17.1%
3회	4/17	11.4%	13회	7/3	16.6%
4회	4/24	12.3%	14회	7/10	16.5%
5회	5/1	9.2%	15회	7/17	16.3%
6회	5/8	13.6%	16회	7/24	16.8%
7회	5/15	12.6%	17회	7/31	15.5%
8회	5/29	15.0%	18회	8/7	16.5%
9회	6/5	14.8%	19회	8/14	10.0%
10회	6/12	15.7%	20회	8/21	20.6%

* 출처: 한국문화관광정책연구원(2004). 일본 내 한국 대중문화 상품의 유통 실태 분석

3) SBS 드라마 〈별에서 온 그대〉

SBS 드라마 〈별에서 온 그대〉는 주춤했던 중화권의 드라마 한류에 새바람을 불러일으키며 제2의 한류 열풍을 일으켰다. 한국 드라마가 중국에서 이처럼 큰 인기를 모은 것은 2005년 드라마 〈대장금〉의 히트 이후 거의 10여 년 만의 일이다.

〈별에서 온 그대〉는 전지현과 김수현이라는 한류 스타와 함께 한국의 트렌드와 젊은이들의 문화를 중국에 널리 알린 드라마다. 중국의 동영상 사이트인 아이치이iQIYI 등에서는 〈별에서 온 그대〉가 방영된 첫 주에 클릭 수 1,000만 회를 넘어섰고, 2014년 37억 회를 넘어서 2014년 중국에서 가장 인기 있는 한국 드라마가 되었다.

'철없고 허당인 예쁜 여배우와 외계에서 온 신비하고 똑똑한 남자'의 사랑 이야기는 중국인들의 마음을 사로잡았다. 무엇보다 전지현은 남성들의 '솔직하고 예쁜 여자'에 대한 욕구를, 김수현은 여성들의 '백마 탄 왕자' 환상을 자극했다. 주인공인 전지현과 김수현의 패션과 화장품은 관심의 대상이 돼 품절 행진을 이어갔고, "눈 오는 날에는 치맥(치킨과 맥주)을 먹어야 한다"는 주인공의 대사 한마디에 '치맥'은 한국식 치킨 문화를 중국 전역에 퍼지게 했다.

드라마 속 대사가 중국인들 사이에서 유행하고, 드라마에 라면이 등장했다는 이유만으로 국내 식품업체 '농심'은 중국에서 사상최대의 매출을 올렸다. 또한 중국 최대 인터넷 쇼핑몰 타오바오에는 〈별에서 온 그대〉 관련 상품이 270만 건 이상 등록돼 있고, 극중 등장하는 의류, 화장품 등을 구매 대행하는 업체들도 등장했다.

중국에 진출한 한국 기업들도 〈별에서 온 그대〉 특수를 누렸다. 김수현이 광고 모델로 활동하는 CJ 푸드빌의 베이커리 '뚜레쥬르'는 베이징 지역 매장 매출이 28%, 상하이 지역 매장 매출이 40%나 신장했다. 〈별에서 온 그대〉를 이용한 관련 상품, 여행상품, 모바일 게임과 공연까지 개발되고 있다. 이러한 현상을 바탕으로 전문가들은 〈별에서 온 그대〉의 경제 효과가 3조원에 달할 것으로 추산하고 있다.[93]

[표 22] 〈별에서 온 그대〉의 해외방영 주요 성과

국가/방송사	방영 시기	시청 상황
중국 iQIYI 등 (인터넷 동영상)	2013. 12~2014	iQIYI PPS 등을 통해 37억 뷰를 돌파한 것으로 집계되고 있으며, 중국에 치맥, 천송이 패션 등 〈별그대〉 신드롬을 일으키며 〈대장금〉 이후 한류를 재점화(iQIYI의 드라마 조회수 기준 1위 기록)
말레이시아 TV8 (TV)	2015. 3~4 월~금 20:30~21:30	프라임 타임에 편성돼 평균시청률이 전체 2.23%, 중국계 4.6%를 기록
필리핀 GMA (TV)	2014. 4~6 월~금 17:50~18:30	평균시청률 14%를 기록하며 동시간대 2위 기록(2014년 필리핀 방영 아시안 드라마 중 1위)
대만 Videoland (CATV)	2014. 5~6 월~금 22:00~23:00	평균시청률 1.55% 기록(한국 드라마의 최고시청률 기록은 '기황후' 5%대임)
싱가포르 CHU	2015. 7~9 월~금 22:00~23:00	평균시청률 4% 기록
태국 BBTV (TV)	2014. 9~12 일 09:45~11:45	평균시청률 3.1%로 동시간대 평균시청률 2%대를 상회

베트남 HTV3 (TV)	2014. 11~12 월~목 21:00~22:00	평균시청률 4.7%/최고 6.1% 기록(김수현/전 지현의 낮은 인지도를 스토리로 커버 평가)
홍콩 TVB J2 (TV)	2014. 12~2015. 1 월~금 23:00~24:00	평균시청률 4.7%/최고 6%를 기록하며 2014 년 방영 외화 중 최고 성공작으로 평가(한국 드라마의 평균시청률은 2%대임)
인도네시아 RCTI (TV)	2014. 12~2015. 1 월~금 15:15~16:45	평균시청률 1.8%/시청점유율 14.3%를 기록
싱가포르/ 말레이시아 * S One(TV)	2014. 1~3 수~목 20:55~21:10	'S One'은 2010년부터 SBS 프로그램을 독점 적으로 공급중인 PP 채널임

* 출처: 한국콘텐츠진흥원(2014. 3) 및 〈별그대〉 제작사/배급사 현지 인터넷 조회자료를 종합하
여 재정리

〈별에서 온 그대〉의 인기로 남자 주인공인 김수현은 중국에서
30편 이상의 광고를 찍어 광고비로 5억 위안(한화 909억원)의 수입
을 올렸다. 여자 주인공 전지현은 〈별에서 온 그대〉 이후 2014년
한 해 동안 가전, 소셜커머스, 식품, 음료, 의류, 주류, 통신사,
화장품 등 무려 10여 개 브랜드 광고에 출연하며 'CF 퀸'으로 재
등극했다.

이 밖에 드라마의 인기에 힘입어 촬영지들이 새로운 관광 코스
로 부각되고 있다. N서울타워 루프테라스를 비롯해 경기도 가평
군 쁘띠프랑스, 인천시립박물관, 인천대 송도 캠퍼스 등을 찾는
중국인 관광객이 크게 증가했다. 특히 한국 관광을 결심하게 된
계기가 〈별에서 온 그대〉를 보고나서였다는 반응도 많았다.[94] 도
민준(김수현)의 서재와 천송이(전지현)의 침실이 새로운 웨딩 촬영

의 명소로 떠오르는 등 드라마 촬영배경이 장소 마케팅의 공간으로 자리 잡고 있다.[95]

그러나 주연배우들이 얻은 수익이나 경제적 파급효과에 비해 판권, 방영권 등을 통해 제작사와 방송사가 가져간 수익이 적다는 점이 아쉬운 점으로 지적된다. 〈별에서 온 그대〉는 중국 동영상 사이트인 아이치이에서 회당 3만5천 달러에 방영되었고, 〈상속자들〉 또한 중국 유쿠YOUKU를 통해 회당 3만 달러에 방영돼 직접 수익 자체는 미미한 수준이라는 것이다.[96] 하지만 이후 〈닥터 이방인〉은 회당 8만 달러에 방영 계약을 맺었고, 한국 배우들과 한국 드라마 콘텐츠의 위상 자체가 한 단계 더 올라서면서 향후 한국 콘텐츠에 대한 선호가 다시 한 번 커지는 계기가 되었다.

현재는 중국 인터넷 동영상 플랫폼도 한국 TV에서 종영 후 드라마 전편을 중국 광전총국에 납본하고 심의를 통과해야 서비스될 수 있는 새로운 규제가 생겨 방영권 판매에 걸림돌이 되고 있지만,[97] 〈별에서 온 그대〉는 이제 인터넷 방영만을 통해서도 큰 반향을 불러일으킬 수 있는 시대가 왔다는 것을 보여준 좋은 사례라 할 것이다.

5. 드라마 콘텐츠 유통시장의 특성 및 향후 전략[98]

방송 콘텐츠 산업에서는 승자독식 혹은 극단적인 '80:20 원칙'

이 적용된다는 점에서 우리가 글로벌 무대에 진출하기 위해서는 무엇보다도 자신 있게 시장에 내놓을 만한 명품 킬러 콘텐츠 killer contents가 필요하다. 이 같은 측면에서 '마켓' 혹은 '시장' 중심적인 문제점 혹은 현상분석의 틀을 탈피하여 '공급 측면'으로 방향이 전환되고 "한류 콘텐츠는 곧 세계 최고 명품"이라는 이미지를 확고하게 구축해야 할 것으로 보인다. 거의 모든 분야에서 명품의 조건은 작은 부분까지 꼼꼼히 챙긴 디테일에서 완벽한 작품을 의미하는 경우가 많다. 특히 문화적 할인율이 높은 드라마 장르가 문화적 이질 지역에 진출할 때 가치하락 현상을 최소화시킬 수 있는 안전판은 음악적 요소와 영상미라는 점도 간과돼선 안 될 것이다. 여기에 더하여 '즉석 제작' 방식이 품질을 망가뜨리는 결정적 요인이란 점에서 '사전제작제'도 시급히 정착돼야 할 것으로 보인다. 이 외에 배분문제에 치우쳐 겉돌고 있는 외주제작 제도도 글로벌 경쟁력 제고나 제작 역량의 향상에 초점을 맞추고 시급히 개선돼야 할 것이다.

또한 최근의 글로벌화 추세를 고려한다면 '한국산Made in Korea'에 집착하기보다 '국제 공동제작이나 현지제작Made in Global' 방식도 탄력적으로 포괄하는 유연한 자세가 필요하다. 우리나라의 경제 여건상 기초시장을 확보하기가 쉽지 않다는 점에서 제작단계에서부터 우호적 잠재시장을 아우르는 전략도 강구돼야 한다. 이를 위해 협소한 내수시장에 맞춘 제작 패턴을 과감히 탈피하여 세계시장을 겨냥한 글로벌형 제작 모델이 운용돼야 할 것이다. 궁극적으로 미국이나 일본 등 영상대국에 비해 5~10% 내외에 불과한 제작비를 투입하여 글로벌 경쟁력을 창출하기엔 무리가 있다는 점에서 이 같은 취약점을 돌파하는 방안에 대한 심각한 고민이 있어야 할 것으로 판단된다. 다행히도 최근엔 해외수출을 통해 드라마 제작비의 100% 이상을 회수하고 있다는 점에서 협소한 국내 시장을 벗어나 글로벌형 사업 모델의 운용이 가능하다는 메시지가 도출되고 있다.

여기에 한 가지 더 욕심을 낸다면 현지에 진출하고 있는 한국 기업의 광고 및 PPL과 한류 콘텐츠를 유기적으로 연계한 "원원 win-win" 전략이 필요할 것으로 보인다. KOTRA가 한국 상품에 대한 지불 기대 가격에 대해 조사한 결과에 따르면 한국 상품은 독일, 일본, 미국 등 경쟁국에 비해 30% 정도 저평가되고 있다고 한다.[99] 또한 국가 브랜드 가치 측면에서도 우리나라는 세계 50개국 중 33위로 2007년 GDP 기준 경제 규모 13위에 비해 떨어져 있는 상황이라는 점에서도 국가 이미지 및 브랜드 제고 전략과 연계한 정부의 지원체계를 구축할 필요가 있어 보인다.[100]

지금은 세계 각국이 문화 역량을 중심으로 국가 대항 총력전을 펼치고 있는 '문화전쟁' 양상을 보이고 있다는 점에서 정부 주도의 '신新수출 드라이브' 정책에 기반을 둔 핵심 역량 제고방안이 강구돼야 할 것으로 판단된다. 이를 위해서는 미디어 환경의 변화를 반영하여 미디어 정책기조를 '규제' 중심에서 '산업경쟁력 강화'로 방향전환하고, 문화산업이 곧 미래 신성장 동력이라는 인식을 기반으로 정책 우선순위가 재설정돼야 할 것으로 보인다. 여기에는 국내 시장 내 '제로섬 게임(배분/나누기)'에서 벗어나 '글로벌 시장확대'를 중심으로 인식전환이 이루어져야 할 것이다.

특히 드라마의 경우 예능 프로그램보다 유통 대상 국가별로 좀 더 주도면밀한 접근이 필요하다. 2015년 초 SBS 드라마 〈피노키오〉가 회당 28만 달러(한화 약 3억6000만원)로 최고가에 중국에 수출된 이후 한국 드라마 가격은 1/3 수준으로 폭락했다. 광전총국이 드라마 사전심의제를 도입해 방송 6개월 전에 사전심의를 하

[표 23] 중국의 해외 프로그램 및 동영상 수입제한 조치

주요 내용
• 뉴스, 시사 프로그램 수입 금지
• 해외 영화 및 드라마는 당일 방송시간의 25%를 초과할 수 없으며, 주 시청시간대(19:00~22:00) 편성 금지
• 해외 드라마의 경우 한 프로그램의 편수가 50회를 넘어서는 안 된다는 규정이 있어 장편 시리즈의 수입을 제한
• 드라마를 제외한 기타 장르의 해외 프로그램은 당일 방송시간의 15% 이내로 편성 제한
• 해외에서 성공한 프로그램의 포맷을 수입해 자체 제작하는 경우 위성 TV의 해외 프로그램 포맷 수입을 연간 1개 이내로 제한, 2014년부터 해외 프로그램 포맷 방송을 위해서는 방송 2개월 전에 신청해야 함
• 2015년 1월부터 중국 내 온라인 동영상 사이트를 통해 방영되는 해외 드라마는 사전 심사를 통과한 작품만 방영(완성된 한 시즌 분량과 자막을 광전총국에서 검열)
• 인터넷 동영상 사이트의 경우 해외 드라마 방영 편수가 중국 프로그램의 30%를 넘지 않도록 규제

* 출처: 한국콘텐츠진흥원 북경사무소(2015. 9), 한중 방송 콘텐츠 교류현황. 자료 재구성

고 해외 수입 콘텐츠가 전체 콘텐츠 총량의 25%를 넘지 못하도록 하는 규제안을 시행하겠다고 발표하면서 시장에 영향을 끼쳤기 때문이다. 이 같은 사전심의제에 따라 한국 드라마의 중국 수출 규모도 대폭 감소했다. 2015년 9월 열린 BCWW(국제 방송영상견본시)에서도 SBS 드라마 〈사임당, 더 허스토리〉가 홍콩에, TV조선 드라마 〈최고의 결혼〉이 베트남에 각각 수출됐을 뿐 예년에 비해 드라마 수출 건수가 크게 줄었다.[101] 이러한 현실을 돌파할 공동제작, 웹드라마, 사전제작 드라마 등 다양한 방식의 대안을 마련하는 것이 필요한 시점이다.

국가별 특성에 따른 진출전략의 예로, 이란은 중동에서 인터넷 이용 인구 비중이 높고, 오랜 기간 정부의 검열로 인터넷을 통한 콘텐츠 이용과 거래가 진행되었던 만큼 중장기적으로 OTT 형태의 콘텐츠 진입 전략에 대해서도 가능성을 열어두고 시장 변화를 주시하는 것이 합당할 것이라는 전망이 있다.[102] 또한 지금까지의 대표적 한류 드라마들이 주로 완제품을 수출하는 형태, 즉 판권 수출을 통해 현지에서 인기를 얻었다면, 리메이크를 통한 수익 확보에도 눈을 돌릴 필요가 있다. 리메이크는 판권이 아닌 일종의 포맷 수출로 원작의 캐릭터와 줄거리를 기반으로 현지 상황에 맞게 다시 만드는 것이기 때문에, 한류 콘텐츠를 그대로 받아들이기에 문화적 제약이 있는 중동이나 해외 콘텐츠로서 규제의 제약을 받는 중국의 경우 효과적인 대안이 될 수 있을 것이다.

미국 CBS가 KBS 드라마 〈굿닥터〉를 리메이크한다고 밝혔으며,

KBS는 배트맨 시리즈를 제작한 마이클 우슬런과 손잡고 〈부활〉 등 한국 드라마 5편을 미국에서 리메이크한다고 발표했다. KBS 드라마 〈착한 남자〉는 남미 시장 최초로 콜롬비아에 리메이크용으로 팔렸고, SBS 드라마 〈별에서 온 그대〉도 미국 ABC가 리메이크 제작을 준비하고 있다. 실제로 터키에서 리메이크된 KBS 드라마 〈가을동화〉는 시청률 1위를 기록하며 한류의 새로운 성공신화를 쓰고 있다. 〈부서진 조각들Broken pieces〉이라는 제목으로 방영된 이 드라마는 원작처럼 이복남매의 사랑 이야기를 다뤘는데 20대 청춘남녀 대신 50대 남녀 배우가 출연한다. 스타 배우가 출연하지 않아도 원작이 갖는 캐릭터와 이야기의 힘이 있다면 해외에서 통한다는 점을 보여주는 좋은 사례다. 리메이크를 통한 수출은 광고 수익은 물론이고 국내 제작진들이 현지 제작에 참여할 경우 얻게 되는 인력 및 기술이전 수익 등 다양한 경제 유발 효과 또한 기대할 수 있다.[103]

또한 이제부터는 국가 문화 역량 제고를 위해 당장 시급한 처방뿐만 아니라 국가 브랜드 전략과 연계된 중장기 마스터플랜이 도출돼야 할 것이다. 지금은 10년 혹은 100년 뒤를 내다본 원대한 국가의 미래 비전이 설정돼야 할 시점이기 때문이다. 제작실무 현장에서도 과거의 패턴을 답습하는 방식으로 글로벌 경쟁력을 확보하기엔 무리가 있을 것이고, 빅데이터와 연계된 보다 정교한 글로벌 명품을 제작하겠다는 레벨업 작업도 필요해 보인다. 이 같은 큰 그림을 그리면서 디테일에 정교함이 가미된다면 드라마 산업의 미래는 여전히 밝을 것으로 예상된다. 드라마는 꿈과 사랑 그리고 눈물과 감동을 기반으로 하는 감성상품이라는 점에서 이 시대와 궁합이 잘 맞기 때문이다.

예능 콘텐츠 비즈니스

1. 예능 콘텐츠의 개념과 역사[104]

우리나라 최초의 TV 방송이 버라이어티쇼였을 정도로 예능 콘
텐츠는 방송에서 꾸준히 30~50%의 편성을 유지해온 주요 콘텐츠
중 하나이다. 우리나라 방송의 상황에 근거한 분류에 따르면 예능
프로그램은 버라이어티쇼, 가요 프로그램, 코미디 프로그램, 퀴즈
쇼, 토크쇼, 게임 프로그램, 경연 프로그램 등으로 나눌 수 있다.

우선 버라이어티쇼는 음악, 토크, 코미디, 게임 등이 포함된 복
합 장르쇼를 의미한다. 주로 특집 프로그램이나 긴 시간을 할애
하는 대형 쇼프로그램을 지칭한다. 가요 프로그램은 대중가수가
출연하여 인기가요를 부르는 내용이 대부분을 차지하는 포맷의
프로그램이다. 코미디 프로그램은 복합 코미디쇼, 슬랩스틱 코미
디, 개그 위주의 프로그램 등을 포함한다. 퀴즈쇼의 경우 상품이

나 상금을 놓고 서로 경쟁하는 퀴즈 프로그램을 말한다. 토크쇼는 진행자와 출연자가 있고, 출연자와의 대화를 통해 감동과 웃음을 주는 포맷이 일반적이다. 예능 콘텐츠에서 게임 프로그램은 주로 연예인들이 직접 몸으로 경쟁하는 운동회나 청백전 같은 프로그램을 지칭한다. 경연 프로그램의 경우는 주로 노래 등으로 경연하는 프로그램으로, 퀴즈쇼에 비해 경쟁과 승부, 그리고 그 사이에 있는 감동과 즐거움에 초점이 맞춰진다는 점에서 차별성이 있다.

우리나라 예능 프로그램은 1956년 5월 HLKZ-TV를 통해 방영되기 시작했다. 〈노래 파티〉, 〈학생 연예〉, 〈코메디: 남녀 동등권〉, 〈스윙 뮤직홀〉 등의 버라이어티쇼가 주로 방송되었다. 그 후 1969년에 MBC가 개국하면서 예능 프로그램은 코미디 프로그램이 확대되는 경향을 보였고, 퀴즈쇼는 거의 몰락했다. 그러나 이 시기 방송 3사의 치열한 시청률 경쟁이 불러온 저속성 논란으로 1970년대 초 긴급조치와 개헌에 따른 강력한 정부 규제를 받게 되면서 예능 프로그램이 쇠퇴하게 되었다. 특히 코미디 프로그램의 경우 전면 폐지의 위기에 몰리기도 했다. 그러던 것이 1980년대 후반에 민주화 바람으로 예능 프로그램이 질적으로 향상되기 시작했고, 1990년대에 들어서면서 예능 프로그램이 본격적으로 큰 발전을 맞이하게 되었다. 토크쇼가 확대되었고, 일반인들이 출연하는 게임쇼, 인포테인먼트쇼 등 교양-오락의 혼종적 프로그램도 새롭게 등장하게 되었다.

2000년에 들어서면서는 SBS 〈X맨〉, MBC 〈강호동의 천생연분〉과 같은 스튜디오형 버라이어티쇼, KBS 〈스펀지〉와 같은 인포테인먼트쇼가 예능 프로그램의 경향을 이끌었다. 2000년대 중반부터는 MBC 〈무한도전〉, KBS 〈1박2일〉, SBS 〈패밀리가 떴다〉와 같은 야외형 리얼 버라이어티쇼와 코미디가 강세를 보였고, KBS 〈개그 콘서트〉, SBS 〈웃찾사〉와 같은 코미디 프로그램도 인기를 끌었다. 이후 MBC 〈놀러와〉, 〈무릎팍도사〉, 〈라디오스타〉, SBS 〈강심장〉, 〈힐링 캠프〉 등의 토크쇼, SBS 〈K팝스타〉, MBC 〈위대한 탄생〉과 같은 일반인 오디션 프로그램, MBC 〈나는 가수다〉, KBS 〈불후의 명곡〉과 같은 가수 경연 프로그램이 사랑을 받았고, 최근에는 육아를 소재로 한 MBC 〈아빠 어디가〉, KBS 〈슈퍼맨이 돌아왔다〉와 같은 리얼리티 프로그램들이 높은 시청률을 기록하고 있다. 2010년대 이후의 경향은 6mm 카메라를 든 수많은 VJ를 활용하여 세밀한 부분까지 담아내는 제작 시스템이 자리 잡으면서 자막과 편집 효과를 적극적으로 활용하고 리얼리티와 디테일한 재미를 극대화한 형태가 주로 나타나고 있다고 할 수 있다.

2. 예능 콘텐츠 산업의 새로운 영역 – 포맷 비즈니스

1) 예능 콘텐츠 포맷의 개념과 역사

포맷은 프로그램 콘텐츠의 조리법recipe으로 각각의 에피소드들이 있지만 이들 모두를 관통하는 구조와 내용순서를 일컫는다. 따라서 각각의 에피소드를 구성하는데 있어서 변화하지 않고 꾸준하게 유지되는 프로그램 요소들의 집합이라고 할 수 있다. 이 외에도 포맷에서 중요하게 다루는 요소는 프로그램의 로고, 배경음악, 무대 디자인 등 프로그램 외관도 포함된다. 최근에는 프로그램의 내용과 외관, 스타일, 제작의 품질까지 모든 것을 아울러서 하나의 '브랜드'로 취급하는 분위기이다.[105] 포맷의 장르는 분류 기준이 다를 수 있지만 대체로 게임쇼, 리얼리티 서바이벌 포맷, 탤런트 오디션 포맷, 데이팅 포맷, 메이크오버 포맷, 스크립트 포맷 등이 있다.

방송 프로그램의 해외수출은 국내에서 제작이 완료된 작품을 수출하는 경우가 대부분이지만 최근에는 예능 콘텐츠를 중심으로 프로그램 포맷의 수출도 활발하게 이루어지고 있다. 그렇지만 포맷 제작은 처음부터 세계시장을 겨냥하기보다는 1차적으로 자국시장에서 성공을 기반으로 탄탄해진 후 글로벌 시장으로 진출하는 것이 일반적인 틀이라고 할 수 있다. 콘텐츠 상품의 특성은 최초 제작에 상당한 자본과 기술이 필요하지만 일단 만들어진 상품은 무제한 복제되고 유통비용도 거의 들지 않는다. 포맷 개발에 비해 구매 비용은 1/29 수준이라는 연구결과도 있다.[106] 포맷 수출은 프로그램의 지역화를 통해 문화적 할인을 극복할 수 있을 뿐만 아니라 특정지역에서 이미 성공한 바 있는 포맷을 이용하여 보다 다양한 방식으로 개선시키면서 실패 리스크를 줄이고 성공

확률을 높일 수 있다는 점에서 고무적인 수출방식이라 할 수 있다. 포맷 비즈니스는 1990년대 들어 채널의 증가와 이에 따른 콘텐츠 수요의 팽창으로 세계 방송산업에 큰 변화가 시작되면서 꾸준한 성장세를 보이고 있다. 다매체 시대에는 매체보다 콘텐츠가 성패를 좌우하기 때문에 콘텐츠의 중요성이 그 어느 때보다 커졌기 때문이다. 다매체화 진전에 따라 경쟁력 있는 우수 콘텐츠를 확보하려는 움직임이 가속화되면서 자연스럽게 콘텐츠를 사고파는 글로벌 시장뿐만 아니라 아이디어를 참고하거나 구입하는 형태의 교류도 활성화되었다고 볼 수 있다.

국가 간 포맷 거래는 1920년대에 라디오 방송에서 처음 시작되었다. 1920년대 후반 영국의 BBC에서 미국 쇼를 모방한 이후 캐나다, 호주 등 영연방 국가에서 활성화되었는데, 대표적 작품으로는 〈Major Bowen's Amateur Hour〉를 들 수 있다. 이 작품은 1934년 뉴욕에서 방송된 후 1936년 BBC에서 각색돼 방송되었을 뿐만 아니라 1940년 호주의 상업방송에서도 방송되었다.

세계 최초의 TV 방영 포맷은 〈It Pays to Be Ignorant〉라는 코미디 채널 쇼로 1942년에 Wor New York에서 방영된 후 나중에 CBS로 옮겨갔다. 1945년 등장한 〈Twenty Questions〉는 20개의 질문 안에 5명의 패널들이 어떤 물건의 정체를 밝혀가는 게임 형태의 퀴즈쇼로 1946년 Mutual 라디오 방송 이후 1947년에 영국 BBC 라디오로 방송되었고, 1950년에는 폴란드와 파키스탄에서 방송된 바 있다. TV 쇼로 국경을 넘어 소개된 포맷은 1950년 2월

글로벌 시대의
방송 콘텐츠 비즈니스

시작된 〈What's My Line〉이다. 이 작품은 초대손님의 직업을 4명의 패널들이 맞춰나가는 프로그램으로 CBS 네트워크에서 방영된 후 미국에서 17년 간 방영되었고, 1951년부터 영국 BBC와 ITV에서 방영된 바 있다. 본격적인 포맷 산업의 기초는 1990년대 후반 들어 콘셉트가 국경을 넘어 흘러다니기 시작하면서 형성되었고, 〈Who wants to be a millionaire?〉, 〈Survivor〉, 〈Big Brother〉, 〈Idols〉 같은 슈퍼 포맷들이 포맷 혁명을 주도했다고 할 수 있다.[107] 1990년대 포맷 산업이 본격적으로 부상하면서 그 중심은 미국에서 유럽으로 옮겨 가게 되었다.

2) 포맷 시장의 규모 및 거래 현황

2013년 유럽의 상위 100개 프로그램의 포맷 가치는 약 29억 3,100만 달러(한화 기준 3조4천억원)에 달하는 것으로 평가되며, '4대 슈퍼 포맷'으로 불리는 〈Who wants to be a millionaire?〉, 〈Survivor〉, 〈Big Brother〉, 〈Idols〉의 연간 수익은 2012년 기준 31억 유로(한화 기준 4조670억원)로 집계되었다. 글로벌 시장에서 포맷 거래는 포맷 장르의 다변화, 제작비 절감 필요성 증대, 지적재산권 강화 추세 등의 시장 분위기와 맞물리면서 더 활발해질 것으로 전망된다.[108] 프로그램 포맷을 수출입하는 거래는 지역적으로는 동일 언어권인 미국과 영국의 방송시장에서 가장 활발하게 이루어지고 있다. 영국 BBC에 포맷 라이센싱 전담부서가 신설되면서 프로그램 아이디어를 사고파는 신시장이 출현했고,

2000년을 기점으로 유럽 및 미국의 법원에서 지적재산권 침해 사례에 대한 법적 공방대상이 되기도 했다. 이 때 제작사들이 승소하면서 포맷 보호환경이 조성되었고, 시장의 급성장을 위한 토대가 형성되었다고 볼 수 있다.

2006~2009년 세계 포맷 시장 규모는 94억 유로(한화 기준 13조 4천억원), 거래 포맷 숫자는 445개로 추산되며, 장르별로는 게임쇼가 전체 포맷 시장의 50%를 차지하고 있다.[109] 포맷 산업에서 지배적인 사업자는 엔데몰Endemol과 프리맨틀미디어Fremantle Media 등을 꼽을 수 있는데, 〈Big Brother〉로 유명한 네덜란드의 엔데몰은 세계 최대의 포맷 제작사 및 유통사로서 2012년 기준으로 매출액이 11억 파운드(한화 기준 1조8천억원)에 이른다. 이는 한국의 지상파 3사의 연간 매출액 합계와 견줄 만한 수준이다.

포맷 수출 강국은 영국(146편, 타이틀 기준 49%), 미국(87편), 네덜란드(35편, Endemol 등), 아르헨티나(28편), 스웨덴(22편), 독일(21편), 스페인(17편) 순으로 유럽 지역이 포맷 비즈니스에서 강세를 보이고 있다.[110] 또한 프로그램 포맷을 수입하는 측면에서는 독일이 최대 수입국으로 자리매김돼 있으며, 포맷과 관련한 제작가치의 측면에서 가장 중요한 시장은 미국이다. 영국이 포맷 수출에서 강세를 보이는 이유는 탄탄한 경제적 기반을 바탕으로 한 큰 광고시장, 500개 이상의 채널 간 경쟁구조, 크리에이티브 산업 육성정책으로 1,500개 이상의 제작사가 활동 중인 미디어 환경 때문이라고 분석된다.

[표 24] 방송 콘텐츠 포맷 관련 대표적 사업자

기업명	주요 정보
엔데몰	• 1993년 네덜란드 JEW Productions(연극, 대중소설을 드라마로 제작)와 John de Mol Productions(음악, 게임쇼, 드라마, 코미디 제작)가 합병되며 만들어진 프로그램 및 프로그램 라이센스 유통 전문기업 • 두 회사의 합병으로 만들어진 Endemol Entertainment는 유럽 최대의 프로그램 제작사이자 프로그램 배급업체로 자리 잡음 • 대부분의 프로그램 라이센스를 자체 프로덕션에서 개발 • 대표작: 〈Big Brother〉, 〈Deal or No Deal〉, 〈Extream Makeover: Home Edition〉, 〈Fear Factor〉, 〈Soccer Aid〉, 〈The Game〉 등
프리맨틀미디어	• 전신인 Pearson Television(게임쇼, 일일드라마 부문에 강점을 갖던 유통 전문회사)이 2000년 RTL Group에 인수, 합병되며 새롭게 전환된 기업 • 자체 프로덕션을 통한 프로그램 포맷 개발뿐만 아니라 외부 프로덕션과의 제휴를 통한 공동 개발, 외부 프로덕션으로부터 해외 유통 라이센스를 단순 구입하는 경우도 적지 않음 • 대표작: 〈Pop Idol〉, 〈The Apprentice〉, 〈The Swan〉, 〈X-Factor〉, 〈Jamie's Kitchen〉

* 출처: 2010년 MBC 내부 시장조사 자료 재구성

우리나라의 경우 지상파 방송의 프로그램 포맷 수출 편수가 2011년에 445편에서 2013년에는 1,622편으로 늘어나 2년 사이 4배 가까이 성장했다. 2013년 기준 한국의 지상파 방송 콘텐츠 수출액 가운데 TV 포맷 수출이 차지하는 비중은 1.3%(310만 달러)로 아직 미미한 수준을 벗어나지 못했지만 2009년의 0.4%(65만 달러)에 비하면 크게 성장한 것으로 집계되고 있다. 우리나라 TV 프로

[표 25] 포맷 산업의 성장과정

연도	시기
1935~55	초보적 방송 프로그램 교환 (trailblazing program content exchange)
1956~80	비공식적 방송 프로그램 포맷 교환 (casual program format exchange)
1981~2000	방송 포맷 비즈니스의 등장 (content exchange becomes format business)
2000년대 이후	방송 포맷 비즈니스의 글로벌화 (formats as a significant worldwide business)

* 출처: Moran, A.(2013) (홍원식(2015) 재인용) 재구성

그램 포맷의 수출 대상지역은 중국에 집중돼 있으며, 남미권에는 CJ E&M 계열 채널들의 TV 포맷이 주로 수출되고 있다. 일본이나 미국, 유럽권으로의 포맷 수출은 미미한 수준이며, 중동 및 아프리카권을 대상으로 하는 포맷 수출은 아직 이루어지지 못했다.[111]

[그림 22] 지상파 TV 포맷 수출 편수의 변화

(단위: 편)

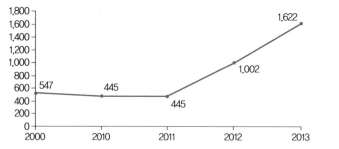

* 출처: 배진아(2015). 국내 지상파 방송의 TV 포맷 수출 현황 및 과제. 『방송문화』, 2015년 3월 호, 35~48.

3) 예능 콘텐츠 포맷의 주요 유형

(1) 게임쇼 포맷

게임쇼 포맷은 프로그램에 일반인이나 연예인들이 출연하여 질문에 답하거나 문제를 풀어가는 오락 쇼 형태로, 일반적으로 상금이나 상품을 놓고 겨루는 방식이다. 출연자의 구성과 게임의 구조는 프로그램별로 다르지만 주로 개별출연자가 미션을 수행하는 경우와 다수의 출연자들이 그룹으로 출연하여 서로 대항하는 방식으로 분류된다. 대부분의 경우 〈누가 백만장자가 되길 원하는가?Who wants to be a millionaire?〉와 같이 승자에겐 엄청난 상금이나 고가의 상품을 제공하는 경우가 많다. 게임쇼는 비교적 적은 제작비로 일정 수준 이상의 시청률을 확보할 수 있다는 점에서 인기 있는 장르이고, 또한 이미 해외에서 시청률이 입증된 포맷을 구입해서 지역 버전으로 제작하기에 적합하고, PPL을 하기도 용이하다는 점에서 포맷 유통에서 강세를 보이고 있다.

세계적으로 인기 있는 게임쇼의 순위를 매기는 웹사이트에서 상위에 랭크돼 있는 게임쇼로는 〈제퍼디Jeopardy〉(NBC, 1964), 〈가격을 맞추셨습니다The Price is Right〉(NBC, 1956), 〈가족대항전 Family Feud〉(ABC, 1976), 〈예스노Deal or No Deal〉(네덜란드, 2002), 〈누가 백만장자가 되길 원하는가?Who wants to be a millionaire?〉(영국 ITV, 1998), 〈휠 오브 포춘Wheel of Fortune〉(NBC, 1975) 등이 있다.

(2) 리얼리티 서바이벌 포맷

리얼리티 서바이벌 포맷은 포맷 산업의 세계시장 확산에 기여한 바가 큰 인기 장르로서, 특히 〈서바이버Survivor〉와 〈빅브라더 Big Brother〉가 대표적인 프로그램이다. 또한 리얼리티 서바이벌 포맷은 스크립트가 없는 대부분의 포맷 장르를 '리얼리티 TV 쇼'라고 통칭할 정도로 포맷 산업의 대표적 장르라고 할 수 있다. 리얼리티 서바이벌 프로그램은 주어진 미션을 수행하지 못한 참가자가 탈락하는 '서바이벌' 형식을 도입하여 긴장감과 재미를 더하게 되는데, 이 장르의 특성인 '경쟁구조'와 '참가자 탈락구조'는 게임쇼, 데이팅 포맷, 탤런트 오디션 포맷 등에도 확산되면서 혼종화 현상이 나타나고 있기도 하다. 그러나 서바이벌 포맷은 오직 승자만이 사회적으로 존경받고 모든 것은 경쟁을 통해 획득해야 하는 신자유주의 이데올로기를 확대 재생산한다는 비판을 받기도 한다.[112] 리얼리티 서바이벌 프로그램은 '리얼리티'를 살려내기 위해 다큐멘터리 기법들이 도입되기도 하는데, 시청자들에게 재미를 주기 위해 이른바 '악마의 편집'으로 불리는 과도한 편집과 스트레오 타입에 근거한 출연 캐릭터 설정과 억지 스토리 설정 등으로 비판받는 경우도 있다.

(3) 탤런트 오디션 포맷

오디션audition은 원래 라틴어의 "아우디레audire(경청하다)"에서 파생된 단어이지만 지금은 '경청하다'보다 '경쟁'의 의미가 더 부각돼 쓰인다. 탤런트 오디션은 일반인들을 대상으로 거액의 상금이나 상품을 걸고 노래, 춤, 기타 재능을 겨루어 최종 승자를 가리는 장르로서 리얼 포맷 중 가장 인기 있는 장르로 분류되고 있다. 최근에는 이미 인기가 있는 연예인이나 스타를 출연시켜 새로운 분야의 재능을 요구하고, 이러한 분야에서의 성장과정을 보여주는 새로운 유형의 포맷도 선보이고 있다. 2011년 한 해 동안 전 세계 주요 70개국 방송에서 가장 시청률이 높았던 프로그램을 집계한 통계분석에 의하면 TOP 10 중 7개가 탤런트 오디션 프로그램일 정도로[113] 인기 장르로 자리 잡아 가고 있다.

(4) 데이팅 포맷

데이팅 포맷은 TV 프로그램을 통해 미혼 남자와 미혼 여자들의 결혼 혹은 데이트 상대를 찾아 인연을 맺어주는 포맷이다. 데이팅 게임쇼의 원조는 1970년대 미국에서 시작된 〈데이팅 게임〉이라고 할 수 있지만, 이를 포맷으로 제작하여 수출한 작품으로는 영국의 〈블라인드 데이트Blind Date〉가 유명하다. 데이팅 포맷은 프로그램의 역사가 긴 편이지만 게임쇼나 리얼리티, 서바이벌 장르에 비해 인기가 없는 편이라 점차 리얼리티, 서바이벌 장르와 혼합돼 최후 승자가 미인(혹은 왕자)을 차지하게 되는 포맷으로 진화하고 있다. 최근 국제적으로 인기를 끌고 있는 포맷으로는 〈데이팅 인 더 다크Dating in the Dark〉(네덜란드), 〈바첼러The Bachelor〉(미국), 〈평범한 조 Average Joe〉(미국), 〈유혹의 섬Temptation Island〉(미국) 등이 있다.

(5) 메이크오버 포맷

메이크오버make over는 "무엇인가를 변화시킨다"는 의미이다. 메이크오버 포맷의 대상으로는 외모(미국 Fox 〈스완〉, ABC 〈익스트림 오버〉), 살빼는 과정(미국 NBC 〈Biggest Loser〉), 문제행동이나 버릇(한국 EBS 〈우리 아이가 달라졌어요〉), 장사가 안 되는 식당(영국 채널4 고든 램지의 키친 나이트메어), 호텔(〈지옥 호텔Hotel Hell〉), 미장원(〈타바사의 살롱 테이크오버Tabartha's Salon Takeover〉) 등 다양하다. 시청자들은 변화의 과정을 지켜보면서 감동을 느끼기 때문에 변화가 이루어지기 전과 후의 차이가 클수록 효과도 커진다.

(6) 스크립트 포맷

스크립트 포맷은 말 그대로 스크립트(대본)가 있는 포맷을 말하며, 스크립트 포맷을 가지고 제작하는 것을 '리버저닝reversioning'이라 한다. 이는 재정 부담을 줄이면서 인기가 증명된 우수 콘텐츠로 성공을 보장받겠다는 상업적 의도가 깔려 있다. 여기에는 드라마, 코미디 프로그램뿐만 아니라 소프오페라 장르 등도 포함된다. 포맷으로 유통되는 프로그램은 주로 게임쇼나 리얼리티 포맷이 강세를 보이지만 드라마 스크립트 포맷도 유통되고 있다. 특히 미국은 영국의 드라마를 갖고 미국 버전으로 변경하여 제작하는 경우가 많다. 이 같이 변경된 사례를 찾아보면 〈Till death us do part(죽음이 우리를 갈라놓을 때까지)〉가 〈All in the family〉로 변경되었고, 〈Steptoe & Son(스텝토와 그 아들)〉이 〈Sanford &

Son〈샌포드와 그 아들〉)로, 〈Man about the house(집안의 남자)〉
가 〈Three company〉로 바뀌었다. 영국 BBC의 다큐스타일 시츄
에이션 코미디 〈The Office〉가 미국 제작사 Shine 및 유니버설
의 공동제작 후 2012년까지 NBC를 통해 시즌9까지 방영돼 대성
공한 사례도 있다. 또한 멕시코 Televisa의 〈어글리베티〉가 미국
ABC에서 성공하면서 텔레노벨라 포맷이 미국으로 진출을 확장
하는 계기가 되기도 했다. 미국의 〈위기의 주부들Desperate Wives〉도
4개국 이상의 라틴아메리카에 판매되었다. 대부분 내용은 오리지
널을 따르면서 출연자의 역할과 행동은 각 지역의 문화를 반영해
자연스럽게 변형시켰다. 러시아의 경우는 내러티브를 좋아하는
시청자들이 많아서 오래 전부터 해외 드라마나 시트콤 포맷을 구
매하여 자체 제작하는 관행이 있다. 한국 드라마 포맷이 러시아
에 공급되었고, 유럽·미국은 물론 라틴아메리카의 드라마 포맷
도 러시아에 활발하게 진출하고 있다.

스크립트 포맷의 강세는 드라마뿐만 아니라 다큐를 기본으
로 한 리얼리티 장르에서도 두드러진다. 2010년 샤인미디어그룹
이 산부인과 병동의 신생아 출산실을 주제로 제작한 다큐멘터리
〈One Born Every Minute〉은 포맷으로 제작돼 미국, 스페인, 스
웨덴, 프랑스 등에 수출되기도 했다.

4) 포맷 바이블과 현지화
'바이블'은 서양문화에 기반을 둔 성경聖經을 의미하며, 포맷 바

이블은 포맷에 대한 모든 제작 노하우와 설명을 정리해둔 제작 매뉴얼이라고 정의할 수 있다.[114] 포맷 바이블에 포함돼야 할 사항은 프로그램의 내용과 구조, 무대 디자인, 그래픽, 음악 등 모든 가이드라인 등이며, 이외에 참가자 선정 방법, 진행자의 역할과 선택 기준, 기타 출연자의 역할 및 선정 기준, 타깃 오디언스와 이상적인 편성시간 등에 대한 내용과 부가사업 아이디어까지 망라되는 경우도 있다. 포맷의 특성상 하나의 표준화된 바이블을 제시하기에는 무리가 있지만 FRAPAFormat Recognition & Protection Association(포맷 인증 및 보호협회)를 중심으로 '포맷 바이블 표준화' 방안이 논의 중에 있다.

[표 26] 포맷 바이블 구성요소

구 분	구성 내용
프로그램 관련	프로그램 개요, 쇼의 기본 틀과 상벌 규정, 프로그램 흐름도, 내용세부 꼭지 예시, 제작 스케줄, 예산, 로케이션(스튜디오, 야외 로케이션) 등
참가자 관련	참가자 모집방법, 온라인 접수모집안(공고), 참가자 각각의 역할 및 성격(캐릭터), 참가자 주요 구성, 참가자 응모원서, 참가자 오디션 기획, 참가자 확정통보 문서(안)
진행자 관련	진행자의 역할, 오리지널국의 진행자 소개(진행자 타입 예시), 진행자 멘트의 예시
기술 관련	프로젝트 혹은 프로젝션 스크린의 활용, 카메라 움직임에 대한 설명 및 카메라 대본, 무대 조명장치 설계 및 무대 조명방법, 프로그램 제작 장비, 무대장치 디자인 도면, 무대장치 도면 설명 및 제작방법, 스튜디오 도면도, 몰래카메라 설치 위치 및 작동방법(사용되는 경우)

글로벌 시대의
방송 콘텐츠 비즈니스

기타 정보	타깃 시청자층과 편성시간대, 오리지널이 방영되었던 지역의 시청률, 수출국가/방송사 및 시청률, CG의 틀 및 예시(제목, 중간 삽입문구 등), 배경음악(도입, 마지막, 중간), 엔딩 크레딧, 출연진 보험약관 등
부가 정보	프로그램 연동 온라인 및 모바일 게임 소프트웨어, SMS 등 시청자 참여 유도방안, 시청자와의 상호작용 아이디어, 프로그램 홈페이지 운영 방안, 부가사업 모델

또한 포맷이란 하나의 프로그램이 다른 나라로 수출돼 그 지역에서 제작할 수 있는 권리(라이센스)를 판매하는 것이란 점에서 처음부터 지역 버전으로 새롭게 제작되는 것을 전제하고 있다. 포맷의 본질을 살리되 지역의 문화특성을 가미하여 현지 버전으로 새롭게 제작하는 것을 로컬리제이션이라 한다.[115] 포맷 로컬리제이션 과정은 1) 포맷 라이센스 구매계약 체결, 2) 로컬버전 제작 결정, 3) 방송편성 확정, 4) 제작 워크샵(오리지널 포맷 제작사 소속 Flying PD 참가), 5) 로컬버전 제작 등으로 요약할 수 있다. 지역 버전의 제작에 있어서 가장 중요한 핵심 2요소는 포맷 바이블과 플라잉 PD라고 할 수 있다. 그렇지만 지역 버전 제작과정에서 포맷의 타이틀 등 주요 핵심사항이 바뀌는 경우도 있다. 타이틀이 변경된 대표적인 예로는 〈Deal or No Deal〉이 한국 버전으로는 〈Yes or No〉가 된 경우와 〈Survivor〉가 유럽 버전으로는 〈로빈슨의 모험〉이 된 경우를 들 수 있다. 또한 출연방식이 바뀐 경우는 〈1대 100〉은 일반인들이 출연하는 포맷이지만 한국 버전에서는 주로 연예인들이 출연하고 있다.[116]

5) 포맷과 저작권

포맷 저작권의 보호는 포맷 비즈니스를 지키기 위한 안전장치라고 할 수 있다. 그러나 현실적으로 포맷 저작권은 여전히 논란이 따르는 재산권의 영역에 머물고 있다. 이는 '하늘 아래 완전하게 새로운 것은 없다'는 말이 있는 것처럼 기존의 것과는 전혀 다른 프로그램이 존재하긴 어렵고, 기존의 아이디어에서 일정 부분 영감을 받게 마련이기 때문이다. 그만큼 포맷 저작권 보호는 쉽지 않고, 개념이 정립된 역사도 일천하다. 즉 1980년 중반부터 방송 콘텐츠의 수요확장에 따른 국제유통 증가로 방송 콘텐츠에 대한 지적재산권의 개념이 적용되기 시작했고, 2000년 이후 포맷 개념이 도입되었다.

[표 27] 포맷 저작권 개념 정립 역사

시기	주요 사건	비고
1993	영국) BBC 포맷 담당부서를 발족	지적재산권이 확립되기 시작한 계기
1997	Distraction 포맷사 설립	게임쇼 포맷 제작으로 유명한 포맷 전문업체
1999	국제 포맷 마켓 개최(몬테카를로)	–
	영국) BBC Worldwide, 포맷 공장 설립	–

현재 활동 중인 포맷 저작권 보호 관련 국제기구로는 포맷 인증 및 보호협회FRAPA, 국제포맷변호사협회IFLA가 있다. 포맷 보호

에 관한 법적조항이 명시돼 있는 국가는 거의 없는 것이 현실이다. 우리나라는 저작권심의조정위원회에 등록하는 방안이 포맷 저작권을 보호하기 위한 방안의 근사치라고 할 수 있다. 그러나 포맷 시장이 확장되면서 포맷 저작권의 보호 방안도 조만간 탄탄하게 정비될 것으로 예상된다.

[표 28] 포맷 저작권 보호 관련 국제기구

기구명	개요	비고
포맷 인증 및 보호협회 (FRAPA)	2000년 발족한 비영리 단체. 회원사는 포맷 제작 및 방송관계자 등 100여 개사(포맷 관련 분쟁의 80%를 해결하는 중재자 역할을 수행 중)	http://www.frapa.org (Format Recognition and Protection Association,)
국제포맷변호사협회 (IFLA)	2004년 독일의 Marc Heinkelein 박사와 영국의 엔터테인먼트 전문 변호사 Jonathan Coard 가 설립.	http//www.ifla.tv Int'l Format Lawyers Association.

* 자료: 은혜정(2014) 참고 재정리

3. 예능 콘텐츠 포맷 비즈니스 사례연구

1) 국내 사례

(1) 전체 흐름

우리나라에서는 특히 예능 프로그램을 중심으로 포맷을 수입해왔고, 최근에는 포맷을 수출하는 경향이 두드러지고 있다. KBS

〈1대 100〉, MBC 〈브레인 서바이버〉, 〈댄싱 위드 더 스타〉, SBS 〈솔로몬의 선택〉, 〈결정 맛대맛〉, OnStyle 〈프로젝트 런웨이 코리아〉, 〈도전 슈퍼모델 코리아〉, Olive 〈마스터 셰프 코리아〉 등이 대표적인 수입 포맷을 통해 성공한 프로그램들이다.

2011년 이후부터 우리나라의 포맷 수출이 증가하기 시작했는데, 2011년 말 MBC 〈나는 가수다〉의 포맷이 중국의 후난 위성 TV에 판매되었고, 2012년 1월 첫 방송 이후 종영까지 전국 1위의 시청률을 기록하기도 했다.[117] MBC 〈아빠 어디가〉의 포맷 또한 2013년 10월에 중국으로 수출되었고, 시즌1의 성공으로 시즌2 포맷은 판권 가격이 10배나 인상되었다. 〈아빠 어디가〉는 후난 위성 TV에서 방영되면서 시즌1의 10회의 시청률이 5.3%를 기록하면서 중국 CCTV의 설날 특집방송인 〈춘완春晚〉을 제외하고는 2013년 최고시청률을 기록하기도 했다.[118] 또한 SBS 〈런닝맨〉의 포맷은 합작 형태로 중국에 수출돼 〈달려라 형제〉라는 프로그램으로 재탄생해 큰 인기를 끌고 있다.[119] 절강 위성 TV에서 방영된 중국판 〈런닝맨〉인 〈달려라 형제〉는 시즌1이 33억 3천, 시즌2가 50억 6천의 동영상 클릭 수를 기록하기도 했다.[120] 〈달려라 형제〉는 최근 시즌3의 1회가 방송된 지 얼마 되지 않아 시즌4의 타이틀 스폰 비용이 13억3,600만 위안을 기록하면서 여전히 높은 인기를 증명하고 있다.[121] 뿐만 아니라 MBC 〈나는 가수다〉, 〈진짜 사나이〉, 〈우리 결혼했어요〉 등은 터키 등 중국 이외의 다른 지역으로도 수출이 이루어지고 있다.

지상파 외에도 JTBC 〈히든싱어〉, tvN 〈꽃보다 할배〉 등의 케이블 채널 인기 프로그램의 포맷도 해외로 수출되고 있다. 특히 〈꽃보다 할배〉는 미국 지상파 방송사 NBC에 판매돼 국내 방송 포맷으로서는 처음으로 미국 지상파 방송사에 수출되는 사례가 되기도 했다. JTBC의 〈냉장고를 부탁해〉는 중국의 대표적 인터넷 서비스 업체인 텐센트에서 오리지널 버전이 방영되었으며, 중국판은 인터넷 특성에 맞게 프로그램 시간을 35분으로 축소하여 제작할 예정이다.[122] 최근에는 단순한 포맷의 수출뿐만 아니라 포맷의 정착을 돕는 '플라잉 PD'의 파견, 해당 국가와의 합작 제작 등 외연을 넓혀가는 추세다.

[표 29] **국내 방송사별 방송 포맷 수출 현황**(해외사업자와 공동제작 제외)

방송사	프로그램 제목	판매 연도	프로그램 장르	수출 국가
	도전 골든벨	2003	퀴즈쇼	중국
	도전 골든벨	2005	퀴즈쇼	베트남
	도전 골든벨	2008	퀴즈쇼	베트남
	미녀들의 수다	2009	토크쇼	베트남
	비타민	2009	인포테인먼트	베트남
KBS	도전 골든벨	2010	퀴즈쇼	베트남
	사랑과 전쟁	2010	드라마	중국
	위험한 초대	2011	토크쇼	중국
	날아라 슛돌이	2011	리얼리티	베트남
	위기탈출 넘버원	2011	인포테인먼트	중국
	청춘 신고합니다	2012	리얼리티	베트남

KBS	1박2일	2013	리얼리티	중국
	불후의 명곡	2013	텔런트쇼	베트남
	슈퍼맨이 돌아왔다	2014	리얼리티	중국
	개그 콘서트	2014	코미디	중국
	출발 드림팀	2015	버라이어티	중국, 태국
MBC	러브 하우스	2004	리얼리티	중국
	강호동의 천생연분	2006	버라이어티	중국
	우리 결혼했어요	2010	리얼리티	터키
	우리 결혼했어요	2011	리얼리티	터키
	나는 가수다	2012	텔런트쇼	중국
	아빠 어디가	2013	리얼리티	중국
	진짜 사나이	2014	리얼리티	중국
	무한도전	2015	리얼리티	중국
	복면가왕	2015	텔런트쇼	중국
SBS	반전 드라마	2006	버라이어티	중국
	진실 게임	2006	게임쇼	인도네시아
	반전 드라마	2007	버라이어티	인도네시아
	스타 뷰티쇼 시즌1	2013	인포테인먼트	캄보디아
	기적의 오디션	2013	텔런트쇼	중국
	K-POP STAR 시즌1	2014	텔런트쇼	중국
	런닝맨	2014	버라이어티	중국
	정글의 법칙	2015	리얼리티	중국
JTBC	대단한 시집	2013	리얼리티	중국
	히든싱어	2014	텔런트쇼	중국
	히든싱어	2014	텔런트쇼	터키
	학교 다녀오겠습니다	2015	리얼리티	중국
	무정도시	2015	드라마	미국
MBC everyone	우리집에 연예인이 산다 시즌1	2014	리얼리티	중국

Mnet	러브파이터	2009	리얼리티	영국
	추적 엑스보이프렌드	2009	리얼리티	미국
	슈퍼스타K	2013	탤런트쇼	중국
	너의 목소리가 보여	2015	탤런트쇼	중국
tvN	슈퍼디바	2012	탤런트쇼	중국, 남미
	더 로맨틱	2013	버라이어티	중국
	세 얼간이	2013	버라이어티	유럽
	더 지니어스	2014	게임쇼	네덜란드, 프랑스, 영국
tvN	응답하라 1997	2014	드라마	미국
	꽃보다 누나	2015	리얼리티	중국
	고래전쟁	2015	음식	캐나다, 미국
	렛츠고 시간탐험대	2015	버라이어티	중국, 프랑스
	식샤를 합시다	2015	드라마	러시아
	꽃보다 할배	2014, 2015	리얼리티	미국, 중국, 프랑스, 핀란드, 독일, 덴마크, 호주
Olive	크레이지 마켓	2014	음식	미국, 이탈리아
StoryOn	렛미인	2015	리얼리티	태국
XTM	더 벙커	2015	자동차쇼	미국

* 출처: 한국콘텐츠진흥원(2015). 방송 포맷 수출입 현황조사 연구. 재구성

[표 30] 한국 제작진의 포맷 관련 해외 파견 현황(2014년 기준)

진출국가 및 방송사	프로그램	파견 내용	비고
중국 후난 위성 TV	아빠 어디가	김유곤 PD	제작 및 연출에 대한 자문
중국 저장 위성 TV	런닝맨	조효진 PD(플라잉 PD), 작가, 카메라맨 등 8명	SBS와 공동 제작
중국 동방 위성 TV	꽃보다 할배	나영석 PD(플라잉 PD)	연출지도와 자문, 제작기술 전수

베트남	아빠 어디가	김유곤 PD(플라잉 PD)	베트남에 포맷 수출
중국 후난 위성 TV	진짜 사나이	김민종 PD(플라잉 PD)	중국판 〈진짜 사나이〉 2015년 2월 방영

* 출처: 조인우(2015. 6. 23). [中 한류 빅뱅/②방송] 콘텐츠 판매 → 포맷 수출 → 합작 '진화 거듭'. 뉴시스.

(2) MBC 〈나는 가수다〉[123]

MBC의 〈나는 가수다〉는 2011년 3월 매주 한국의 실력파 가수 7명을 모아놓고 최고의 무대를 꾸며 경연을 펼친 뒤 청중평가단의 평가를 받아 탈락자를 선정하는 형식의 프로그램이다. 〈나는 가수다〉는 중국의 최대 지역방송사인 후난 위성 TV에 포맷이 수출되면서 2013년 1월 18일 첫 방송된 이후 4월 12일 최종결승전 방송까지 초반 3회 정도를 제외한 나머지 10회 방송분의 시청률이 모두 동시간대 전국 1위에 오르는 기염을 토했다.

[그림 23] MBC 〈나는 가수다〉

[표 31] 중국판 〈나는 가수다〉 시청률

방송일	회차	시청률	시청 점유율
2013년 1월 18일	1회	1.43%	6.38%
2013년 1월 25일	2회	1.71%	8.08%
2013년 2월 1일	3회	2.01%	9.34%
2013년 2월 8일	4회	2.07%	8.24%
2013년 2월 15일	5회	1.96%	9.07%
2013년 2월 22일	6회	2.02%	8.83%
2013년 3월 1일	7회	2.32%	10.56%
2013년 3월 8일	8회	2.34%	11.43%
2013년 3월 15일	9회	2.34%	11.63%
2013년 3월 22일	10회	2.48%	12.20%
2013년 3월 29일	11회	2.21%	11.56%
2013년 4월 5일	12회	2.43%	11.94%
2013년 4월 12일	13회	4.21%	12.45%

* 출처: 한국콘텐츠진흥원(2013). 〈나는 가수다〉 중국 버전 사례분석. 중국 콘텐츠 산업동향 2013년 9호.

초반 〈나는 가수다〉 제작 시 일류 가수들의 출연섭외와 중국 공연시장의 광대함 때문에 어려움을 겪었으나, 첫 방송 이후 〈나는 가수다〉의 광고가격은 15초 광고가 기존 6만5천 위안에서 12만 위안으로 상승했다. 〈나는 가수다〉 경연에 참가한 가수 황치샨은 방송 이후 출연료가 20배 상승했고, 린즈쉬엔, 펑지아후이 등은 약 10배 이상, 시앙원지에 역시 방송 전 약 15만 위안에서 방송 이후 35만 위안 이상으로 출연료가 상승하면서 큰 인기를 끌었다.

텐센트, 시나웨이보 등의 댓글 수가 1억 개를 돌파했으며, 관련 음원도 신곡 차트 10위권 내에 랭크되었다. 무엇보다 프로그램의 창의성과 질적 수준, 선정 곡 등의 우수성이 부각되었다. 서바이벌이라는 형식이 주는 긴장감도 있었지만, 경연의 결과 자체보다 수준 높은 음악을 진정성 있게 전달하는 가수들과 이를 충분히 살려주는 공연 환경 덕분에 많은 사람들이 감동했으며, 후난 위성 TV의 위상마저 올려주었다. 〈나는 가수다〉의 질적, 양적 성공은 실제로 이후의 한국 예능 포맷의 잠재력에 대한 높은 평가로 이어졌다. 〈나는 가수다〉는 한국에서 첫 방송을 하고 나서 3개월 후 중국 후난 위성 TV에서 포맷 구입을 요청했는데, 중국에서의 성공 이후 〈아빠 어디가〉마저 성공하면서 한국 콘텐츠에 대한 주목도가 커져 새로운 포맷이 나오면 일주일 내에 구매 요청이 올 정도로 빠르게 반응하고 있다.[124]

2) 해외 사례

(1) 게임쇼 포맷 사례

가. 〈가격을 맞추셨습니다The Price is Right(1956년 미국)〉

미국 NBC에서 처음 방영되기 시작해서 지금까지 인기리에 방영되고 있는 최장수 게임쇼이다. 기본 콘셉트는 소개되는 상품의 시장가격의 근사치를 맞추는 것으로 승자에게 다른 게임 참여 기회를 부여하고 가격이 넘어서면 탈락하는 구조다. 프로그램의 인기로 인쇄매체 게임, 보드 게임, 비디오 게임 등 OSMU의 이상적인 사례를 보여주었다. 영국(ITV) 등 유럽 국가뿐 아니라 일본(TBS), 중국(CCTV 2) 등 아시아 지역에 이르기까지 세계 40개국 이상에 판매된 인기 포맷으로서, 포맷 산업이 형성되기 전인 1980년부터 판매가 성사된 경우다. 프리맨틀미디어Premuntle Media가 제작사이자 포맷 저작권 소유사이다.

나. 〈누가 백만장자가 되길 원하는가?Who wants to be a millionaire?〉

1995년 시작돼 질문의 수, 진행 방식, 상금 규모 등을 개선해 가다가 1998년 본격 제작에 들어갔으며 점점 인기 포맷으로 자리 잡았다. 세계 84개국에 판매되었으며 117개국에서 방영될 정도로 최고 인기 포맷으로 인정받고 있다. 영화 〈슬럼독 밀리어네어Slumdog Millionaire〉로 제작되기도 했다. 포맷 저작권은 첼라도르Celador가 소유하고 있다가 2004년 소니엔터테인먼트 계열의 투웨이트래픽2 Way Traffic으로 넘어갔다.

다. 〈가족대항전Family Feud〉

1976년 미국 ABC에서 방영되기 시작하여 방송사를 옮기기도 하고 프로그램 구조가 바뀌기도 하며 현재까지 영국 등 세계 많은 나라에서 방영되고 있는 장수 포맷이다. 포맷의 소유자는 미국의 프리맨틀미디어Premuntle Media이다. 프로그램의 구조는 두 가족이 각각 하나의 팀으로 출연하여 경쟁하는 구조로, 일반인들이 출연하지만 때론 연예인이나 특별한 관계의 사람들이 출연하기도 한다. "○○전문가 100인에게 물었습니다"를 통해 나온 대답을 알아맞히는 게임으로 사전 조사대답들은 종이로 가려져 있으며, 대답을 맞추면 가려진 종이를 떼어내는 방식이다. 더 많은 응답자가 나온 내용을 맞추면 더 높은 점수를 가지며, 승자는 현금이나 여행상품, 제품 등을 얻게 된다. 이 프로그램은 온라인 게임, 아이폰 애플리케이션으로 출시되기도 했다.

(2) 리얼리티 서바이벌 포맷 사례

가. 〈서바이버Survivor〉

〈서바이버〉의 포맷은 1992년 영국의 방송제작자 찰리 파슨스 Charlie Parsons가 만들었으나, 최초로 제작·편성된 곳은 덴마크, 스웨덴, 노르웨이 등 북유럽 국가들이었으며, 이후 미국(CBS), 중국(CCTV) 등 약 50개국 이상에 포맷이 판매되었다. 〈서바이버〉는 북유럽 국가들에서는 〈로빈슨의 모험〉이라는 제목으로 방영되었고, 미국 CBS에서는 2000년에 방영을 시작하여 시즌26을 넘어설 정도로 엄청난 인기를 누리고 있다. 포맷의 구조는 2팀(부족, 'Tribe'라고 부름)의 참가자들이 도시 문명과 동떨어진 외딴 지역에서 다양한 도전을 이겨내며 최소한의 도구로 끝까지 살아남아야 하는 구조다. 이 과정에서 보통 12개 이상의 과제들이 주어지며, 부족회의나 투표 등의 기법을 통해 의사결정을 하고, 팀워크가 프로그램 전 과정을 통해서 중요한 요소로 강조된다.

참가자들이 에피소드마다 투표를 통해 팀을 떠나야 하는 사람을 선택하고, 최후 승자는 많은 상금을 받게 된다. 2006년 시즌에서 아시안 최초로 재미교포 권율 씨가 우승하면서 한국에도 많이 알려지는 계기가 되기도 했다.

나. 〈빅브라더Big Brother〉

영국의 소설가 조지 오웰이 쓴 〈1984〉에 나오는 전지전능한 가공의 통치자 '빅브라더'에서 이름을 따온 프로그램이다. 1997년 네덜란드의 방송제작자인 존 데몰John DeMol에 의해 처음으로 만들어져서 1999년 방영되었다.

빅브라더의 위치처럼 참가자들을 한 집에 가둬놓고 이들의 행동을 24시간 감시할 수 있는 절대권력을 시청자들에게 부여한 프로그램이다. 오디션을 통해 선정된 12~16명의 출연자들이 집 한 채에서 생활하면서 주어지는 미션을 수행하게 하고 최후 승자에게 거액의 상금을 주는 포맷이다. 곳곳에 설치된 카메라에서 녹화된 내용을 편집하여 매회 에피소드로 방영한다.

〈빅브라더〉는 인간의 관음증적인 욕구를 부추긴다는 비판을 받은 적이 있고, 밀폐된 공간에서 카메라를 향해 자신의 속내를 털어놓는 부분 등은 기존의 〈서바이버〉와 유사하다는 점에서 오랜 기긴 저작권 분쟁이 벌어지기도 했다. 세계 40여 개국에 판매되었고, 프로그램 참가를 통해 인기를 얻고자 하는 참가희망자가 많아 오디션부터 인기가 높다.

다. 〈나는 유명인이야, 제발 나를 여기서 꺼내줘I'm celebrity, Get me out
  of here〉

일련의 연예인들(보통 10여 명)이 문명과 동떨어진 밀림지역에서 최소한의 편의시설만 제공받고 일정 기간 동안 미션을 완수하면서 살아남는 내용의 포맷이다. 육체적 불편함, 정신적인 고통을 이겨낼 수 없는 참가자들이 "나는 유명인이야, 제발 나를 여기서 꺼내줘"라고 소리치면 그 당사자는 게임에서 탈락된다. 최후까지 살아남은 사람이 밀림의 왕/여왕 칭호를 받게 되고, 그동안 시청자들은 전화 참여를 통한 모금액을 기부한다. 세계 9개국에 수출되었다. 〈서바이버〉와 〈피어팩터Fear Factor〉를 합한 듯한 포맷으로 미국 ABC가 방영할 때 〈서바이버〉를 방영 중이던 CBS에 의해 저작권 소송이 벌어지기도 했다.

(3) 탤런트오디션 포맷 사례

가. 〈보이스The Voice〉

2010년 네덜란드 탈파Talpa라는 제작사에 의해 처음 제작·방영된 이래 짧은 기간 동안 영국 등 유럽 국가는 물론 미국, 한국 등 40여 개국에 판매된 포맷이다. 맨 처음 이루어지는 블라인드 오디션(외모 등의 선입견을 배제하고 오직 목소리로 승부하는 최초의 오디션 프로그램)과 멘토링 시스템(심사자가 단순한 심사자를 넘어 팀을 꾸리는 부분도 관여)이 가장 큰 차별화 요소이다.

나. 〈댄싱 위드 더 스타Dancing with the star〉

2004년부터 영국 BBC에서 방영된 후 세계 35개국 이상에 판매된 포맷이다. 원제는 〈Strictly come dancing〉이지만 해외판매 과정에서 이해하기 쉽게 〈Dancing with the star〉로 변경되었다. 스타 1인과 전문 춤꾼이 한 팀을 이루어 볼룸 댄스, 라틴 댄스 등 다양한 종류의 춤을 매주 혹독한 연습을 통해 습득해가는 과정을 보여준다. 한국에서도 MBC를 통해 시즌3까지 인기리에 방영되었다.

다. 〈마스터 셰프Master Chef〉

1992년 영국 BBC에서 처음 방영되었고, 2005년부터 포맷으로 발전돼 유럽, 미국, 중국 등 35개국에 판매되었다. 〈마스터 셰프〉는 서바이벌 형식을 도입하면서 요리에 자신 있는 참가자들을 선정해 15회 동안 최후의 승자(마스터 셰프)를 뽑는 프로그램이다. 기존의 요리 프로그램들이 유명 셰프가 나와 자신의 요리를 소개하면서 아름다운 지역과 유명한 레스토랑을 소개하는 형식이었다면 최근엔 서바이벌 리얼리티 포맷과 결합시켜 하나의 게임쇼로 새롭게 탄생시킨 경우가 많다.

(4) 데이팅 포맷 사례
가. 〈블라인드 데이트Blind Date〉

1985년 11월 영국의 ITV(제작사: London Weekend TV)에서 최

초로 방영돼 2003년까지 18시즌 동안 인기를 누려온 전통적인 데이팅쇼 포맷이다. 말 그대로 상대방에 대해 전혀 모르는 사람들이 처음으로 데이트에 나가서 만남을 이어가는 것이 기본 콘셉트이다. 주인공은 무대 뒤에서 목소리만으로 질문을 하고, 상대는 3명이 출연하여 질문에 대한 대답을 통해 자신의 매력을 어필해야 한다. 이 과정을 통해 주인공은 3명 중 1명을 선택하여 무대 앞으로 나오게 되며 경품으로 주어진 여행상품을 받게 된다. 미국 NBC에서 가장 인기 있는 데이팅쇼의 영광을 누리며 높은 시청률을 기록했다.

나. 〈데이팅 인 더 다크Dating in the Dark〉

네덜란드 탈파Talpa에서 제작했고, 한국(TV조선), 미국(ABC), 중국, 영국 등 25개국 이상에 판매된 포맷이다. 데이트 상대를 찾는 남녀 각 3명이 각각 별개의 집에 머물면서 일정시간에 중간 지점에서 만나 서로를 알아가는 시간을 가진다. 중간 지점은 칠흑같이 어두운 곳으로, 목소리를 들으며 시각을 제외한 촉감과 후각 등을 통해 짝을 탐색한다. 마지막 단계에 조명이 들어오면서 상대를 눈으로 확인하게 되는 방식이다.

다. 〈바첼러〉와 〈바첼러레트〉

〈바첼러The Bachelore〉는 미국 ABC에서 2002년 방영을 시작해 23시즌을 이어온 데이팅쇼 포맷이다. 제작자는 마이클 플라이스

Michael Fleiss이다. 1명의 근사한 외모의 남자 출연자가 나오며, 누가 그의 마음을 빼앗아 파트너로 최종 선택되느냐를 놓고 여러 명의 여성 참가자가 경쟁하는 구조이다. 남자가 자신이 마음에 드는 여자 출연자에게 장미를 선물한다. 최종 4명의 여성 참가자들의 고향을 방문하고 그녀의 가족을 만난다. 마지막 2명이 남으면 양가의 부모님들도 만나서 가족들의 의견을 듣고 최종적으로 1명을 선택하게 된다.

〈바첼러The Bachelore〉의 성공에 힘입어 주인공을 남성에서 여성으로 바꾼 〈바첼러레트The Bachelorette〉도 제작되었다. 이와 유사하면서도 약간의 변형을 준 프로그램으로 〈평범한 조Average Joe〉, 〈유혹의 섬Temptation Island〉 등이 있다.

(5) 메이크오버 포맷 사례

가. 〈맘 vs 맘, 엄마를 바꿔라〉

서로 확연하게 구별되는 서로 다른 환경의 두 가족이 생활과 가족을 송두리째 바꿔서 생활해보는 리얼리티 프로그램이다. 다른 가정에서 다른 경험을 통해 내 가정의 문제를 생각해보는 엄마와, 엄마의 빈 공간을 느끼는 남편과 아이들을 확인할 수 있는 가족 리얼리티 포맷이다. 2003년 영국 RDF Media(독립제작사)가 ch4를 위해 제작해 인기를 끌었고, 현재까지 방영 중인 장수 포맷이다. 세계 22개국에 판매되었으며, 한국 Q채널에서 〈맘 vs 맘, 엄마를 바꿔라Wife Swap〉란 제목으로 시즌2까지 방영되었다.

이 프로그램의 기본적인 구조는 경제 환경, 취향, 가족 형태, 문화 등 모든 것이 다른 두 가족을 선정해서 양쪽 집의 엄마를 각각 상대방의 집에서 2주 정도 생활하게 하는 것이다. 엄마는 자신의 집을 떠나기 전에 원래의 집에서 지켜져야 할 원칙들을 적은 리스트를 작성하여 남기고 떠나며, 새로 집에 들어온 엄마는 첫 주 동안은 무조건 이 원칙을 따라야 한다. 그러면서 불합리하고 개선해야 할 리스트를 몰래 작성하게 되고, 2주째엔 자신이 작성한 새로운 원칙을 발표하면서 가족 구성원 모두가 따라줄 것을 명령한다. 이 때 새로운 원칙을 따라가면서 갈등에 노출되는 과정을 보는 것이 이 프로그램의 관전 포인트라고 할 수 있다. 맨 마지막 날 두 가족의 구성원들이 모두 모여 서로 느낀 바를 얘기하면서 에피소드가 마무리된다.

나. 〈익스트림 메이크오버: 홈 에디션Extreme Makeover〉

오리지널 포맷은 외모에 문제가 있다고 느끼는 참가자들을 선정해서 전문가들이 외모상 극적인 변화를 주면서 아름다움을 찾게 되는 과정을 보여주는 내용이다. 외모 지상주의를 부추기고 미의 기준을 획일화했다는 비판적 시각 때문에 인기를 오래 누리지 못했다. 그래서 엔데몰Endemol은 오리지널 포맷을 변화시켜 도움이 절실히 필요한 가정을 선정하여 집을 완전히 새로 지어주는 〈익스트림 메이크오버: 홈 에디션〉을 개발하여 새로운 감동을 선사했다. 참가자는 전국 각지에서 모인 사연들을 심사하여 선정하고, 집뿐만 아니라 집기 등도 기부한 물건들로 채워진다. 2005, 2006, 2010년 에미상을 수상하기도 했다.

다. 〈비기스트 루저Biggest Loser〉

건강과 외모에 대한 관심을 활용하여 서바이벌과 메이크오버가 결합된 리얼리티 포맷으로 만들어진 프로그램으로, 살을 가장 많이 뺀 사람이 최후 승자가 되는 단순한 포맷이다. 2004년 미국 NBC에서 처음 방영돼 현재까지 18시즌 넘게 이어오고 있으며, 세계 27개국 이상에 수출돼 비디오 게임 Wii, 닌텐도 게임 DS 등으로 개발되기도 했다. 선정된 참가자들은 한 곳에 모여서 합숙하면서 시작하고, 2개 팀으로 나눠 팀 대항 미션들을 수행해야 한다. 미션을 완수하면서 최후 승자에게 많은 상금을 수여한다.

4. 예능 콘텐츠 유통시장의 특성 및 향후 전략

예능 콘텐츠 유통시장은 음악, 드라마 콘텐츠 유통시장과 달리 현지화 가능성이 높다는 점에서 차별성을 가진다. 다시 말해 음악이나 드라마 콘텐츠의 경우 '완제품'의 형태로 유통되지만, 예능 콘텐츠는 주로 포맷의 형태로 거래되기 때문에 수입하는 국가의 사회, 문화적 환경이나 정서에 맞게 변형이 가능하다는 점이 장점이라고 할 수 있다.

현지화 가능성이 높은 예능 콘텐츠의 특성상 문화적 할인을 피해갈 수 있기 때문에 미국, 유럽 위주의 콘텐츠 시장에서 한국 콘텐츠의 수출 가능성을 높이는 데 기여할 수 있다. 각 사회의 특성과 문화적 환경을 많이 반영하게 되는 드라마에 비해 인간 본연의 놀이, 음악, 경쟁, 갈등 등의 소재를 기본적으로 갖추고 있는 예능 포맷은 방송 콘텐츠의 글로벌화에 있어 가장 적합한 장르라고 볼 수 있을 것이다.

또한 예능 콘텐츠는 포맷만 충실하고 인기를 끌 수 있다면 시즌제로 계속해서 방영하는 경우가 많기 때문에 지속적인 이윤 창출이 가능하다는 장점이 있다. 포맷 계약은 일반적으로 시즌마다 새롭게 이루어지며, 새로운 시즌을 제작하기 위해서는 다시 구매 계약을 맺는 것이 일반적이기 때문이다.

현재 우리나라에서 포맷 수출이 급증하고, 최근에는 아시아를 넘어 미국 등지까지 포맷을 수출하고 있는 추세에서 무조건적인 수출 증대에만 힘쓸 것이 아니라 수출한 포맷이 제대로 정착하여 인기를 끌 수 있도록 돕는 장치가 필요하다. 현재 플라잉 PD 등 스태프를 파견하여 포맷을 인기 있는 프로그램으로 만들었던 노하우를 전수해주고 있지만, 이 외에도 합작 등 보다 적극적인 방식으로 포맷 수출의 범위를 넓혀 가는 것도 일방적인 기술 이전이 아닌 수출국과 수입국의 '윈윈win-win'을 돕는 방식으로 제안될 수 있을 것이다.

포맷 수출에 있어서 현지화 과정은 포맷 수출의 성공 여부의 가장 중요한 요소이기도 하다. 그러나 중국의 경우 광범위하고 깊은 수준의 제작 기술 이전을 요하는 사례가 많다. 따라서 향후 포맷 판매를 보다 전략적으로 정교하게 재조정할 필요가 있다. 해외 대형 포맷 유통사들의 경우, 포맷 거래를 위한 바이블 제작, 플라잉 PD 제작 지원 등의 수준을 다양하게 구성하여 포맷 가격 수준에 따라 차별적으로 적용하는 사례가 많다. 이는 기술 이전의 적정한 수준을 조절하여 장기적으로 포맷 거래가 이어질 수 있도록 할 수 있는 전략적 방안이 될 수 있을 것이다. 즉 가장 낮은 수준으로는 단순한 포맷 라이센스 거래에서부터, 가장 높은 수준인 현지의 제작사를 직접 운영하여 포맷 거래를 매개로 직접 제작하는 수준까지 다양한 수준의 거래를 통해 수익과 향후 지속적인 판매 가능성을 높여주는 것이다.[125]

최근 MBC 〈아빠 어디가〉, 〈나는 가수다〉, SBS 〈런닝맨〉 사례와 같이 타이틀 스폰서 광고 중 일부를 받는 수익계약도 하나의 대안이 될 수 있을 것이다. 포맷과 함께 제작 방식을 수출하는 형태일 경우, 흥행에 따른 수익 배분 방식을 도입하는 것이다. 〈나는 가수다〉의 경우 시즌2, 3의 타이틀 스폰서가 총 940억원에 달해 MBC가 이 중 약 190억원을 나눠 받을 것으로 추산된다.[126] 아울러 해외시장에서의 지적재산권 보호 방안을 고민해야 한다는 지적도 있다.[127] 프로그램 포맷의 저작권 보호를 위한 법률적 방안에 대한 고려는 앞으로 한국 예능 프로그램이 지속적으로 해외 진출을 하면서도 포맷을 발전시킬 수 있는 안전장치가 될 수 있을 것이다.

수출 대상국의 규제정책에 대한 이해 또한 빼놓을 수 없을 것이다.[128] 수출 대상국의 규제 변화는 TV 포맷 판매에도 영향을 끼치기 때문에 이에 대한 면밀한 검토가 선행돼야 전략적인 포맷 수출이 가능할 것이다. 포맷 장르의 국제 거래는 플랫폼의 증가와 콘텐츠 수요의 증가 추이와 맞물리면서 더욱 확장될 것으로 예상되고, 이미 MIP Format 같은 국제 마켓에서 구체적인 움직임이 포착되고 있다.

포맷 비즈니스에 있어서도 최근의 미디어 환경의 변화가 영향을 끼칠 것으로 보이는데, 전통적인 인기 장르인 게임쇼, 오디션 및 탤런트 쇼보다도 스크립트 포맷이나 팩츄얼 엔터테인먼트 등의 장르가 급부상할 것으로 예상된다. 이 같은 추이는 드라마 장르를 중심으로 '한류' 현상을 창출해본 경험이 있는 우리 입장에서는 긍정적인 요소로 작용할 가능성이 크다고 할 수 있다. 드라

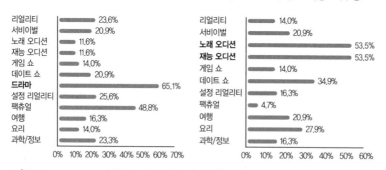

[그림 24] 2014년 내 **증가 예상** 포맷 장르 [그림 25] 2014년 내 **감소 예상** 포맷 장르

증가 예상		감소 예상	
리얼리티	23.6%	리얼리티	14.0%
서비이벌	20.9%	서비이벌	20.9%
노래 오디션	11.6%	**노래 오디션**	53.5%
재능 오디션	11.6%	**재능 오디션**	53.5%
게임 쇼	14.0%	게임 쇼	14.0%
데이트 쇼	20.9%	데이트 쇼	34.9%
드라마	65.1%	설정 리얼리티	16.3%
설정 리얼리티	25.6%	팩츄얼	4.7%
팩츄얼	48.8%	여행	20.9%
여행	16.3%	요리	27.9%
요리	14.0%	과학/정보	16.3%
과학/정보	23.3%		

* 자료: MIP Format 2014 카탈로그(황진우(2014) 재인용)

마를 포맷화하여 글로벌 시장에 진출한다면 그동안 '문화적 할인'
에 따른 가치 하락으로 진출하기 어려웠던 미국이나 유럽 시장
등 주력 핵심시장에 진출하고 월드 메이저로 등장할 수 있는 잠
재가능성은 그만큼 더 커지기 때문이다.

 세계 콘텐츠 시장에서 미국 혹은 백인 중심의 주류 흐름을 돌파
하고 새로운 가능성을 확인시키고 있는 성공 사례는 멕시코와 이
스라엘이 이미 보여주고 있기도 하다. 즉 멕시코의 대표적인 상업
방송사인 텔레비사Televisa는 중남미 지역의 일일드라마인 텔레노
벨라Telenovela의 스크립트 포맷을 동일 언어인 스페인어권뿐만 아

[그림 26] 2014년 MIP TV 출시 신규 포맷

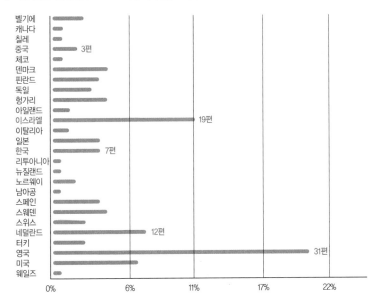

* 자료: MIP Format 2014 카탈로그(황진우(2014) 재인용)

니라 미국과 동유럽권, 그리고 아시아와 아프리카까지 확장하며 연간 수출액 4.2억 달러의 실적을 시현하고 있고,[129] 자국시장 규모가 작은 이스라엘의 방송 및 제작사인 케셋Keshet도 세계 포맷 시장에 활발하게 진출하면서 자국산 스크립트 포맷의 품질 경쟁력을 인정받고 있을 뿐만 아니라 글로벌형 확대 재생산 모델을 보여주고 있다.[130] 특히 이스라엘은 우리와 같이 빈약한 부존자원과 내수시장 규모가 작은 나라라는 점에서 시사하는 바가 크다.

다큐 콘텐츠 비즈니스

1. 다큐 콘텐츠의 개념과 역사

1) 다큐 콘텐츠의 개념과 역사

다큐멘터리 프로그램은 최초 '기록영화'라고 번역할 수 있는 'Documentary Film'에서 왔고, 관행적으로 '다큐멘터리'로 불리고 있다. 'Documentary'는 '가르치다'라는 뜻이 담긴 라틴어 'docere'에서 유래한 'document'가 어원이고, 옥스퍼드Oxford 영어 사전에 의하면 'document'에는 교육a lesson, 훈계an admonition, 경고a warning의 의미가 담겨 있다.[131] 다큐 콘텐츠는 최초 영화를 통해서 발흥되었지만 오락성 측면에서의 핸디캡으로 인해 극장 상영은 성공하지 못했고, 1950년대 이후 텔레비전이 활성화되면서 TV 프로그램의 주요 장르로 자리 잡았다고 할 수 있다. 다큐 프로그램은 제작 측면에서도 배우나 스토리 등이 중심인 극영화와 달리 메시지와 이야기 흐름이 중시된다는 특성 상 TV 매체와 어울리는 장르이다. 그렇지만 다큐의 개념은 단순하지 않고, 총론적으로는 포괄적이지만 각론에서는 다양한 특성이 내재돼 있다. 미국의 연방통신위원회FCC, Federal Communication Commission는 다큐를 "뉴스의 대상이 될 수 있는 사회, 정치, 경제 문제 등 과거의 사건을 자료로 삼아 극화하지 않고 다루는 형식이다. 사회적으로 유익한 정보를 제공하거나 대중 설득을 통해 교정적 행동을 이끌어내는 것이 그 목적이다"라고 정의하고 있다. 다큐는 '사실'을 토대로 한다는 점에서 드라마나 극영화와 차별화되고, 또한 재해석을 통해 사실을 '창조적으로 재구성'한다는 점에서 뉴스와 같은 저널리즘 부문과 차별화된다. 따라서 다큐는 객관적으로 관찰한 '사실'을 새롭게 해석하고 재구성해서 특정사안을 보는 시각 즉 '진실'을 드러내어 세상의 변화에 기여하는 영상물이라고 정의할 수 있다.[132]

우리나라에서는 1962년 TV 방송이 본격적으로 시작된 이후에도 오락 프로그램에 치중한 나머지 다큐멘터리는 주목 받지 못했다. TV 다큐멘터리에 관심이 생기기 시작한 것은 1970년대 이후로, 1972년 KBS 〈실록 30년〉은 한국 근현대사를 다룬 국내 최초 TV 다큐멘터리였다.[133] 현재는 KBS 〈차마고도〉 이후 MBC 〈아마존의 눈물〉 등 대작 다큐멘터리가 해외시장에서 선전하는 등 한국 다큐멘터리도 양적, 질적으로 성장해가고 있는 추세다.

2) 방송 다큐 콘텐츠의 주요 유형[134]

(1) 역사 다큐멘터리

역사 다큐멘터리는 역사적 사실을 조명하고 이를 통해 메시지를 도출하는 유형이다. KBS의 〈하멜 표류기〉와 같은 프로그램이 대표적인 예라고 할 수 있는데, 당시 조선 정부가 외국과의 교류를 등한시하고, 국제정세에도 무관심했던 것이 이후의 국가 발전에 큰 걸림돌이 되었던 것을 보여주고 있다.

(2) 사회 다큐멘터리

사회 다큐멘터리는 사회적 현상이나 사건을 관찰하여 문제의식을 제기하고 이슈화시키는 유형이다. 사회 다큐멘터리는 현시점의 사회적 이슈를 다룬다는 점에서 특히 관련 종교단체나 이해단체들이 이의제기를 하여 방송을 방해하는 경우도 종종 생길 만큼 민감한 사안들도 있다.

(3) 인간 다큐멘터리

인간 다큐멘터리는 인간을 주제와 주인공으로 등장시켜서 탐구하는 유형이다. 인간 다큐멘터리는 주로 수많은 사람들 중에서도 고난과 역경을 어떤 방법으로 극복하고, 어떤 목표에 도전하는지 등과 관련한 이야기를 제시해줄 수 있는 인물을 선정한다. 오래도록 사랑받고 있는 KBS 〈인간극장〉이 대표적인 인간 다큐멘터리의 사례라고 할 수 있다.

(4) 자연 다큐멘터리

자연 다큐멘터리는 자연의 아름다움과 경이로움에 관심을 갖고 관찰하고, 그러한 동·식물과 어우러져 사는 인간의 모습 등을 함께 보여주기도 하는 유형이다. 오랜 준비기간과 촬영기간을 거쳐 대자연과 동·식물의 모습, 변화하는 자연의 모습 등을 포착하여 대작 다큐멘터리가 되는 경우가 많다. MBC의 〈북극의 눈물〉, 〈아마존의 눈물〉, EBS 자연 다큐멘터리 〈시베리아 호랑이 3대의 죽음〉 등과 같은 프로그램이 대표적인 자연 다큐멘터리라고 할 수 있다.

(5) 문화 다큐멘터리

문화 다큐멘터리는 소설, 시, 희곡, 음악, 미술, 조각, 무용, 연극 등 예술 자체 혹은 해당 분야 예술가의 생애 등을 다루거나 명작을 소개하는 유형이다. MBC 〈명작의 고향〉, 〈명곡의 고향〉, 〈명화의 고향〉, KBS 〈문화기행〉 등이 대표적인 문화 다큐멘터리라고 할 수 있다.

(6) 스포츠 다큐멘터리

스포츠 다큐멘터리는 인간 의지의 한계와 각종 기록에 도전하는 현대적 영웅으로서의 스포츠 선수들, 어려운 환경에서도 포기하지 않고 노력하는 선수나 팀의 이야기 등을 다루는 유형이다. 스포츠 다큐멘터리로는 육상선수 임춘애나 피겨 선수 김연아와 관련된 다큐멘터리 등이 대표적인 사례라고 할 수 있다.

(7) 과학 다큐멘터리

과학 다큐멘터리는 인류의 관심사인 첨단과학기술, 인공지능, 우주 등과 관련된 지식이나 정보를 제공하는 유형이다. 과학 다큐멘터리는 통상 과학자의 전문용어와 제작자의 영상언어 사이에서 조화를 찾기가 어려운 경우가 많다.

(8) 의학 다큐멘터리

의학 다큐멘터리는 건강과 삶의 질에 대한 관심이 높아지면서 질병, 장수와 관련된 정보들에 관심을 갖고 관찰하고 정보를 제공하는 유형이다. 의학 다큐멘터리는 현대 의학, 한의학에서부터 민간요법, 신약, 첨단의료기기 등 다양한 분야로 범위가 넓어지는 추세인데, 대표적인 사례로는 KBS 〈생로병사의 비밀〉, EBS 〈명의〉 등이 있다.

(9) 탐험 다큐멘터리

탐험 다큐멘터리는 미지의 세계에 대한 호기심을 자극하는 유형으로, 심해와 사막, 밀림 등을 횡단하거나 탐사하는 것이 자주 등장하는 주제다. SBS 〈아마존강 탐사〉, 〈아프리카 종단〉, 〈유라시아 횡단〉 등이 대표적인 탐험 다큐멘터리라고 할 수 있다.

(10) 엔터테인먼트 다큐멘터리

엔터테인먼트 다큐멘터리는 대중예술에 종사하는 사람들을 중심으로 다루는 유형으로, 연예산업이 날로 확장하고 있다는 점에서 대중적으로 어필할 수 있는 영역으로 평가받고 있다. 엔터테인먼트 다큐멘터리는 주로 한류 스타나 연예기획사를 다룬 내용이 많으며, MBC 〈K-POP 스타 세계를 홀리다〉 등이 대표적인 사례라고 할 수 있겠다.

(11) 환경 다큐멘터리

환경 다큐멘터리는 공기, 물, 소음, 화학물질 등 각종 공해와 자연 파괴에 대해 다루는 유형으로, 자연 다큐멘터리와 사회 다큐멘터리의 특징이 결합된 형태라고 볼 수도 있다. KBS 〈환경 스페셜〉, EBS 〈하나뿐인 지구〉 등이 대표적인 환경 다큐멘터리라고 할 수 있다.

2. 다큐 콘텐츠의 시장 현황

1) 다큐 콘텐츠의 국내외 거래 현황 및 트렌드

다큐멘터리는 리얼리티와 진실성을 가지고 사회적인 이슈를 포착해서 실제 세계를 있는 그대로 보여주며, 때로는 문제의식을 제기하기도 한다. 공영방송인 일본 NHK, 영국 BBC의 대작 다큐멘터리의 경우 막대한 제작비를 투입해 오랜 제작기간을 거쳐 제작되면서 방송사의 공영성을 확보하고 이미지를 제고하는데 도움이 되기도 한다. 반면에 다큐 콘텐츠는 수익성이 낮기 때문에 쉽사리 제작하기 어려운 장르이기도 하다.[135] 우리나라에서는 2013년 기준 지상파 방송 다큐멘터리 콘텐츠의 수출 편수는 875편, 수입 편수는 756편이었다. 수출 금액은 287만 달러, 수입 금액은 201만5천 달러로, 수출 금액은 전체 장르의 1.5%인데 비해, 수입 금액은 64.8%로 지상파 방송 콘텐츠 수입 금액 중 가장 큰 비중을 차지하는 장르이기도 하다는 점이 이 같은 다큐멘터리 장르의 특성을 말해준다.[136] 다큐멘터리 장르의 판매와 구매가 드라마, 예능 장르에 비해 많지 않기 때문에 최근의 국내 판매 현황 자료는 공식적으로 정리돼 있지는 않다. 그러나 EBS의 케이블/위성, VOD, DVD 판매 현황을 통해 짐작은 가능하다.

[표 32] 다큐멘터리 케이블/위성, VOD, DVD 판매 현황(EBS)

(단위: 천원)

연도	케이블/위성 판매 금액	VOD 판매 금액	DVD 판매 금액
2006	76,337	1,139	109,047
2007	147,515	8,853	46,380
2008(10월까지)	97,968	41,457	110,754

* 출처: 한국콘텐츠진흥원(2009). 방송영상 콘텐츠산업실태조사Ⅱ: 드라마, 다큐멘터리 제작 및 유통 실태. 자료 재구성

EBS의 다큐멘터리 국내 판매 현황을 보면, 해외 판매에 비해

국내 판매는 다큐멘터리 장르의 후속 창구로의 판매 자체가 활발한 편이 아니기 때문에 1억~1억5천만원 내외로 집계되었다. 물론 이 수치는 국내 다큐멘터리 프로그램의 제작이 대부분 외주제작으로 독립제작사가 지상파 방송사와 케이블 방송사에 판매한다는 점을 감안할 때, 국내 판매 현황을 모두 추측하기에는 부족한 감이 있다. 2007년을 제외하고 케이블/위성 판매 금액보다 DVD 판매 금액이 높은 점, VOD 판매 금액이 2008년 급상승한 점은 흥미롭다. 후속 창구보다 DVD나 VOD를 소장하거나 반복해서 시청하는 소구층이 다큐멘터리 장르에서도 존재한다고 볼 수 있다.

최근 다큐멘터리는 역사, 자연 다큐멘터리를 비롯한 전통적인 다큐멘터리에서 리얼리티쇼 요소를 가미한 오락성이 강화되는 것이 세계적인 추세이며, 대작 다큐멘터리의 제작비 문제로 인한

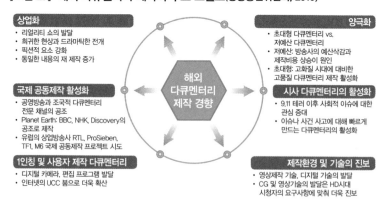

[그림 27] 해외 다큐멘터리 제작의 주요 트렌드(방송통신위원회, 2010)

상업화
- 리얼리티 쇼의 발달
- 희귀한 현상과 드라마틱한 전개
- 픽션적 요소 강화
- 동일한 내용의 재 제작 증가

국제 공동제작 활성화
- 공영방송과 조직적 다큐멘터리 전문 채널의 공조
- Planet Earth: BBC, NHK, Discovery의 공조로 제작
- 유럽의 상업방송사 RTL, ProSieben, TF1, M6 국제 공동제작 프로젝트 시도

1인칭 및 사용자 제작 다큐멘터리
- 디지털 카메라, 편집 프로그램 발달
- 인터넷의 UCC 붐으로 더욱 확산

해외 다큐멘터리 제작 경향

양극화
- 초대형 다큐멘터리 vs. 저예산 다큐멘터리
- 저예산: 방송사의 예산삭감과 제작비용 상승이 원인
- 초대형: 고화질 시대에 대비한 고품질 다큐멘터리 제작 활성화

시사 다큐멘터리의 활성화
- 9.11 테러 이후 사회적 이슈에 대한 관심 증대
- 이슈나 사건 사고에 대해 빠르게 만드는 다큐멘터리의 활성화

제작환경 및 기술의 진보
- 영상제작 기술, 디지털 기술의 발달
- CG 및 영상기술의 발달은 HD시대 시청자의 요구사항에 맞춰 더욱 진보

[그림 28] 영 · 미 · 일 다큐멘터리 제작 국가 특성(방송통신위원회, 2010)

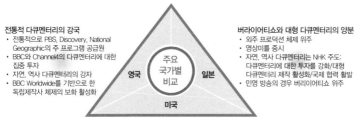

전통적 다큐멘터리의 강국
- 전통적으로 PBS, Discovery, National Geographic의 주 프로그램 공급원
- BBC와 Channel4의 다큐멘터리에 대한 집중 투자
- 자연, 역사 다큐멘터리의 강자
- BBC Worldwide를 기반으로 한 독립제작사 체제의 보화 활성화

버라이어티쇼와 대형 다큐멘터리의 양분
- 외주 프로덕션 체제 위주
- 영상미를 중시
- 자연, 역사 다큐멘터리는 NHK 주도: 다큐멘터리에 대한 투자를 강화/대형 다큐멘터리 제작 활성화/국제 협력 활발
- 민영 방송의 경우 버리이어티쇼 위주

주요 국가별 비교

영국   일본   미국

방송 다큐멘터리의 퇴화/리얼리티 쇼 활성화
- 방송시장 환경이 상업방송 체제이기 때문에 다큐멘터리의 비활성화
- 전통적 다큐멘터리 프로그램 대부분은 공영방송사인 PBS에서 전담
- 9.11 사태 이후 미국에서도 다큐멘터리 제작이 활발: 시사, 역사 다큐에 대한 관심 증가

국제 공동제작 활성화, UCC 붐으로 인한 1인 및 사용자 제작 다큐멘터리 증가 등의 경향도 나타나고 있다. 특히 자연, 역사 다큐멘터리가 강점인 영국과 일본은 BBC와 NHK를 중심으로 뛰어난 다큐멘터리들을 다수 제작하고 있으며, 미국의 경우 시사 다큐 분야에서 두각을 나타내고 있다.[137]

2) 해외 다큐 콘텐츠 시장 현황[138]

(1) 영국 다큐멘터리 시장 현황

영국의 BBC는 세계 최고 수준의 다큐멘터리 제작사로, 탄탄한 기획력을 바탕으로 세계 각국의 다양한 구매자들을 고려한 맞춤형 마케팅으로도 인정받고 있다. 국제 공조를 바탕으로 BBC Worldwide라는 막강한 배급망을 통해 유통 배급을 하고 있으며, 야생 다큐멘터리의 약 2/3가 미국 시장을 겨냥해 제작되기도 한

다. BBC는 많은 예산과 긴 제작기간으로도 유명하다. 한국의 다큐멘터리 제작기간이 평균 3개월인데 반해, BBC는 3배 이상 길다. BBC는 다큐멘터리 제작비 역시 100억원대에 이르기도 했으나, 최근에는 제작비가 감소하여 국제 공동제작을 강화하는 추세로 진행되고 있다. 시사보도, 르포, 역사, 과학 등 거의 모든 분야에서 전문인력과 인프라를 확보하고 있으며, 정책, 경쟁 환경 또한 다큐멘터리의 경쟁력을 강화하는 요인이 되고 있다.

(2) 일본 다큐멘터리 시장 현황

일본 지상파 다큐멘터리 시청률은 1990년대 후반부터 감소 추세를 보여 2001년에는 4.7%까지 떨어졌으나, 이후에는 5% 전후를 유지하고 있다. 오락이나 드라마 제작을 중시하는 민영방송사에 비해 NHK는 다큐멘터리의 중요성을 인식하고 고품질의 다큐멘터리를 제작, 방영하고 있다. NHK는 대중문화에서 인류문명에 이르기까지 다양한 주제의 다큐멘터리를 제작하고 있으며, 편당 3,000만엔에서 최대 6,000만엔의 제작비를 투입하고 있다. 주로 프라임타임대에 다큐멘터리를 편성하여 2008년 상반기 평균 시청률이 13.6%를 기록하기도 했다. 2008년 기준 일본 전체 수출 프로그램에서 다큐멘터리가 차지하는 비중은 5.2%이며, 수출액 기준으로는 약 4억8,100만엔 정도로 추정된다.

3. 다큐 콘텐츠 비즈니스 사례연구

1) 국내 사례

(1) KBS 〈차마고도〉[139]

다큐멘터리는 드라마에 비해 수출 측면에서 그다지 큰 주목을 받지 못했다. 그러다가 KBS 〈차마고도〉의 성공 이후 방송사들이 대작 다큐멘터리에 뛰어드는 계기가 마련되었다. 〈차마고도〉는 기획 초기부터 콘텐츠의 해외 수출과 2차 활용을 고려하여 기획되었다. 유럽 수출을 제1의 목표로 하여 국제 기준에 맞춘 사전 시장조사를 통해 해외시장 맞춤형 콘텐츠로 기획했고, 총 제작비 100억원에 달하는 초대형 프로젝트인 '인사이트 아시아Insight on Asia'의 첫 시리즈 중 하나로 제작되었다. 제작팀은 BBC, NHK 등 다큐멘터리 명가에서 만들지 않은 소재를 찾기 위해 노력한 끝에 세상에서 가장 높고, 가장 오래되고, 가장 길면서도 가장 아름다운 교역의 길로 '차마고도'라는 소재를 선정하게 되었다. 더구나 차마고도 지역은 중국의 소수민족들이 모여 사는 곳이라 지금까지 외국 방송사에서 촬영허가를 받아낸 적이 없었던 지역이었기 때문에 콘텐츠의 희소성이 더욱 높아졌다고 할 수 있다.

기획, 제작뿐만 아니라 〈차마고도〉를 해외에 판매하기 위한 KBS의 전략도 뛰어났다. 외국의 주요 방송사들은 다음 시즌 라인업을 미리 결정하기 위해 물량을 사전에 확보한다. 〈차마고도〉는 방송 1년 전부터 해외 마케팅에 들어가 베이징 올림픽을 앞두고 중국 관련 콘텐츠에 관심이 높은 시점을 잘 파고들었다. 그리하여 〈차마고도〉는 아시아, 중동을 넘어 유럽 시장에 최초로 수출된 콘텐츠가 될 수 있었다. 〈차마고도〉는 국내 방송사 최초로 제작이 완료되기도 전에 선판매 형식으로 유럽(스페인)에 수출하는 계약을 체결했으며, 중동, 아시아 지역 총 6개 국가에 선판매되었다. 또한 카타르 소재 위성 채널 '알자지라'에 수출함으로써 아랍 지역 20여 개국에도 방송되었다. 2008년 9월 기준으로 〈차마고도〉는 세계 19개국에 수출되었다. 이밖에 2차 활용에 대해서도 사전에 기획하여 첫 방송에 맞춰 관련 서적이 출간되었고, OST, DVD도 함께 출시되었다. 또한 특허청에 〈차마고도〉의 상표등록을 하여 각종 관련 상품을 개발하기도 했다.[140]

〈차마고도〉의 사례는 유럽 중심의 다큐멘터리 시장에서 한국의 다큐멘터리가 어떻게 길을 열어야 하는지 보여주는 중요한 전환점이자, 국제 콘텐츠 시장에서 방송사의 인지도를 끌어올릴 수 있는 훌륭한 기획작이었다고 할 수 있을 것이다.

(2) MBC 〈아마존의 눈물〉

MBC 〈아마존의 눈물〉은 시청자들의 폭발적인 호응을 받아 1~3부의 시청률이 각각 22.5%, 20.2%, 18.2%를 기록했으며,[141] 극장용으로 재편집돼 상영되면서 10만 명의 관객이 들기도 했다. 평균 20% 이상의 시청률은 다큐멘터리 사상 최고의 기록이다. 아마존 최후의 원시부족 조에 족의 생활과 아마존의 생태계에 대해 다룬 〈아마존의 눈물〉은 2009년 12월부터 2010년 2월까지 프롤로그와 에필로그를 포함하여 총 5부작이 방송되었다. 〈아마존의 눈물〉은 〈북극의 눈물(2008)〉, 〈아프리카의 눈물(2010)〉, 〈남극의 눈물(2011)〉 등 MBC의 대작 '눈물' 시리즈 중 하나다. '눈물' 시리즈는 전 지구적으로 진행되고 있는 생태계의 파괴와 자연 질서에 대한 위협을 극적으로 보여준 MBC의 기획 다큐멘터리다.

〈아마존의 눈물〉은 9개월의 사전조사, 250일의 제작기간, 15억원의 제작비가 투여된 대작이다. 그러나 그동안 아마존을 다룬 다큐멘터리들이 있어 왔음에도 불구하고 〈아마존의 눈물〉이 특히 많은 사랑을 받게 된 데에는 몇 가지 이유가 있다. 먼저 〈아마존의 눈물〉은 '자연과 환경문제에 관한 메시지를 효율적으로 전달하면서 동시에 오락적 가치를 갖춘 프로그램'[142]으로서 정보와 오락적 동기를 충분히 동시에 만족시켜 주었다는 점이다. 〈아마존의 눈물〉은 다큐멘터리이기는 하지만 극적 내러티브 구성과 휴먼 드라마적 대중 서사 전략을 통해 흥미를 유발했다. 자연/환경 다큐멘터리의 대중 서사 전략에 대한 분석[143]을 살펴보면, "MBC 〈아마존의 눈물〉은 인간문명이 가져온 '원시와 자연의 종말'이라는 거대 내러티브를 중심으로 '자연' 대 '인간문명', '피해자'(원주민) 내 '가해자'(서구인)라는 이항대립적 이야기 구도로 짜여 있다. 또한 복합적 아마존의 환경문제를 '순수 원시 → 문명화로 인한 타락 → 파괴된 자연환경과 원주민의 삶'이라는 단순하고 극적인 위기 내러티브로 구성하고 있다"고 분석한다. 즉 〈아마존의 눈물〉

이 다큐멘터리의 형식을 띠고 있지만 시청자들이 흥미를 느낄 수 있을 만한 내러티브 구조를 통해 재미를 배가시키고 있기 때문에 높은 시청률을 기록할 수 있었다는 것이다. 또한 대중적 호소력이 있는 인기배우 김남길의 내레이션, 극적 음향 효과, 원주민 부족의 캐릭터를 중심으로 한 휴먼 드라마적 구성 등이 인간적 흥미를 유발했다.[144]

이밖에도 프라임타임인 금요일 저녁 11시대 편성, 자사 채널을 동원한 적극적인 마케팅도 주효했다.[145] 창립기획 다큐멘터리이긴 하지만 다큐멘터리를 프라임타임대에 편성하기란 쉽지 않은 결정이었을 것이다. 그러나 MBC는 〈아마존의 눈물〉을 파격적으로 프라임타임대에 편성함으로써 다큐멘터리 사상 초유의 20%대 시청률을 돌파하며 한국 TV 다큐멘터리의 역사에 큰 발자국을 남길 수 있었다.

(3) 국제상 수상 다큐의 유형

한국 다큐멘터리 중 외국 다큐멘터리 페스티벌에서 수상한 작품들은 주로 2000년대 이후에 등장했는데, 몇 가지 유형으로 나누어 볼 수 있다. 이러한 유형 분류를 살펴봄으로써 한국의 다큐멘터리가 세계시장에서 경쟁력을 가질 수 있는 고유의 매력과 경쟁 포인트에 대한 시사점을 얻을 수 있을 것이다.

첫째, 한국적 정서를 기반으로 하지만 외국인들에게도 어필되는 보편적 인간애, 가족, 사랑과 같은 일종의 휴먼 다큐멘터리 작품들이다. 둘째, 한국의 역사적 과거와 분단 현실에 관련된 작품들이다. 셋째, 한국의 지상파 방송사에서 글로벌 시장을 염두에 두고 치밀한 기획과 파격적인 제작비, 제작기간을 보장하면서 만든 대형 하이엔드 자연, 환경, 문명 다큐들이다.[146]

[표 33] 해외 수상 주요 한국 TV 다큐멘터리(2001~2014)

작품명(제작 연도)	작품 내용 및 수상
그 오두막엔 여든네 살 청년이 산다 (KBS 전주총국, 2011)	• 한 산골 마을에서 지금껏 전통 방식의 삶을 고수하며 꿋꿋이 살아가는 전북 무주군 설천면 조종민 씨의 생활을 담아냄 • 제60회 피버디상(Peabody Award) - 다큐멘터리 부문 수상작
차마고도 (KBS, 2008)	• 한국방송공사(KBS)에서 제작, 방영된 6부작 다큐멘터리로, 차마고도의 모습과 그곳에 살아가고 있는 사람들의 생활상을 세계 최초로 TV 다큐멘터리에 담아냄 • 제35회 일본상 - 특별상(일본재단 이사장상) • 2008 AIBD월드TV상 시상식 - 우수상
누들로드: 기묘한 음식 (KBS, 2009)	• 한국방송공사(KBS)에서 제작, 방영된 6부작 다큐멘터리로, 인류의 음식 중 하나인 국수 요리의 유래와 발전 등을 알아봄으로써, 인류 문명의 발전과 특징을 밝혀내는 접근 방식을 이용 • ABU상 - 다큐멘터리 부문 대상 • 제69회 피버디상 예술·문화 부문(TV 다큐멘터리)상
휴먼다큐 사랑 - 풀빵엄마 (MBC, 2010)	• 풀빵을 팔며 두 아이를 키우는 위암 말기의 싱글맘 고故 최정미 씨의 이야기를 담은 작품 • 국제에미상 - 다큐멘터리 부문

남극의 눈물 (MBC, 2011)	• MBC 다큐멘터리 '지구의 눈물' 시리즈의 마지막 편으로서 지구 온난화로 파괴되고 있는 남극의 안타까운 현실을 다룬 작품 • 제57회 뉴욕TV페스티벌 – 자연과 야생 다큐멘터리 부문 동상 • 바이칼페스티벌 – 특별상 · 촬영상 · 관객상
슈퍼피쉬 (KBS, 2013)	• 물고기가 인간의 역사에 어떤 영향을 미쳤는지 살펴본 4부작 다큐멘터리 • 휴스턴국제영화제 – 다큐멘터리 부문 대상 • 아시안TV어워즈 – 다큐멘터리 최우수상
특별기획 김정일 (KBS, 2011)	• 김정일의 성장과정과 통치에 대한 기록영상, 증언들을 엮은 바이오그래피 다큐멘터리 • 뉴욕TV페스티벌 – 시사 부문 은상 • 휴스턴영화제
탈북 후 어떤 코리언 (KBS, 2013)	• 한국이 아닌 제3국행을 택한 탈북자들의 삶을 통해 분단 상황이 낳은 비극인 탈북 문제를 새로운 시각으로 조명한 작품 • 반프상 시상식 – 시사탐사 부문
봉구야 말해줘 (EBS, 2013)	• 일곱 살 나영이가 일상생활 속에서 겪는 크고 작은 고민들을 비밀 친구인 '봉구', '바바'와 나누며 성장해가는 이야기 • 제30회 시카고국제어린이필름페스티벌 – 성인 심사위원단이 뽑은 TV 프로그램
휴먼다큐 사랑 – 해나의 기적 (MBC, 2013)	• 선천성 기도무형성증을 안고 태어난 아이 해나의 이야기 • 아시아TV어워즈 – 다큐멘터리 부문 우수상 • 뉴욕TV페스티벌 – 휴먼 프로그램 부문 금상 • 국제에미상

* 출처: 이종수(2015) 재구성

2) 해외 사례[147]

(1) BBC 〈Planet Earth〉

BBC의 〈Planet Earth〉는 최첨단 기술로 지구와 자연의 경이로

움과 아름다움을 담아낸 자연 다큐멘터리다. 2002~2006년 총 5년간 제작된 최초의 HD 다큐멘터리로, Discovery와 NHK가 공동 제작했다. 제작 편수는 50분 분량 총 11편이며, 세계 62개국 204개 지역에서 카메라맨 71명을 동원하여 촬영했다. 제작비 290억 원 중 60~70%를 Discovery와 NHK가 지원했고, 2007년 5월부터 Discovery 채널을 통해 방영되었다.

(2) BBC 〈The Blue Planet〉

2001년 제작된 〈The Blue Planet〉은 Life 연작 시리즈 중 하나로 전 세계 해양 지질, 동식물을 광범위하게 다룬 최초의 다큐멘터리다. 각 50분씩 총 8편을 제작하는데 5년이 걸렸고, 전 세계 200여 곳이 넘는 지역에서 촬영했다. BBC 방영 시 1,200만 명이 시청했으며, 평균시청률은 30%를 기록했다. 방영 이후 전 세계 50여 개국에 판매되었다.

(3) NHK 〈NHK 스페셜〉

최근의 시사문제를 조명하는 프로그램으로서, 1년에 2~3편 정도를 대형 시리즈로 기획해 연속 시리즈를 방송한다. 〈NHK 스페셜〉을 통해 방송된 많은 우수 다큐멘터리가 국제 방송제에서 수상하기도 했다. 그 중 1995년 방송된 〈경이의 소우주 인체Ⅲ 유전자〉는 제17회 국제과학프로그램 페스티벌 과학영상상(유네스코상) 등 다수의 수상을 기록했다.

4. 다큐 콘텐츠 유통시장의 특성 및 향후 전략

다큐 콘텐츠는 자연과 인간 등 보편적인 관심사항이나 이슈에 관한 내용을 담고 있어 문화적 할인이 낮다는 점, 새로움이나 정보, 지식 추구를 목적으로 시청하기 때문에 문화적 이질감이나 해독의 어려움이 다큐멘터리 시청으로 인한 충족감에 심각한 영향을 주지 않는 점,[148] 인간, 자연, 역사, 과학 등 대부분의 소재가 시의성에 구애받지 않기 때문에 후속 창구에서 상당기간 재활용이 가능하다는 점[149] 등 여러 가지 측면에서 수출확장을 위한 전략상품으로 기능할 잠재력이 있는 콘텐츠다. 그래서 방송 콘텐츠 시장에서 빼놓을 수 없는 중요한 장르로 취급되고 있지만, 정작 한국의 다큐멘터리는 총 수출액 중에서 차지하는 비중이 1% 내외에 머물 정도로(2013년 기준 1.2%) 역할이 미미하고 큰 주목을 받지 못하고 있다.

그러나 KBS 〈차마고도〉, MBC 〈아마존의 눈물〉 등 방송 다큐 콘텐츠 시장에서 강한 인상을 심어준 사례를 볼 때 드라마를 넘어 '다큐 한류'의 가능성은 얼마든지 있다고 판단된다. 다큐 콘텐츠가 글로벌 시장으로 활발하게 진출하기 위해서는 글로벌형 기획과 전략이 필수적이다. 〈차마고도〉와 〈아마존의 눈물〉은 기획의 승리라고 할 수도 있다. 두 프로그램 모두 각각 '인사이트 아시아', '눈물' 시리즈의 하나로 세계시장을 겨냥하여 기획되었고, 〈차마고도〉는 시기적, 지역적 장점을, 〈아마존의 눈물〉은 내러티브와 휴먼 코드의 장점을 부각하여 타국 방송사와 시청자의 관심을 사로잡았다. 물론 소재나 주제가 해외시장을 어떻게 공략할 수 있을지에 대해서 수많은 사전조사가 필요하다. 〈차마고도〉 사례처럼 지금껏 다루지 못한 지역을 찾아낸 것도 끈질긴 사전조사와 기획 덕분이다.

다큐멘터리의 국내 판매에 있어서는 소재 중에서도 인간(휴먼) 소재가 시청률과 후속시장 판매성과에 있어서 가장 긍정적인 영향을 미치고 있다는 점[150] 또한 참고할 만하다. 앞서 2006~2008년 EBS 다큐 국내 판매량을 살펴보았듯이 2007년을 제외하고 케이블/위성 판매 금액보다 DVD 판매 금액이 높은 점, VOD 판매 금액이 2008년 급상승한 점 등을 볼 때 후속 창구보다 DVD나 VOD를 소장하거나 반복해서 시청하는 매니아층을 공략하는 전략, 변화한 미디어 환경에 맞추어 VOD 특화 전략 등도 필요할 수 있다. 무엇보다 방송사 자체의 브랜드와 이미지를 세계적으로 한 단계 높일 수 있는 전략적 콘텐츠로서 방송 다큐 콘텐츠의 가치를 높이 평가하고, 해외시장을 겨냥한 '공들인' 방송 다큐 콘텐츠에 대한 방송사 내외의 지원도 아끼지 말아야 할 것이다.

우리나라 다큐 콘텐츠 상품이 글로벌 경쟁력을 확보하기 위해서는 변화하는 다큐멘터리의 글로벌 트렌드에 대한 인식전환도 중요할 것이다. 다큐의 대중화(리얼리티 TV, 대중적 서사 전략), 다큐의 고급화(작가주의 필름 다큐, 대형 하이엔드 다큐), 참여와 상호

교류성 확대(인터넷 다큐)[151] 등으로 대변되는 다큐멘터리의 새로운 흐름에도 민감해질 필요가 있다.

글로벌 시대의
방송 콘텐츠 비즈니스

애니메이션 콘텐츠 비즈니스

1. 애니메이션의 개념과 역사

애니메이션animation은 라틴어 'anima'(정신 · 영혼 · 생명)에서 유래한 단어로 '생명이 없는 사물에 움직임을 연속적으로 만들어 생명을 불어넣는 작업'을 가리킨다. 사람들의 동작을 연속적으로 촬영하는 실사영상Live act과의 차이점을 기준으로 설명하자면, 애니메이션은 한 장 한 장을 따로 찍은 뒤 그것들을 연결하여 연속적인 느낌이 들도록 만든 것이다. 따라서 사람과 풍경, 건물 등을 직접 찍는 실사영상과 다른 기법으로 제작된 모든 필름을 의미한다. 진흙으로 인형, 풍경 등을 만들어 사진을 찍은 뒤 움직이는 것처럼 느껴지도록 하는 클레이 애니메이션(《월레스 앤 그로밋》), 사람을 찍은 여러 장의 사진을 컴퓨터에 넣어 색깔이나 동작을 자연스럽게 만드는 픽셀레이션, 한 장의 그림도 그리지 않고

100% 컴퓨터 그래픽으로 제작한 CG애니메이션(〈토이스토리〉) 등이 모두 애니메이션에 포함되는 것이다. [152]

대중에게 상영된 최초의 애니메이션은 1908년 프랑스의 에밀 콜Emile Cohl이 만든 〈팡타스마고리〉이다. 월트 디즈니는 1928년 세계 최초 유성 애니메이션이자 '미키 마우스'를 주인공으로 한 〈증기선 윌리〉를, 1937년 세계 최초 장편 애니메이션 〈백설공주와 일곱 난쟁이〉를 만들었다. 우리나라의 경우는 1956년 럭키 치약 CF를 통해 애니메이션이 처음 선보였다. 한국 최초의 극장용 애니메이션은 1967년 〈홍길동〉으로 기록되고 있다. [153]

애니메이션 콘텐츠는 방송, 영화, 홈비디오 등 매체 간 전환이 쉽고, 캐릭터 산업과 연계하여 창출할 수 있는 파생상품이 무궁무진하며 그 판매량도 많다는 점에서 산업적 가치가 높다. 한국에서도 〈뽀로로〉와 같은 애니메이션 콘텐츠의 세계적 성공사례가 나타나면서 애니메이션 콘텐츠에 대한 관심이 높아지고 있다. 사실 한국의 방송 영상 콘텐츠 수출의 역사는 88서울올림픽 직전인 1987년 KBS와 대원동화가 공동 제작한 애니메이션 〈떠돌이 까치〉가 프랑스를 포함한 유럽 등으로 처음 수출되면서 시작되었다. KBS 〈아기공룡 둘리〉(에이콤 프로덕션), 〈달려라 하니〉(대원동화), 〈천방지축 하니〉(대원동화), 〈2020 원더키디〉(세영동화), MBC 〈태권동자 마루치〉(삼도필름), 〈머털도사〉(신원동화) 등의 애니메이션이 한국 수출 주력 상품으로 시장을 선도했다. [154]

2. 애니메이션 콘텐츠의 시장 현황

세계 애니메이션 시장은 미국과 일본의 점유율이 60%에 이르는 가운데 2013년 세계 애니메이션 시장은 전년보다 17.9%가 성장한 133억8,400만 달러 규모를 기록했다. 영화와 홈비디오에 비해 방송 애니메이션 시장은 규모가 크지 않지만 2018년까지의 전망을 보면 방송 애니메이션 시장이 홈비디오 시장을 추월할 것으로 예상되고 있다. 따라서 방송 애니메이션 콘텐츠는 앞으로의 성장 가능성이 큰 콘텐츠로서 방송산업에서 주목해야 할 콘텐츠임에 틀림없다.

[표 34] 세계 애니메이션 시장 규모 및 전망(2009~2018)

(단위: 백만 달러, %)

구분	2009	2010	2011	2012	2013p	2014	2015	2016	2017	2018	2013-18 CAGR
영화	3,261	3,671	3,496	3,927	4,585	4,999	5,491	6,133	6,794	7,219	9.5
극장광고	254	311	321	388	460	519	585	652	716	771	10.9
방송	1,294	1,684	1,707	2,193	2,851	3,534	4,123	4,504	4,934	5,415	13.7
홈비디오	3,709	4,187	3,365	3,703	3,970	3,834	3,794	3,857	3,893	3,856	△0.6
디지털배급	670	868	901	1,143	1,518	1,854	2,314	2,974	3,894	5,096	27.4
합계	9,188	10,721	9,791	11,353	13,384	14,740	16,307	18,119	20,232	22,357	10.8

* 출처: 한국콘텐츠진흥원(2014). 2014 애니메이션 산업백서
  원출처: Box Office Mojo(2014), Digital Vector(2013), PwC(2014), MDRI(2013), Oricon(2014), The-Numbers(2014), 일본동화협회(2013), RFI(2014)
* 세계 애니메이션 시장 규모는 조사 대상 국가인 27개국 시장 규모임

국내 애니메이션 산업은 2013년 기준 사업체 수 342개, 종사자 수 4,502명으로 조사되었다. 매출액은 5,205억원, 부가가치액은 2,192억원, 부가가치율은 42.10%로 나타났으며, 수출액은 1억 997만 달러인 반면, 수입액은 1,653만 달러에 그쳤다.[155]

[표 35] **국내 애니메이션 산업 현황**[156]

구분	사업체 수 (개)	종사자 수 (명)	매출액 (억원)	부가가치액 (억원)	부가가치율 (%)	수출액 (백만 달러)	수입액 (백만 달러)
2011년	341	4,646	5,286	2,231	42.2	116.1	13.9
2012년	341	4,503	5,210	2,200	42.2	112.6	10.3
2013년	342	4,502	5,205	2,192	42.1	110.0	16.5
전년대비 증감률(%)	0.3	△0.0	△0.1	△0.3	△0.2	△2.3	61.2
연평균 증감률(%)	0.1	△1.6	△0.8	△0.9	△0.1	△2.7	9.1

전년에 비해 수입액은 증가한 반면 수출액은 감소함에 따라 수출입액 비중은 92(수출):8(수입)에서 87(수출):13(수입)으로 그 차이가 축소되었지만 여전히 수출액이 압도적으로 많다.

최근 애니메이션 산업은 일본, 중국 등 아시아권을 넘어 미주, 유럽 등으로 수출이 확대되고 각각의 지역에 적합한 소재를 기획하여 다양한 해외 합작을 시도하고 있다.[157]

[표 36] 주요 해외 미디어에 진출한 국제 공동제작 및 수출 작품

작품명	해외 주요 미디어 진출 내용
뽀롱뽀롱 뽀로로	• 아이코닉스엔터테인먼트, 오콘, EBS, SK브로드밴드 공동제작 • 프랑스 최대 채널인 TF1 방송 후 미주, 유럽, 아시아 주요 채널 방송 및 130여 개국에 판매 • 2013년 1월 25일 극장용 장편 〈뽀로로-슈퍼썰매 대모험〉 한국, 중국 동시 개봉
뿌까	• 부즈가 디즈니 계열사인 제틱스와 공동제작 • 영국을 시작으로 프랑스, 이탈리아, 독일 등에서 방영 • 디즈니 배급회사 부에나비스타를 통해 미주, 유럽, 아시아 등 전 세계 130여 국가에 판매
믹스마스터	• 선우엔터테인먼트, 북경옴니(중국) 공동제작 • 영국 니켈로디언 UK, 카툰네트워크 아시아 등을 통해 방영. 30여 국가에 판매
아이언키드	• 디자인스톰, 대원미디어가 BRB인터내셔날(스페인), 망가엔터테인먼트(미국)와 공동제작 • 미국의 키즈WB 채널을 통해 처음 방영된 후 해외배급 확대
빠삐에 친구들	• 국내의 캐릭터플랜이 프랑스의 문스쿱과 공동제작 • EBS와 프랑스 공영방송 프랑스5가 공동 투자 • 프랑스의 프랑스5에서 방영 이후 미주, 유럽 주요 채널에 판매 진행
로켓보이와 토로	• 이미지스톤이 영국의 코스그로브홀필름, 빌라즈프로덕션과 공동제작 • 국내 최초로 영국 BBC에 선판매되었고 방송을 진행함
치로와 친구들	• 아이코닉스엔터테인먼트, 로이비주얼, EBS, SK브로드밴드가 공동제작 • 영국 최대 민영방송사 채널5에 판매돼 2008년 11월 방송 • 일본 NHK 2009년 10월 방송

빼꼼	• 알지스튜디오, BRB인터내셔날 공동제작 • 미국의 카툰네트워크, 영국의 BBC, 프랑스 M6를 포함한 80여 국가 방송사에 판매 • 중국 하얼빈품격유한공사와 공동제작 중. 2014년 한국, 중국 동시 개봉
장금이의 꿈	• 희원엔터테인먼트, MBC, 손오공 공동제작 • 2005년 1차 시리즈, 2007년 2차 시리즈 NHK 방송
엘리먼트 헌터	• 희원엔터테인먼트 제작, 일본의 NHK엔터프라이즈, 미코, 반다이(완구), 반다이남코(게임)가 공동 투자 • 2009년 하반기 NHK에서 방영
뚜바뚜바 눈보리	• 대원미디어, 쿠키자(미국) 공동제작 • 2009년 9월 미국 CBS 방영
뛰뛰빵빵 구조대	• 빅스크리에이티브가 중국 차이나필름그룹 산하의 중영동화 유한공사와 공동제작 • 1차 시리즈 2013년 3월 CCTV14 어린이채널에 방영됨. 2차 시리즈 2014년 방영 예정 • 〈뛰뛰빵빵 구조대〉 극장판 2014년 한국, 중국 동시 개봉
오아시스	• 투바엔터테인먼트 제작, 프랑스 팀투와 공동제작 • 프랑스 최대의 방송사 TF1이 공동 투자하여 제작, 2011년 방송
볼츠와 블립	• 레드로버, CJ E&M, 툰박스(캐나다) 공동제작 • 2012년 미국 CW에 방영
로보카 폴리	• 로이비주얼, EBS, SK브로드밴드 공동제작, 현대자동차 마케팅 협찬 • 2012년 일본 TV도쿄에서 방영 • 2013년 프랑스 최대 민영방송국 카날플러스에서 〈로보카폴리 시즌2〉 방영
두리둥실 뭉게공항	• DPS가 중국의 하얼빈품격유한공사와 공동제작 • 2013년 호남 TV, 광동 TV 등 방송 • 비행기 완구 등 캐릭터 상품 중국 판매중

부릉부릉 부루미즈	• 삼지애니메이션 제작, 중국 상해현동카툰에 중국산 합 작 형태로 판매 • 2013년 상해현동카툰의 애니메이션채널 툰맥스에서 방영 • CCTV14 어린이채널에서 방영
구름빵2	• 프랑스 카날플러스를 통해 방영 • 핀란드, 아일랜드, 노르웨이 공영방송에서 방영
키오카	• 골디락스 스튜디오, KBS 공동제작 • 2013년 프랑스 최대 민영방송국 카날플러스를 통해 방영
시계마을 티키톡	• 퍼니플럭스가 영국의 조디악과 공동제작 • 미국의 메이저회사 니켈로디언이 전 세계 배급
라바	• 투바앤 제작 • 2013년 해외시장 진출 이후 21개국과 방영 및 라이센싱 에이전트 계약 체결

* 출처: 한국콘텐츠진흥원(2013). 2013 애니메이션 산업백서

3. 애니메이션 콘텐츠의 사업 영역과 수익구조

애니메이션 콘텐츠는 다양한 사업 영역에 걸쳐 수익을 얻을 수 있다는 점에서 다른 방송 콘텐츠에 비해 부가가치가 높은 산업이다. 게다가 새로운 플랫폼이 계속해서 등장하는 미디어 다변화 시대에 대응하기가 용이하기 때문에 앞으로의 성장 잠재력도 높은 장르이다.

애니메이션은 주로 영상판권 판매를 기본으로 하며, 캐릭터 라이센싱, 부가 콘텐츠 개발을 통해 연계산업으로 확장한다. 영상판권 판매는 지상파, 위성, 케이블, 비디오, IPTV, 온라인, 모바

[표 37] 애니메이션 콘텐츠의 주요 사업 영역

사업 영역	세부 항목
영상판권 판매	• 지상파, 위성, 케이블, 비디오, IPTV, 온라인, 모바일 판권 • 해외 판권 판매
캐릭터 라이센싱	• 완구, 문구, 팬시, 식품, 신발, 의류, 액세서리, 생활잡화, 제약, 판촉물 등
부가 콘텐츠 개발	• 교육, 출판, 게임, 음반, 영화 등

일 판권은 해외 수출까지 모두 포함한다. 지상파, 케이블, 비디오에 불과했던 플랫폼이 한층 다양해짐에 따라 애니메이션의 판권 관련 수익은 계속해서 늘어날 가능성이 있다.

캐릭터 라이센싱은 애니메이션 산업이 가진 특장점이라고 할 수 있다. 애니메이션 캐릭터는 타 장르에 비해 여러 분야의 수많은 상품들과 연계하기가 용이하기 때문에 많은 부가수익을 창출할 수 있는 주요 수익처가 된다. 최근 한국 애니메이션의 대표주자인 〈뽀롱뽀롱 뽀로로〉의 경우 문구, 팬시는 물론 음료, 반창고, 벽지, 매트에 이르기까지 다양한 상품에서 뽀로로 등 주요 캐릭터를 활용하는 라이센싱 계약을 통해 수익을 얻고 있다.

게다가 애니메이션 콘텐츠 산업은 교육, 출판, 게임, 음반, 영화 등 다양한 미디어 콘텐츠로 활용 가능한 OSMUOne Source Multi Use의 대표적인 분야이기 때문에 부가 콘텐츠 개발을 통한 사업도 자연스럽게 펼칠 수 있다. 이밖에도 현재 〈뽀로로 파크〉, 〈코코몽 팜랜드〉 등 도심형 테마파크와 같은 사업에도 진출해 있다.

현재는 현지화를 통한 애니메이션의 해외진출 확대가 주요 흐름으로 자리 잡고 있다. 국내 애니메이션 기업들은 해외 현지법인 설립, 국내 기업 간의 동반 진출 등 이전보다 진일보된 모습으로 해외사업을 전개하고 있다. 아이코닉스는 중국 법인을 설립하여 현지에서 뽀로로의 영상 및 캐릭터 판권 사업으로 수익을 올리고 있다. 또한 뽀로로 캐릭터의 인지도와 친근함을 활용하여 한국의 상품기업과 중국 시장에 동반 진출하고 있다. 그 밖에 〈로보카 폴리〉, 〈코코몽〉 등도 국내 기업과 연계하여 해외에 진출하는 모델을 그려가고 있다.[158]

4. 애니메이션 콘텐츠 비즈니스 사례연구

1) 국내 사례

(1) 〈뽀롱뽀롱 뽀로로〉

〈뽀롱뽀롱 뽀로로〉(이하 〈뽀로로〉)는 아이코닉스가 기획하고 SK브로드밴드, 삼천리총회사, EBS 등이 공동 제작한 한국을 대표하는 3D 애니메이션이다. 전 세계에서 연간 500억원 이상의 부가가치를 창출하고 있으며, 뽀로로 상품화 이후 기획 및 개발사는 매년 30% 이상 성장하기도 했다. 〈뽀로로〉가 창출한 해외 매출은 2009년 25억원으로 전체 매출의 14.7%를 차지했고, 캐릭터 상품 판매 누적 매출은 2009년 기준 8,300억원에 이르며, 브랜드 가치

[그림 29] 〈뽀롱뽀롱 뽀로로〉(출처: www.iconix.co.kr)

는 3,600억원으로 추정된다.[159]

〈뽀로로〉가 이 같은 엄청난 성공을 거둘 수 있었던 데는 기획 단계에서부터 글로벌 콘텐츠 개발을 목표로 보편성을 지닌 콘텐츠로 기획했다는 점이 크게 작용했다. 특정 국가나 문화권에서만 통하는 것이 아니라 여러 나라에서도 소구할 수 있도록 사람이 아닌 동물을 설정하고, 캐릭터의 이름도 영어로 표현하기 쉬우면서 세계 각국에서 이상한 뜻으로 쓰이지 않는지 확인하는 작업까지 철저히 하면서 세계 시장에 진출하기 위한 세심한 준비를 아끼지 않았다.

제작에 참여한 기업들도 오콘, SK브로드밴드, EBS 등 콘텐츠 기업뿐만 아니라 방송사, 통신사 등 다양한 분야의 거대 사업자가 협력함으로써 높은 시너지 효과를 극대화했다.[160] 이는 뉴미디어 시대의 애니메이션 비즈니스 모델에도 부합하는 것으로, 콘텐츠 기업 외에 플랫폼 사업자와 관련 사업자(교육, 게임 등)와 공동 제작을 통해 수익을 공유함으로써 보다 넓은 유통망을 안정적으로 확보하는 방식이라 할 수 있다.[161]

해외 수출을 위한 행보도 발 빠르게 진행되었다. 2003년 11월 국내 애니메이션 방영 이전인 2003년 7월 국제 애니메이션 축제 '프랑스 안시 페스티벌'에 먼저 출품하는 등 각종 영상견본시와 애니메이션 페스티벌을 통해 해외 진출을 모색했다. 그 결과 130여 개국에서 〈뽀로로〉가 방영되고 있다.

애니메이션의 성공 후에는 유아들을 주 대상으로 하는 〈뽀로로〉의 특성상 유아들에게 유익한 상품에만 라이센싱을 주는 엄격한 라이센싱 정책으로 상품화를 추진했고, 뮤지컬, 영화, 교육 콘텐츠 등 OSMU에 적극적으로 활용했다. 현재도 플래시 게임, 기능성 게임은 물론, 도심형 실내 테마파크인 〈뽀로로 파크〉, 체험전 등 다양한 분야에서 무궁무진한 사업 영역을 개척해가고 있다.

(2) 〈로보카 폴리〉

〈로보카 폴리〉는 로이비주얼과 EBS가 공동 제작한 3D 입체영상 애니메이션 TV 시리즈로 가상의 마을에서 일어나는 사건과 사고를 해결하는 변신 자동차 로봇들의 활약을 다룬 것으로, 2011년 2월부터 EBS에서 방송되고 있다. 방송 전인 2010년 10월 4일 이미 프랑스 칸에서 열린 'MIP Junior'에서 한국 애니메이션 최초로 '영유아 부문Junior Licensing Challenge' 1등 작품으로 선정되기도 했다.[162]

[그림 30] 로보카 폴리(출처: www.roivisual.com)

[그림 30] 로보카 폴리(출처: www.roivisual.com)

또한 〈로보카 폴리〉는 애니메이션 강국인 일본 NHK를 통해 '일본 애니메이션 해외 수출 전략'을 다룬 프로그램의 해외 수출 성공사례로 소개되기도 했다. 2013년 10월 TV 도쿄TV Tokyo 채널을 통해 일본 공중파에 처음 방영된 〈로보카 폴리〉는 한국 캐릭터로는 최초로 토이저러스는 물론, 이토요카 등 일본의 1,500개 완구매장에서 캐릭터 상품이 판매되고 있다. 또한 2014년 일본 캐릭터데이터뱅크에서 실시한 캐릭터 인기투표에서는 남아 3세 부문에서 〈호빵맨〉에 이어 2위를 차지하기도 했다.[163]

[그림 31] 〈로보카 폴리〉 제작사 로이비주얼 사업 영역(출처: www.roivisual.com)

글로벌 시대의
방송 콘텐츠 비즈니스

[그림 32] 〈로보카 폴리〉 일본판 포스터(정아란, 2015. 2. 23)

　〈로보카 폴리〉는 캐릭터 자체가 로봇으로 변신하는 자동차이기 때문에 변신 로봇을 비롯한 완구 시리즈와의 직접적인 연계로 수익을 창출하기 유리하며, 현대자동차 등과의 프로모션을 통해 교통안전 캠페인 등 교육적 측면에서도 기여할 수 있는 장점을 가지고 있다. 실제로 2012년 〈로보카 폴리〉가 WFP(유엔세계식량계획)의 친선 파트너로 임명되었고, 2013년에는 중국 교통안전 캠페인 홍보대사로 위촉되었다.[164]

　〈로보카 폴리〉의 성공요인은 주 대상층인 4~6세 남자 아이들이 가장 선호하는 자동차, 로봇을 캐릭터화한 데 있다. 경찰차, 소방차, 앰뷸런스 등 정의감과 안전, 구조를 상징하는 직업군을 제시하고, 안전과 질서에 대한 교육적인 내용을 박진감 넘치는 구조 액션과 함께 보여줌으로써 글로벌한 소구점을 확보했다. 또한 10년 이상의 제작 경험을 가진 제작사 로이비주얼이 독특하고

[그림 33] 〈로보카 폴리〉OSMU 기획 4단계

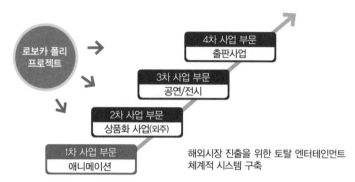

* 출처: 한국콘텐츠진흥원(2011). 2011 애니메이션 산업백서

우수한 3D 입체영상 애니메이션 제작기술력을 보유하여 애니메이션의 완성도를 높였다.[165]

[표 38] 〈로보카 폴리〉 사업 현황

사업 영역	라이센스 현황
방송	• EBS, Tonniverse, 재능TV, SK브로드밴드(IPTV) 등 10개 방송국 이상 방영 • SK브로드밴드, Btv에서 2011년 7월부터 VOD 서비스 중 • 2011년 9월부터 투니버스에서 방영
완구	• 아카데미완구의 변신완구 출시 후 20만 개 전량 매진. 2011년 현재 100만 개 판매돌파(우리나라 3~7세 영유아 인구 약 200만 명) • 문구, 약국용품, 식품, 생활용품, 잡화, 완구 등 3,000종 이상 • 100여 종 이상 직접 투자를 통한 메인완구 실버릿 기획 및 제작, 해외유통 • 국내 마트 및 문구사 등 유통

머천다이징	• 지재류, 완구, 문구 등 모든 분야에서 사업 제휴 제안 • 지재류, 완구, 문구, 생활용품, 의류 등 상품 출시
출판	• 서울문화사, 예림당, 계림 등 메인 3개사 및 특성화 출판사 제휴를 통해 초기 30권 이상 라인업 • 퍼즐, 시계놀이, 물놀이 그램책 등이 출시됨
온라인	• 넥슨, 네이버, 다음 등 게임 및 애플리케이션 등 전방위 온라인 제휴 • 중소형 개발사 제휴를 통해 애플리케이션 30개 이상 라인업 확보 • 로보카 폴리 교통안전 앱 출시, 교통안전 홈페이지 오픈
공연, 전시, 키즈 카페, 테마파크, 사회공헌, 프로모션	• 현대자동차 어린이 교통안전 홍보대사, 어린이 교통안전 영상 DVD 배포 및 프로모션 • 현대자동차 매장 내 로보카 폴리 키즈 카페 • 뮤지컬, 공연, 키즈존 및 테마파크 협의 • 로보카 폴리 극장판
해외	• 대륙별(서유럽, 북미/남미, 호주/뉴질랜드, 중동/아프리카) 라이센싱 계약 진행 및 체결 • 국가별 라이센싱, 상품화 계획 진행

* 출처: www.aniroi.co.kr

[표 39] 〈로보카 폴리 시즌2〉 매출 규모 예상안

		2010	2011	2012	2013	2014
필름 세일즈	국내	지상파 및 케이블 방영료: 약 1억5천만원 DVD/IPTV: 약 3천만원			재계약 5천만원	
	해외	미주/유럽/아시아/기타: 약 12억원				
라이센싱 세일즈	국내	완구: 30억원, 출판: 5억원, 제과류: 10억원 기타: 20억원				
	해외	미주/유럽/아시아/기타지역 MG: 약 20억원				
TOTAL		향후 5년간 매출 예상 합계: 최소 100억원 예상				

* 출처: www.aniroi.co.kr

2) 해외 사례

(1) 〈겨울왕국〉

〈겨울왕국Frozen〉은 2013년 미국의 월트디즈니 픽처스와 월트 디즈니 애니메이션 스튜디오에서 제작한 3D 애니메이션이다. 월트디즈니 애니메이션 스튜디오의 53번째 작품인 이 영화의 모티브는 한스 크리스티안 안데르센의 동화 〈눈의 여왕〉이지만 이야기의 구성내용은 많이 다르다. 주된 줄거리는 손을 대기만 하면 모든 것이 얼음이 돼버리는 초능력을 가진 언니와 그런 언니의 비밀을 모르는 당찬 여동생이 왕국을 차지하려는 무리들의 공격 속에 역경을 딛고 왕국을 지키는 이야기다.

[그림 34] 〈겨울왕국〉의 한 장면(thewaltdisneycompany.com)

전 세계에서 큰 사랑을 받으며 12억 달러의 수익을 거뒀고,[166] 이는 역대 영화 중 5번째, 역대 애니메이션 영화 중 최고의 기록이다. 제86회 골든 글로브 애니메이션상, 제71회 아카데미 장편 애니메이션상을 수상했으며, 특히 이디나 멘젤Idina Menzel이 부른 주제

가 'Let it go'는 남녀노소 모두의 사랑을 받기도 했다. 대한민국 관객 수는 역대 영화 중 11번째, 외화로는 2번째로 1천만 명을 돌파했고, 애니메이션 영화로는 처음으로 관객 1천만 명을 돌파했다.

〈겨울왕국〉의 성공은 월트디즈니라는 멀티미디어 복합기업의 성공이라고 할 수 있다. 월트디즈니는 2014년 기준 순수익 75억 달러 규모의 거대 기업이다.[167] 월트디즈니의 강점은 어린이 대상 콘텐츠 제작 및 유통을 담당하는 디즈니Disney, 세계 주요 스포츠 경기를 중계하는 ESPN, 미국 3대 지상파 방송사 중 하나인 ABC, 세계 최고 수준의 애니메이션 제작기업인 픽사Pixar, 게임 기업인 마블Marvel 등 세계적인 브랜드 파워를 가진 글로벌 브랜드를 소유하고 있다는 점이다.[168]

[그림 35] **월트디즈니**(thewaltdisneycompany.com)

이 같은 강점이 월트디즈니 총괄대표 아이거 회장이 제시한 1)

수준 높은 어린이 및 가족 대상 엔터테인먼트 콘텐츠 기획, 제작, 2)월트디즈니 콘텐츠 이용자들의 경험 영역을 다원화하면서도 새로운 테크놀로지를 통해 이용자들의 콘텐츠 접근이 가능하도록 제작, 3)해외 성장 강화 등의 3대 기업 핵심 목표를 구현하는데 월트디즈니가 가진 글로벌 미디어 브랜드들이 큰 시너지를 내고 있기 때문이다. 특히 해외시장 개척은 고품질의 콘텐츠를 제작하는데 들어가는 비용 부담을 분산시키는 동시에 브랜드 파워를 강화하는 효율적인 전략으로 꼽힌다.[169] 〈겨울왕국〉은 전 세계의 디즈니랜드와 디즈니 상품샵을 통해 함께 홍보되며 월트디즈니가 가진 다양한 채널과 플랫폼을 통해 끊임없이 노출됨으로써 더 많은 수익을 거둘 수 있었다.

[표 40] 월트디즈니 애니메이션 매출액 기준 Top5

(단위: 백만 달러)

순위	역대 애니메이션 매출액 순위	영화 제목	배급사	제작비	총 매출	개봉 연도
1	1	Frozen (겨울왕국)	부에나비스타	150	1,274	2013
2	3	Toy Story3 (토이스토리3)	부에나비스타	200	1,063	2010
3	4	The Lion King (라이온 킹)	부에나비스타	45	987	1994
4	6	Finding Nemo (니모를 찾아서)	부에나비스타	94	937	2003
5	12	Inside Out (인사이드 아웃)	부에나비스타	175	747	2015

* 자료: http://www.boxofficemojo.com/alltime/world/ 재구성(2015. 9. 16 기준)

월트디즈니의 영화들 중 4편이 역대 애니메이션 매출액 10위 내에 포진해 있다는 점만 봐도 애니메이션 시장에서 디즈니의 위력은 대단하다. 〈겨울왕국〉은 월트디즈니의 역대 매출액 최고를 기록한 작품으로, 제작비 1억5천만 달러를 들여 총 매출 12억 달러 이상을 달성하면서 역대 애니메이션 작품 중 매출액 기준 정상에 올랐다. 그 다음 히트작으로는 2010년 제작된 〈토이스토리 3〉인데 2억 달러의 제작비를 들여 총 매출 10억6천만 달러를 달성해 역대 애니메이션 작품 중 매출액 기준 랭킹 3위의 기록을 갖고 있다. 1994년 제작된 〈라이온 킹〉은 제작비 4천5백만 달러, 총 매출 9억8천만 달러, 2003년 제작된 〈니모를 찾아서〉는 제작비 9천4백만 달러, 총 매출 9억3천만 달러, 2015년 개봉된 〈인사이드 아웃〉은 제작비 1억7천5백만 달러, 총 매출 7억4천만 달러를 기록했다. 이 작품들은 전 세계를 통해 제작비 대비 최소 5~10배 이상의 매출을 올림으로써 높은 부가가치를 창출하고 있다.

　〈겨울왕국〉의 또 다른 성공요인은 하나의 미디어 상품이 여러 가지 형태로 변주되며 다양한 플랫폼을 통해 유통되는 현재의 미디어 환경에 적합한 특성들을 갖고 있었다는 점이다. 주제가 'Let it go'가 큰 인기를 끌었고, '올라프' 등 조연 캐릭터들도 사랑을 받으면서 인터넷 상에서도 각종 패러디와 소비자 파생 콘텐츠가 유행하면서 흥행을 이끌었다. 특히 가수들도 주제가 'Let it go'를 부르는 영상을 인터넷 상에 경쟁적으로 게시하며 가창력을 뽐냈고, 피겨 선수 김연아와 합성한 〈겨울왕국〉 뮤직 비디오도 화제가 되었다. 관련 커뮤니티 사이트인 디시인사이드 겨울왕국 갤러리는 2014년 5월 27일 기준으로 누적 게시물 수가 155만 개에 달할 정도로 인기를 모았다. 이 같은 인터넷 상의 패러디 유행과 관련 커뮤니티의 인기 등은 최근과 같은 디지털화된 미디어 환경에서 미디어 상품의 화제성을 보다 더 끌어올려 주며, 상품을 소비하는 이들과의 상호작용을 통한 캐릭터의 지속적인 인기에도 큰 몫을 했다.

[표 41] 역대 디즈니 주요 작품 목록

연도	작품명	연도	작품명
1937	백설공주와 일곱 난쟁이	1999	토이스토리2
1940	피노키오	1999	판타지아 2000
1940	판타지아	2000	티거 무비
1941	덤보	2000	다이너소어
1942	밤비	2000	쿠스코? 쿠스코!
1942	라틴 아메리카의 밤	2001	방학 대소동: 여름방학 구출작전
1944	3인의 기사	2001	아틀란티스: 잃어버린 제국
1946	음악의 세계	2001	몬스터 주식회사
1947	미키와 콩나무	2002	리턴 투 네버랜드
1948	멜로디 타임	2002	릴로 & 스티치
1949	이카보드와 토드경의 모험	2002	보물성
1950	신데렐라	2003	정글북2
1951	이상한 나라의 앨리스	2003	피클렛 빅 무비
1953	피터팬	2003	니모를 찾아서
1955	레이디와 트램프	2003	브라더 베어

글로벌 시대의
방송 콘텐츠 비즈니스

1959	잠자는 숲 속의 공주	2004	선생님의 애완동물
1961	101마리 강아지	2004	카우 삼총사
1963	아더왕의 검	2004	인크레더블
1967	정글북	2005	푸 히파럼프 무비
1970	아리스토캣	2005	치킨 리틀
1973	로빈 훗	2006	밤비2
1977	곰돌이 푸 오리지널 클래식	2006	카
1977	생쥐구조대	2007	로빈슨 가족
1981	토드와 코퍼	2007	라따뚜이
1985	타란의 대모험	2008	월-E
1986	위대한 명탐정 바실	2008	볼트
1988	올리버와 친구들	2009	업
1989	인어공주	2009	팅커벨2: 팅커벨과 잃어버린 보물
1990	덕테일즈무비: 잃어버린 램프의 보물	2009	크리스마스 캐롤
1990	코디와 생쥐 구조대	2009	공주와 개구리
1991	미녀와 야수	2010	토이스토리3
1992	알라딘	2010	라푼젤
1993	크리스마스 악몽	2011	곰돌이 푸
1994	라이온 킹	2011	카2
1995	구피 무비	2011	메리다와 마법의 숲
1995	포카혼타스	2012	프랑켄위니
1995	토이스토리	2012	주먹왕 랄프
1996	제임스와 거대한 복숭아	2013	몬스터 대학교
1996	노틀담의 꼽추	2013	비행기
1997	헤라클레스	2013	겨울왕국
1998	뮬란	2014	비행기2: 소방구조대

1998	벅스 라이프	2014	빅 히어로
1999	더그의 첫 번째 영화	2015	인사이드 아웃
1999	타잔		

* 출처: 위키피디아

(2) 〈포켓몬스터〉[170]

〈포켓몬스터〉는 전 세계 68개국 TV에서 방영된 일본의 애니메이션이다. 〈포켓몬스터〉는 작고 귀여운 151개의 캐릭터로 구성돼 있는데, 본래 닌텐도 게임기인 게임보이의 소프트웨어였던 것을 애니메이션으로 제작한 것이다. 닌텐도는 1996년 게임보이 소프트웨어 발매와 동시에 잡지를 통해 〈포켓몬스터〉를 연재했고, 인지도가 확산되자 TV 애니메이션 52편을 제작하여 방영했다. 〈포켓몬스터〉의 인지도가 높아지고 수입이 늘어나기 시작한 시점은 TV 애니메이션 방영 시점이었다. 〈포켓몬스터〉는 게임보이와 TV 애니메이션의 성공을 바탕으로 극장, 비디오, 카드 게임, 캐릭터 등 관련 상품으로 확장했다.

일본의 〈포켓몬스터〉는 6년 동안 동·식물에서 이미지를 추출한 151개의 캐릭터를 기획했고, 각각에 독특한 특성을 부여하여 TV 애니메이션에서 매회 새롭게 등장하게 하면서 호기심과 친근감을 꾸준하게 유지시켰다. 이러한 콘텐츠 수명 주기의 연장은 관련 상품화를 지속적으로 전개하는데 큰 효과를 거두었다. TV 애니메이션의 인기가 상승하자 게임 소프트웨어와 카드 게임을 출시하고, 극장 애니메이션 상영으로 콘텐츠 사용을 다원화시키는 전략을 통해 수익을 극대화했다. 해외 진출과 관련해서는 수출 상대국마다 주요 캐릭터의 명칭을 현지 언어로 교체하고 각국에 맞는 방식을 고려했다. 대표적으로 일본 국내 시장에서는 게임 소프트웨어와 출판만화 형태로 처음 진입했으나, 미국에서는 TV 애니메이션 형태로 진입하여 캐릭터 머천다이징 사업에 초점을 맞추었다. 이 같은 전략들을 통해 〈포켓몬스터〉의 캐릭터 상품은 일본에서 4,000여 개, 해외에서 8,000여 개의 아이템이 판매 중이며, 라이센스는 일본 70개사, 해외 800개사와 계약하는 성과를 거두었다.

5. 애니메이션 콘텐츠 유통시장의 특성 및 향후 전략

애니메이션 콘텐츠는 캐릭터 산업, 2차 시장, OSMU 활용 등 타 장르 콘텐츠보다 부가가치가 매우 높은 콘텐츠이다. 따라서 애니메이션 콘텐츠는 여러 나라에서 관심을 갖고 있는 분야이며, 여러 상품에 대한 캐릭터 라이센싱을 통해 다양한 사업 영역으로 진출하기에도 용이하다. 또한 글로벌 시장에 진출할 때 문화적 할인율이 거의 적용되지 않는 장르라는 점도 수출 전략상품으로 육성하기 안성맞춤이다. 그렇지만 우리나라 애니메이션 상품의 수출액은 1억 달러 수준을 맴돌고 있고, 그나마 방송 애니메이션의 방송 콘텐츠 수출액 중 점유율은 1%에도 못 미치는 상황(2013년 기준 0.1%)이다.[171] 국내 방송 애니메이션 시장은 그 규모도 작을 뿐더러 지상파 애니메이션 방송 자체가 줄어들고 있는 상황에서, 최근에는 국내 판매보다 해외를 겨냥한 기획들이 성공 사례로 종종 나타나고 있다. 지금부터라도 문화적 할인율이 낮은 애니메이션 콘텐츠를 글로벌 시장에 진출하기 위한 전략상품으로 육성하는 적극적인 전략이 강구될 필요가 있을 것이다. 또한 〈뽀로로〉의 예처럼 인종이나 문화, 국가를 초월할 수 있는 기획은 물론이고, 라이센싱 사업의 방향이나 저작권 침해에 대한 대비책 등 부가수익의 비중이 큰 애니메이션 특성상 해외 진출 시 고려해야 할 부분들에 대해서도 많은 관심을 기울여야 할 것이다.

  뉴미디어 환경에 따른 변화에도 주목할 필요가 있다. 뉴미디어 환경에 맞는 애니메이션 비즈니스 모델과 웹툰 시장의 활용이 그것이다. 먼저 새로운 애니메이션 비즈니스 모델은 애니메이션 수익을 플랫폼, 관련 산업 참여자 등과 나누되 수익을 나누는 이해 당사자의 역할을 유통에 최대한 활용하는 것이다. 기존의 TV 애니메이션 비즈니스 모델은 지상파 TV를 통해 애니메이션을 시장에 노출시키고 이를 통해 확보한 인지도를 활용해 완구를 비롯한 캐릭터 상품을 판매하고, TV 방영료만으로는 충당할 수 없는 애니메이션 제작비를 캐릭터 로열티 수익을 통해 회수하며, 성공할 경우 캐릭터 상품 판매에서 큰 수익을 기대한다는 것이었다. 그러나 뉴미디어 환경 변화에 따른 애니메이션 콘텐츠 비즈니스 모델을 제시한 연구[172]를 보면 애니메이션 부가가치 수익이 콘텐츠 생산자에게만 배분되는 올드 비즈니스 모델보다는 SK브로드밴드와 공동 제작했던 〈뽀롱뽀롱 뽀로로〉의 사례처럼 애니메이션 수익의 풀Pool에 플랫폼 사업자와 관련 산업 참여자를 모두 함께 포함시킬 것을 제안한다.

이러한 비즈니스 모델을 적용한 사례로는 1)오프라인 교육사업 기반 키즈 에듀테인먼트 사업 모델, 2) 게임 사업 기반 인터랙티브 애니메이션 사업 모델 등이 제시된다. 먼저 키즈 에듀테인먼트 사업 모델은 오프라인 교육사업자와 공동으로 교육용 애니메이션 콘텐츠를 개발, 제작하여 교육용 애니메이션을 IPTV를 통해 방영하면서, 학원 수강생과 교육교재 회원모집 및 교재판매를 IPTV를 통해 수행하는 사업 모델이다. 게임 사업 기반 역시 게임의 재미를 극대화시킨 양방향성 애니메이션을 IPTV를 통해 방영하고, 이와 함께 해당 플랫폼을 통해 게임 회원 가입, 게임 유료 사용을 유도하는 사업 모델이다. 즉 플랫폼, 관련 산업을 애니메이션의 주요 주체로 개입시키면서 애니메이션 비즈니스 모델을 확장하는 방안이다.

한편, 웹툰은 플랫폼 변화와 가장 밀접하게 관련되어 있는 애니메이션 콘텐츠의 변화 양상이다. 웹툰 시장의 1차 시장 규모는 2013년 1,500억원에서 2015년 2,950억원 수준으로 추정되고 있으며, 2018년 5,097억원 수준으로 성장할 것으로 전망되고 있다. 뿐만 아니라 웹툰의 2차 활용, 글로벌 부가가치까지 고려한 총 시장 규모는 2015년 4,200억원에서 2018년 8,800억원으로 2배 이상 성장할 것으로 보고 있다.[173]

현재 웹툰 업계는 네이버가 세계 마켓의 20~30%를 차지하고 있을 정도로 선두권에 있고, 다음카카오, KT, 레진코믹스 등 포털·통신업체들이 주도권을 잡고 있다. 웹툰은 수출이 활발한 편이며, 콘텐츠 특성상 모바일과 궁합이 맞기 때문에 최근의 '스낵컬처' 바람을 이끄는 콘텐츠로도 주목받고 있다. 또한 웹툰은 기본작업이 이루어지면 편집과정에서 말풍선을 없애고 무빙 기능을 넣으면서 더빙 및 특수효과를 붙이면 "웹툰드라마"(가칭)로 업그레이드하여 활용할 수도 있다. 웹툰 시장은 전통적인 애니메이션 콘텐츠에 비해 한국의 입지가 공고한 분야인 만큼 이를 적극적으로 활용·연계하는 전략이 새로운 미디어 환경에서 애니메이션 콘텐츠 분야를 선점하는데 중요할 것으로 보인다.

방송 콘텐츠 비즈니스 실무

1. 방송 콘텐츠 비즈니스의 원리

1) 방송 콘텐츠 기업의 비용구조

방송 콘텐츠 기업의 비용구조는 크게 콘텐츠 제작 비용, 유통 비용, 마케팅 및 광고 비용, 거래 비용으로 나눌 수 있다. 콘텐츠 제작 비용은 방송 콘텐츠 관련 기업에 있어서 가장 중요한 요소로서 큰 비중을 차지한다. 방송의 경우 직접적으로 콘텐츠를 제작하는데 드는 제작비, 스태프의 인건비나 출연료 외에 하드웨어 시스템 등 기초 인프라 비용도 콘텐츠 제작 비용에 포함되기 때문에 콘텐츠 세작비의 비중이 클 수밖에 없나. 유동 비용은 상품이나 서비스를 만들어 소비자에게 전달하기까지 들어가는 비용을 의미하는데, 디지털화로 인해 유통 범위는 넓어지는 반면 갈수록 유통 비용 자체는 줄어드는 추세다. 마케팅 및 광고 비용은 콘텐츠 소비자와 광고주라는 이중시장 구조를 갖고 있는 방송 콘텐츠의 특성상 각 타겟에 맞는 적절한 어필이 필요하다. 특히 콘텐츠 간 경쟁이 심화됨에 따라 협찬, 간접광고 등으로 제작비를 확보하기 위한 마케팅 및 광고 비용은 점점 늘어나고 있다. 거래 비용은 이해당사자들이 협상을 통해 거래에 도달하는 과정까지 부담하는 물질적, 정신적 비용을 말한다. 미디어 기업들의 사업다각화는 이러한 거래 비용을 줄이기 위한 수단이라고 볼 수 있다.

2) 방송 콘텐츠의 무역원리[174]

방송 콘텐츠의 국제유통에서 '상품'에 해당하는 것은 소비자들이 갖고 있는 기기나 플랫폼이 아니라 콘텐츠 자체이다. 흥미로운 것은 이러한 콘텐츠들이 국제무역 협상에서 문화영역으로 특별히 간주돼 이에 대한 각국의 정책적 자율권이 인정되고 있다는 점이다. 많은 국가들은 외국으로부터의 문화상품의 유입에 통제력을 유지하고자 하며, 자국의 문화를 지키고 널리 알리는 방안으로 자국 문화산업을 육성하기를 원한다. 그러한 점에서 '문화산업에서 진정한 힘과 이윤의 원천은 생산이 아니라 유통'이라고 보는 견해도 있다. 언어를 포함해 문화, 사회, 역사 등의 요소들은 무역장벽의 역할을 하기도 한다. 문화적 할인의 개념을 통해 설명했던 것들이 대표적이다.

2. 방송 콘텐츠 저작권의 이용 요건

방송 콘텐츠 비즈니스 실무에서 또 하나 중요한 영역이 저작권이다. 저작권의 중요성은 날로 커져 가고 있으며, 특히 글로벌화, 디지털화로 불법복제와 유통이 쉬워진 콘텐츠의 권리를 지키기 위해서는 저작권에 대한 이해가 필수적이다.

저작물은 인간의 사상이나 감정을 표현한 창작물로서, 이 같은 저작물을 창작한 저작자는 독점적이고 배타적인 권리를 갖게 된다. 지식기반 사회에서 저작권은 저작물이 경제적 소득으로 연결되는 자본주의 시대의 산물로, 창작물이 국경을 넘어 자유롭게 유통되기 시작하면서 더욱 중요한 화두로 떠오르고 있다. 저작권법의 역사는 인류문명의 발전과 그 맥락을 함께 해왔다. 저작권에 대한 인식이 본격적으로 조성되기 시작한 것은 저작물이 경제적 소득과 직결되고 기술적으로 대량복제가 가능해지면서라고 할 수 있다.[175]

최초의 저작권법은 1710년 영국 의회가 채택한 앤여왕법The Statute of Anne으로 작가 또는 소유자에게 책을 출판할 수 있는 배타적인 권리를 부여했다. 책을 출판할 수 있는 권리로 시작된 저작권은 이제 창작자의 권리와 창작의욕의 고취 차원을 넘어 문화산업의 생존과 한 사회의 시스템을 결정짓는 중대한 요소로 작용하고 있다.[176] 현대사회는 지적 활동의 결과물인 지적재산권이 사회를 지탱하는 동력이나 변화의 핵심 축으로 자리 잡고 있기 때문

[표 42] 시대별 경제 개념 변천

구분	산업경제	지식경제	창조경제
시기	1970~1980년대	1990년대	2010년대~
성장 패러다임	산업화	정보화	창조화
경제위기	오일 쇼크	IMF 외환위기	글로벌 금융위기
성장동력	토지, 노동, 자본	지식, 정보	창의성, 상상력
생산요소	노동, 자본	지식, 정보	창의성, 집단지성
주력산업	중화학공업	IT 및 디지털 산업	융합과 창조산업
성공신화	조선, 철강, 자동차	가전, 반도체, 정보통신	ICT 융합, 서비스, 콘텐츠
슬로건	한강의 기적	IT강국 코리아	크리에이티브 코리아

* 출처: 양문희(2015). 창조경제시대 방송산업 경쟁력 제고를 위한 제도 개선 방안. 『방송문화』, 2015년 6월호, 86~99(김병희(2014) 재인용)

이다. 이 같은 추이는 디지털 기술의 진보로 지적재산권의 역할이 더욱 증폭되고 있고, 이와 관련된 권리와 보호의 문제도 더 복잡하게 얽혀가고 있다.

> 저작권법 제1조: 이 법은 저작자의 권리와 이에 인접하는 권리를 보호하고 저작물의 공정한 이용을 도모함으로써 문화 및 관련 산업의 향상발전에 이바지함을 목적으로 한다.

저작권은 저작물을 창작한 저작자가 저작물에 대해 일정기간 동안 가지는 독점적인 권리로 저작인격권(인격적 권리)과 저작재산권(배타적 이용권)을 포함한 개념으로 창작자라면 누구나 저작권자라고 할 수 있다. 저작인격권은 저작물의 이용에 기여한 자가 이용매개물(행위)에 대해 일정기간 동안 가지는 독점적 권리를 말하며, 통상적으로 실연자, 음반제작자, 방송사업자 등에게 생성되는 권리이다. 일반적으로 저작권은 저작물을 창작하거나 공표한 시점부터 발생(저작권법 제10조)하며, 저작인격권은 저작자의 생존기간 동안 유효하고, 저작재산권은 2014년 7월 이후 창작물일 경우를 기준으로 저작자의 사후 다음해부터 70년간 보호된다.

방송 콘텐츠 등 영상저작물은 저작자가 개인보다는 다양한 사람들의 창의성과 노력이 결합하여 창출된 종합예술임과 동시에 창작에 기여한 각자의 몫을 명확히 분리할 수 없는 공동저작물인 경우가 대부분이다. 그래서 제작에 참여하는 모든 자연인들(감독, 작가, 카메라맨, 배우, 음악감독 등)을 모두 저작권자로 보는 견해가 다수설이다.

방송 콘텐츠에는 어문, 음악, 연극, 미술, 건축, 사진, 영상, 도형, 글꼴 등 다양한 타인의 저작물이 사용되기 때문에 콘텐츠 제작자의 입장에서 저작권을 지키는 것만큼이나 콘텐츠 제작에 사용되는 다양한 저작권을 파악하는 것도 중요하다. 원활한 방송 콘텐츠의 제작 및 유통을 위해서는 제작부터 유통까지 저작권을 일괄적으로 처리하는 것이 바람직하다.

저작권을 이용하기 위해서는 방송작가협회, 방송실연자협회와 같은 저작권 신탁관리단체와의 계약을 통한 이용이 일반적이고, 신탁관리가 이루어지지 않는 저작물이거나 신탁관리단체 회원이 아닌 저작권자의 경우 개별적으로 이용 허락을 받는 것이 원칙이다. 다만 저작자의 정당한 이익을 부당하게 해치지 아니하는 경우에 한하여 보도, 비평, 교육, 연구 등을 위해 저작물을 공정이용fair use 또는 인용할 수 있다.

[표 43] 방송 콘텐츠 주요 저작권 신탁관리단체

신탁단체명	관리영역	비고(지급방식)
방송작가협회	방송원고(각본)	재방 30%, 3방 15%, 해외 3~5%
문예학술저작권협회	원작	별도 계약
방송실연자협회	실연(연기)	재방 20%, 3방 12%, 4방 10% 내외
음악저작권협회	음악저작권(작사,작곡)	방송광고액 기준(0.3%)
음원제작사협회	음반	별도 계약
음악실연자협회	연주	별도 계약

3. 방송 콘텐츠 수출 흐름

한때 방송은 언론이라는 범주에 머무르는 특수한 영역이었고, 방송 콘텐츠도 '전파의 희소성'을 바탕으로 시장과는 괴리된 특이 상품으로 기능하고 있었다. 하지만 디지털화와 글로벌화 흐름에 따라 방송도 다매체화 과정을 거치며 경쟁구도 속에 진입하고 있고, 이 같이 다양한 매체를 채우는 방송 콘텐츠는 시장논리가 적용되는 상품으로 거듭나고 있다. 그런데 방송 콘텐츠의 경쟁 양상을 살펴보면 일반적인 상품 특성 외에도 여러 가지 특징이 관찰된다. 일반적으로 시장에서 거래되는 상품에 있어서 경쟁요소는 가격경쟁력이 주된 영역이고 품질경쟁력이 보조 영역으로 기능하는 경우가 많지만, 방송 콘텐츠를 비롯한 영상물의 시장경쟁은 소구력 등 품질경쟁력이 핵심이고 가격요소는 보조적인 사항으로 기능한다.

방송 콘텐츠도 여타 예술 분야와 마찬가지로 인간의 창작활동의 결과물로서 꿈, 모험, 사랑, 감동 등이 혼합돼 특정의 맛을 내는 감성상품이라고 할 수 있다. 이 같은 방송 콘텐츠의 경쟁력을 좌우하는 품질을 결정하는 구성요소를 다시 분석해보면 여기엔 스토리, 연기력, 연출력, 영상미, 음악 등이 복합적으로 작용하고 있다. 다시 세부적으로 들어가 보면 스토리는 작가를 통해 창출되고, 연기력이나 연출력은 출연자나 연출자를 통해 발현된다고 볼 수 있다. 여기서 방송 콘텐츠 상품의 특성으로 영상미와 음악요소도 반드시 짚고 가야 할 사항인데, 이는 일반적인 '문화적 할인'을 최소화시킬 수 있는 묘약이 되는 특수기재이기 때문이다.

이렇게 창출된 방송 콘텐츠가 거래되는 시장은 고정되고 정형화된 어떤 장소라기보다는 다수의 바이어와 다수의 마케터가 만나는 '살아 움직이는 현장'이다. 이 같은 시장에서 사고파는 의사결정을 하는 마케터는 영상물의 상품특성상 경제적인 측면뿐만 아니라 정치 · 문화 · 사회 전반을 이해하는 오케스트라의 지휘자 같은 능력이 필요하다 할 것이다. 이는 문화상품은 특정 문화를 바탕으로 창출된 결과물이고, 그 특이상품을 거래하기 위해서는 시장전반을 이해해야 한다는 논리와 일맥상통하는 분석이기도 하다. 따라서 방송 콘텐츠 마켓에서 마케터로 활동하기 위해서는 방송 콘텐츠 사업 관련 직무지식뿐만 아니라 오감이 작동해야 한다. 방송 콘텐츠 마케팅은 일반적인 시장에서의 상품거래와는 판이하게 다른 고도의 두뇌 게임 영역이라고 정의할 수도 있을 것이다. 그리고 최근의 디지털화에 따른 매체 증가와 글로벌화 추이의 진전으로 마케팅 관련 업무도 복합방정식이 돼 그 난이도가 점점 높아가고 있는 상황이다.

여기서 방송 콘텐츠 시장에서의 거래과정을 도식화해보면 [그림 36]과 같이 설명할 수 있다. 우선 방송 콘텐츠를 사고파는 거래가 이루어지기 위해서는 시장수요가 있어야 한다는 것이 그 출발점이다. 이 같은 시장수요는 직접 바이어와 셀러가 만나서 의향을 확인하는 방법도 있겠지만 전화나 이메일 같은 통신수단을 활용하여 확인하는 방법이 더 일반적이라 할 수 있다.

그리고 다수의 바이어가 일정 기간에 특정장소에서 열리는 국제 마켓을 이용하여 상담하는 것도 효율적인 방법인데, 국제 마켓은 프랑스의 칸에서 열리는 MIP-TV나 MIP-COM 등을 비롯하여 크고 작은 규모로 많이 열리고 있다.

[그림 36] 프로그램 수출업무 흐름

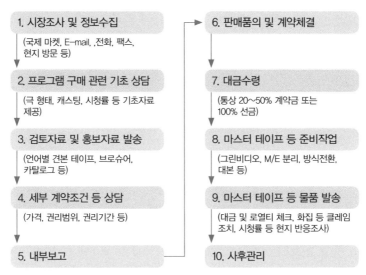

1. 시장조사 및 정보수집 (국제 마켓, E-mail, ,전화, 팩스, 현지 방문 등)	**6. 판매품의 및 계약체결**
2. 프로그램 구매 관련 기초 상담 (극 형태, 캐스팅, 시청률 등 기초자료 제공)	**7. 대금수령** (통상 20~50% 계약금 또는 100% 선금)
3. 검토자료 및 홍보자료 발송 (언어별 견본 테이프, 브로슈어, 카탈로그 등)	**8. 마스터 테이프 등 준비작업** (그린비디오, M/E 분리, 방식전환, 대본 등)
4. 세부 계약조건 등 상담 (가격, 권리범위, 권리기간 등)	**9. 마스터 테이프 등 물품 발송** (대금 및 로열티 체크, 화집 등 클레임 조치, 시청률 등 현지 반응조사)
5. 내부보고	**10. 사후관리**

＊ 국제견본시장에서 상담이 이루어지는 경우에는 현장에서 Deal Memo(가계약) 체결 후 5번 흐름으로 진행

[표 44] 영상 콘텐츠 관련 국제 마켓(2015)

명칭	시기 및 장소	비고
NATPE	1. 20~1. 22 미국 마이애미	• 1964년 뉴욕에서 미국의 국내 마켓으로 설립돼 국제 마켓으로 확대개편됨(미주 지역 최대의 방송 콘텐츠 시장)
DISCOP West Asia	2. 24~2. 26 터키 이스탄불	• 중동, 서아시아, 중앙아시아, 아랍 국가 중심 마켓
FILMART	3. 23~3. 26 홍콩	• 홍콩무역발전국이 1998년부터 개최해온 마켓으로 초기단계에는 영화 중심 마켓으로 시작해 TV, 뉴미디어, 영상기술 등으로 엉역을 확장
MIP-TV	4. 13~4. 16 프랑스 칸	• 1964년부터 시작된 세계 최대 규모와 역사를 자랑하는 대표적인 국제 마켓이며, MIP-DOC(다큐 전문), MIP-FORMAT(포맷 전문)과 함께 병행 개최

BCM	5. 7~5. 9 한국 부산	• 한국의 부산에서 2007년부터 개최된 국제 마켓
STVF	6. 8~6. 12 중국 상해	• 1986년에 시작된 중국 최대 규모 국제 방송영상 콘텐츠 마켓으로 SCTVF와 교차하여 격년 개최하다가 1993년부터 매년 개최되는 마켓으로 정착
NATPE Europe	6. 22~6. 25 체코 프라하	• EC(유럽) 국가들을 비롯한 동유럽, 중앙 유럽, CIS 국가 등이 대거 참가하는 국제 마켓
CITV	8. 20~22 중국 베이징	• 중국 정부의 전폭적인 지원 하에 중국의 광전총국 등이 주관하는 국제 마켓
BCWW	9. 9~9. 11 한국 서울	• 한국에서 2001년부터 시작된 국제 마켓(1회 부산, 2회 서울, 3회 제주 개최 후 4회부터 서울 정착)
TTF	9. 23~9. 25 대만 타이페이	• 2004년 시작돼 아시아를 비롯 유럽, 호주, 아프리카, 미국 등이 참여하는 대만 최대의 국제 마켓(2015부터 바이어 초청 비즈 매칭 행사로 전환)
MIP JUNIOR	10. 3~10. 4 프랑스 칸	• 어린이 애니메이션 쇼케이스, 스크리닝 행사로 전세계 주요 바이어, 제작자들이 참여
MIP-COM	10. 5~10. 8 프랑스 칸	• 1986년부터 개최된 세계 최대 규모의 방송 콘텐츠 국제 마켓 중 하나임
TIFF COM	10. 20~10. 22 일본 도쿄	• 도쿄 국제영화제와 함께 병행 개최되며 특히 애니메이션 분야가 강점으로 부각돼 있는 국제 마켓
DISCOP Africa	11. 4~11. 6 남아공 요하네스버그	• 2008년 시작된 아프리카 최대 규모의 국제마켓
SCTVF	11. 6~11. 8 중국 사천	• 1991년부터 중국 광전총국의 주관 하에 개최된 국제 마켓으로 STVF와 교대로 격년 개최되다가 1993년부터 매년 개최되는 마켓으로 정착
ATF	12. 2~12. 4 싱가포르	• 2000년 MIP-ASIA로 시작하여 명칭변경된 국제 마켓으로 AFM&C(영화 전문), AAM(애니메이션 전문)과 함께 병행 개최

* 자료: 해당 홈페이지 및 관련 기사, 〈방송 트렌드 & 인사이트 2015년 8, 9월호〉 등을 참조하여 재구성

방송 콘텐츠의 거래도 기본적으로 경제학적인 수요와 공급의 접점에서 이루어지게 되는데, 거래가격이 결정되는 과정은 정형화하기 어려울 정도로 경우의 수가 많다. 방송 콘텐츠를 비롯한 영상물 상품은 동일상품으로 권리 범위는 다양하게 분화되는 특수상품이라고 할 수 있으며, 이 같은 점에서 일반상품의 판매방식과는 거래특성이 판이하게 다르다고 할 수 있다. 우선 일반적으로 수입국의 경제 수준, 해당창구의 시장 규모, 장르, 시의성, 저명성 및 화제성, 문화적 할인의 정도 등이 고려된다. 또한 구체적인 상담 단계에서도 공급 측면에서 해당 작품의 내용과 길이, 장르, 출연자, 국내 방영 시의 시청률 등이 고려되고, 수요 측면에서의 구매력, 경쟁 상황, 사용 언어, 방영 매체, 방영 횟수 등이 영향을 끼치게 된다. 협상의 과정을 거쳐 가격 등 거래조건이 확정되면 계약을 체결하는 단계로 진행되는데, 공급자와 수요자가 연결되게 되면 브로슈어나 견본 테이프 등을 통해 내용을 확인하고 형태, 출연자, 시청률 등의 기본적인 사항에 대해 검토 작업을 하게 된다.

그리고 기초적인 검토 작업을 통해 구매의향이 확정되면 거래가격, 권리범위, 권리기간 등 구체적인 거래조건에 대한 협상이 이루어진다. 이때 결정되는 가격은 그야말로 상대적인 것이라서 계약 당사자들 간의 입장과 전반적인 조건들이 조합된 결과로 도출된다는 점에서 무료제공에서부터 상식적인 수준을 초월하는 수준까지 천양지차로 범위가 넓고 정답이 따로 없다. 다만 지역별, 매체별 적정가격대에 대한 평균적인 거래가격대가 도출될 수 있

[그림 37] 방송 콘텐츠 가격 결정요인

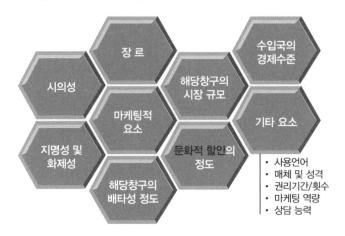

- 시의성
- 장르
- 해당창구의 시장 규모
- 수입국의 경제수준
- 마케팅적 요소
- 기타 요소
- 지명성 및 화제성
- 문화적 할인의 정도
- 해당창구의 배타성 정도

기타 요소
- 사용언어
- 매체 및 성격
- 권리기간/횟수
- 마케팅 역량
- 상담 능력

[그림 38] MBC 드라마 〈대장금〉 홍보 브로슈어

[표 45] 한류 드라마 번역 제목 예시

프로그램명	영문	중문	일어
대장금	Jewel in the Palace	大長今	ジャングムの誓い
결혼하고 싶은 여자	Marry Me	想結婚的女子	結婚したがる女
떨리는 가슴	Slx Love Stories	怪动的心	震える心

글로벌 시대의
방송 콘텐츠 비즈니스

불새	Phoenix	火鳥	火の鳥
다모	Legendary Police Woman	茶母	綵玉の劍
천생연분	Match Made in Heaven	天生緣分	お似合いの夫婦
옥탑방 고양이	Cats on the Roof	阁楼男女	屋根裏の猫
내 이름은 김삼순	My Lovely Samsoon	我叫金三順	私の名前はキムサムスン
굳세어라 금순아	Be Strong, Geumsoon	加油金順	がんばれ クムスン!
신입사원	Super Rookie	新進職員	新入社員
겨울연가	Winter Sonata	冬季戀歌	冬のソナタ
풀하우스	Full House	浪漫滿屋	フルハウス
해신	Emperor of the Sea	海神	海神
쾌걸 춘향	Sassy Girl, Chunhyang	豪杰春香	怪傑春香

지만 이 가격대 또한 핵심적인 영업기밀에 해당된다는 점에서 외부에서 파악하기가 쉽지 않은 것이 현실이다.

최종단계로는 협상과정에서 도출된 계약조건을 가지고 내부품의 등이 이루어진 후 계약이 체결되는 것이 일반적인 진행과정이라고 할 수 있다. 일반적으로 계약서 상에 명기돼야 할 필수사항으로는 계약주체인 라이센서와 라이센시, 프로그램명, 권리범위 및 지역, 계약기간 및 가격, 지불조건 등이 있다. 계약이 체결되면 해당대금을 주고받게 되고, 이와 동시에 마스터 테이프를 주고받게 되는데, 특히 마스터 테이프는 현지어 더빙 등이 가능하도록

자막이 없는 클린 비디오 상태로 M&E(음악 및 효과음) 관련 분리
채널이 구비된 것이어야 한다. 이 외에도 현지상황에 맞는 방식
전환작업이 이루어져야 하고, 영문대본 등도 제공돼야 한다.

[표 46] 지역별 TV 프로그램 국제 평균 거래가격

(단위: 달러)

지역별			드라마	TV영화	만화영화	다큐/시사	포맷
북미	미국	TV	300,000 ~1,000,000	1,000,000 ~5,000,000	5,000 ~100,000	100,000 ~1,000,000	20,000 ~50,000
		CATV	15,000 ~100,000	75,000 ~400,000	5,000 ~40,000	20,000 ~50,000	5,000 ~15,000
	캐나다		5,000 ~65,000	10,000 ~50,000	5,000 ~15,000	20,000 ~50,000	5,000 ~15,500
유럽	프랑스		20,000 ~100,000	25,000 ~150,000	8,000 ~20,000	7,500 ~40,000	10,000 ~25,000
	독일		20,000 ~200,000	25,000 ~200,000	10,000 ~20,000	8,000 ~50,000	15,000 ~30,000
	영국		20,000 ~120,000	15,000 ~150,000	12,000 ~34,000	2,500 ~150,000	15,000 ~40,000
	이탈리아		40,000 ~100,000	25,000 ~300,000	10,000 ~20,000	10,000 ~50,000	7,500 ~20,000
중남미	브라질		1,500 ~8,000	10,000 ~50,000	1,500 ~4,000	1,000 ~4,500	5,000 ~15,000
	멕시코		2,500 ~10,000	5,000 ~25,000	1,500 ~4,000	1,000 ~3,000	3,000 ~10,000
동유럽 등	러시아		2,500 ~25,000	5,000 ~35,000	500 ~1,500	900 ~6,000	3,000 ~10,000
	헝가리		1,100 ~4,000	1,000 ~10,000	500 ~1,500	600 ~2,000	2,000 ~5,000
	폴란드		1,000 ~10,000	1,000 ~20,000	600 ~1,600	1,000 ~2,500	2,000 ~5,000

아시아 / 대양주	중국	1,000 ~2,500	1,000 ~10,000	1,200	1,000 ~2,000	1,300 ~4,500
	한국	3,000 ~6,000	1,000	1,500 ~3,000	1,000 ~5,200	1,750 ~3,500
	대만	2,000 ~5,000	1,000 ~10,000	600 ~1,000	800 ~1,400	600 ~1,500
	태국	2,000 ~5,000	2,500 ~10,000	400 ~700	500 ~1,600	1,000 ~1,500
	일본	16,000 ~35,000	10,000 ~35,000	8,300	25,000 ~150,000	10,000 ~30,000
	호주	16,000 ~50,000	10,000 ~50,000	1,000 ~4,500	3,000 ~35,000	7,500 ~35,000

* 주: 1. 자료원 - TBI 2014.10/11월호 자료 일부 발췌 재구성(해당국가에서 지상파 TV 방영권을 기준으로 외국 프로그램을 구입하는 에피소드 단위별 평균가격)
2. 미국 지상파 TV의 드라마 구입가격(*)은 자료 부재로 Pre-sale 기준 가격을 반영
3. 국내 방송사의 할리우드 작품을 기준으로 한 방영권료 구입 가격 수준은 영화 30~50만 달러/편, 시리즈물 @5,000/eps 내외인 것으로 추정됨

4. 협상에서 만나는 문화적 차이

방송 콘텐츠를 수출하고 수입하는 데 있어서 상대방 국가와의 문화적 차이는 여러 가지 커뮤니케이션 양상을 통해 드러난다. 커뮤니케이션communication은 라틴어의 commus, 즉 common에서 유래하였으며, 커뮤니케이션 주체(송신자)와 키뮤니케이션 객체(수신자) 간에 어떤 기호sign의 수단을 통해서 공통의 이해를 넓히기 위한 관념의 교환과정이라고 할 수 있다.[177] 커뮤니케이션은 크게 봐서 언어적 커뮤니케이션verbal communication과 비언어적 커

뮤니케이션nonverval communication으로 분류될 수 있다. 이 중에서도 비언어적 커뮤니케이션은 방송 콘텐츠의 교역에 있어서 중요한 부분을 차지한다.

인간의 커뮤니케이션은 언어적인 요소에 많이 의존하지만, 몸짓이나 표정 혹은 신체접촉이나 시선 등 비언어적 요소에도 많이 의존한다. 인간 커뮤니케이션에 있어서 비언어 코드가 전달하는 의미의 영향이 언어 코드를 능가한다는 연구결과도 있다.[178] 한국인들에 있어서도 특유의 유교문화가 자리잡고 있어서 말씨와 행동거지, 순서와 절차, 몸가짐, 복식과 색깔 같은 비언어적 요소가 상당히 중시되는 분위기이다. 마찬가지로 어느 지역이든 문화 차이에서 오는 독특한 비언어적 요소가 존재한다는 사실을 새겨둘 필요가 있다. 사람들은 통상 외모와 행위 등 비언어적 요소를 통해 상대방의 나이, 인종, 성, 사회계급, 직업 등을 파악하고, 알게 모르게 상호 관계를 설정하고 감정을 드러내게 된다.

비언어적 요소는 커뮤니케이션 과정에서 생겨나는 몇 가지 장애요소 중 특별히 '문화적 장애'로 분류된다. 커뮤니케이션 과정에서 생겨나는 문화적 장애는 당사자 간 문화권의 기호 차이가 있어 색깔, 표상, 상징 등의 해석상 오해를 유발하거나, 문화적 가치관의 차이로 문화전달에 곤란함을 야기하고, 서로 다른 문화 간의 문화갈등과 마찰을 야기하여 커뮤니케이션 활동에 지장을 주는 것 등이다.[179]

이 같은 비언어적 요소들은 비즈니스 상담에도 당연히 상당한 영향을 끼치게 된다는 점을 인지해야 한다. 방송 콘텐츠는 여타 문화적 상품과 마찬가지로 특정문화를 바탕으로 창출된 문화상품이란 특성으로 인하여 일반상품과는 차별화되는 특성이 있다. 우선 지역별로 선호하는 기호나 색상에서도 현저한 차이가 감지되는데, 중국에서 황금색을 선호하는 경향 등이 대표적인 예라고 할 수 있다. 애도哀悼의 의미를 담은 색상도 서구를 비롯한 대부분의 지역에서 검정색이 이용되는 것과 달리 중국에서는 흰색이 애도의 의미를 담고 있다는 점도 대비되는 부분이다. 그 외에도 파란색과 노란색이 섞이면 다국적 기업 IKEA를 상징하는 경우가 대부분이지만, 덴마크에선 점령국 스웨덴의 국기를 연상한다는 것도 특이한 점이라고 할 수 있다.

숫자에 대해서도 대표적으로 '4'는 대부분 아시아 지역에서는 죽음을 뜻하지만, 서양에서는 행운을 뜻한다는 점도 대조적이다. 언어적인 요소에 못지않게 중요한 역할을 하는 비언어적 요소로 몸짓에 대한 해석도 지역별로 상당한 차이점이 있는 것이 사실이다. 머리를 끄덕이는 것은 대부분 "yes"이지만 이탈리아 남부나 그리스에선 "아니오"란 의미를 담고 있고, 머리 위에 두 손 잡기는 러시아에선 우의를 상징하고 미국에선 승리를 상징한다. 눈썹을 치켜 올리는 것은 독일에서는 훌륭한 아이디어라는 반응이고, 영국이나 네덜란드에선 의심스럽다는 의미를 담고 있다. 이 밖에도 혀 내밀기는 유럽 지역에선 경멸을 나타내고, 아시아 지역에서는 무례한 것으로 비쳐지지만, 뉴질랜드의 마오리족들 사이에선 존경의 의미를 담고 있다.

공간 인식에 대해서도 지역별로 상당한 차이가 존재하는데, 북유럽인들은 타인과 가깝게 접촉하는 것을 기피하는데 반하여 남부 유럽에선 팔짱끼고 걷는 것을 선호한다. 또한 미국인들은 거리를 두고 서서 이야기하는 스타일이고, 독일인들은 남의 방에 들어가는 것은 프라이버시를 침해한 것으로 인식된다. 프랑스나 스페인 사람들은 함께 모여 마시고 먹는 고관여도高關與度 문화권으로 분류되고, 걸음걸이도 대부분의 서구 국가에서는 부부가 나란히 걷지만, 수단은 아내가 몇 걸음 뒤에 따라가는 형식이 당연시된다.

시간 개념에 있어서도 지역별 편차가 커서 미국인들은 시작한 일은 완결하고 싶어 하고, 터키를 비롯한 남부 유럽인들은 그때 그때 반응하는 스타일이다. 미국이나 영국 문화권에서는 15분 정도가 늦으면 곤란해 하고 30분 이상 늦는 것은 용납되기 어려운 반면, 아랍권에서는 30분 정도 늦는 것은 크게 문제가 되지 않는다. 또한 북미인은 미래 지향적인 편이고, 유럽인은 과거 지향적이란 분석도 있다. 동양에서도 중국과 일본은 미래에 대한 시각이 강한 편이지만, 아프리카 지역에선 미래는 거의 개념이 없는 사항이다.

이 같은 지역별 문화 차이는 협상방식에도 투영돼 상당한 차이가 존재하는 것이 사실이다. 우선 영상 콘텐츠 관련 세계시장을 주도해온 미국은 다양한 문화권과 협상 경험이 충분히 비축돼 있는 편이고, 대리인을 통한 협상방식에 익숙한 편이다. 또한 최초 제시액과 협상목표와의 편차가 비교적 작은 편이고, 협상과정에서 Give & Take 방식을 선호하는 편이라고 할 수 있다. 중국은 대체로 인간관계quanxi를 중시하며 일단 제시된 조건을 관철하려는 의지가 강한 편이다. 중국인들은 협상과정에서 복합적인 의미의 언어를 구사하는 경우가 많다는 인상이 짙다. 일본은 반응이 신중하고 예의바른 침묵이 그 특징 중 하나라고 할 수 있고, 합의 이후를 중시하는 편이란 인상이다. 프랑스는 먼저 원칙을 설정한 후 세부사항은 나중에 협상하는 방식을 선호하는 경향이고, 한 가지를 양보하면서 교환조건을 요구하는 패턴이 많은 편이다. 중동 국가들은 서두르지 않고 협상 자체를 즐거운 경험으로 즐기며 결렬을 두려워하지 않는 편인데, 때로 공사 구분이 모호한 경우도 발견되곤 한다.

미디어 환경 변화 및 향후 전망

1. 제작재원으로서의 광고시장 변화

일반적으로 방송 콘텐츠의 경쟁력을 좌우하는 기본 바탕은 배후경제나 광고시장의 규모에 의한 것일 가능성이 크다. 경제 규모가 크면 방송 콘텐츠의 제작을 위한 제작비 투입 역량도 커지는 것이 생태계의 일반적인 틀이기 때문이다. 이 같은 점에서 내수시장 규모가 작은 우리의 제작환경은 상대적으로 열악하다는 점을 부인하기 어렵다.

광고비 규모를 기준으로 우리나라는 미국의 1/16, 일본의 1/5 수준이라는 점을 고려한다면, 상대적으로 적은 제작비를 투입해서 창출된 콘텐츠를 글로벌 무대에서 경쟁해야 하는 구조적 약점이 그대로 노출된다고 할 것이다. 예를 들어 미국 드라마 〈Lost〉의 평균 제작비는 에피소드당 400만 달러로 알려지고 있으며,

[표 47] 국가별 광고비 지출 TOP10

(단위: 억 달러)

	2013			2016(f)	
1	미국	1,669	1	미국	1,903
2	일본	528	2	일본	563
3	중국	409	3	중국	554
4	독일	232	4	독일	241
5	영국	203	5	영국	240
6	브라질	159	6	브라질	189
7	호주	131	7	호주	143
8	프랑스	121	8	한국	138
9	캐나다	116	9	러시아	134
10	한국	106	10	인도네시아	133

* 출처: [메조미디어] 글로벌 디지털시장 현황(2014. 3)(ZenithOptimedia, 2013. 12 재인용)

〈ER〉이나 〈CSI〉의 평균 제작비는 에피소드당 150만 달러로 알려지고 있는데, 우리 드라마는 산술적으로 에피소드별로 최대 3억 원(달러로 환산하면 27만 달러) 이상을 투입하기는 어렵다는 의미이다. 어린이 프로그램의 경우도 영국 BBC의 〈텔레토비〉의 평균 제작비가 에피소드별로 15~20만 달러로 알려지고 있는데 반해 우리나라의 대표적인 어린이 프로그램 〈뽀뽀뽀〉의 제작비는 이의 15~20분의 1에도 못 미치는 것으로 알려지고 있다.

또한 우리나라는 지상파 방송의 경우 유료방송에 비해 광고제도의 제약이 많아 제작비 투입 역량이 저하될 수 있다. 지상파 방송사는 미디어렙에 광고의 위·수탁 판매를 강제하고 있지만, 유

[표 48] 한 · 미 · 일 3국의 방송 콘텐츠 제작비 규모

구분	미국	일본	한국
광고비 (프라임타임)	1,200만 달러	1억1,200만엔(94만 달러)	3.2억원(27만 달러)
직접제작비 (회당 평균)	400만 달러	4,000만엔(34만 달러)	2.6억원(22만 달러)

* 자료: 김영덕(2009) 내용을 바탕으로 현재의 광고단가 및 제작비 등을 반영하여 재구성. 한국
은 70분 편성을 기준으로 한 광고시간(7분)에 대하여 15초당 평균 광고단가 1,100만~1,200
만원을 고려한 평균 1,150만원을 적용했고, 일본은 53분/광고 7분에 대하여 30초당 광고단가
800만엔x14개를 기준으로 산정(적용환율: 2015. 9. 18 U$1=1,162.00원, U$1=119.24엔을 적용
하여 달러로 환산)

료방송은 PP와 SO가 독자적으로 영업을 하기 때문에 지상파보다
광고요금 결정과 상품개발에 있어 보다 유연할 수 있다. 지상파
에서는 유료방송과 달리 중간광고가 허용되지 않으며, 토막광고,
자막광고, 시보광고의 경우도 유료방송에 비해 광고시간이 짧게
규정돼 있다.[180]

[표 49] 지상파 방송과 유료방송 광고제도 비교

광고 유형	지상파 방송	유료방송
중간광고	금지(운동경기, 문화 · 예술 행사 제외)	허용(45분 이상 프로그램)
프로그램 광고	방송 프로그램 시간(광고시간 포함) 의 10/100 이내	시간당 평균 10분(프로그램 광 고, 토막광고, 자막광고, 시보광고 의 합산시간), 매시간 최대 12분
토막광고	매시간 2회/ 매회 1분 30초 이내	매시간 2회/ 매회 1분 40초 이내
자막광고	매시간 4회/ 1회 10초	매시간 6회/ 1회 10초
시보광고	매시간 2회, 1일 10회/ 1회 10초 이내	별도 규정 없음

* 자료: 이시훈(2015). 방송광고제도의 문제점. 『방송문화』. 2015년 3월호. 94~107.

방송통신위원회는 이 같은 방송광고 제도가 지나치게 복잡하고 방송 콘텐츠에 대한 충분한 투자를 어렵게 한다는 비판을 수용하여 2015년 4월 24일 방송법 시행령 개정안을 의결했다. 그러나 방송광고 유형의 구분만 축소되었을 뿐 가상광고와 간접광고에 있어서도 지상파보다 유료방송에 유리한 쪽으로 개정되었고, 광고총량제는 도입되었지만 지상파 중간광고는 여전히 허용되지 않고 있다.[181]

[표 50] **방송법 시행령 개정안 비교**

광고 유형	현재	개정 시행령
프로그램 광고	• 지상파: 방송 프로그램 시간의 10/100 • 유료방송: 시간당 평균 10분, 최대 12분, 단 2시간 이상 프로그램은 18분, 광고시 매시간 최대 15분	• 지상파: 프로그램 시간의 평균 15/100, 최대 18/100 이내(단, TV 프로그램 광고는 최대 15/100) • 유료방송: 프로그램 시간의 평균 17/100, 최대 20/100 이내
토막광고	• 지상파: 매시간 2회, 매회 1분 30초 • 유료방송: 매시간 2회, 매회 1분 40초	폐지
자막광고	• 지상파: 매시간 4회, 매회 10초, 화면 1/4 이내 • 유료방송: 매시간 6회, 매회 10초, 화면 1/4 이내	폐지
시보광고	• 지상파: 매시간 2회, 매회 10초, 매일 10회 이내 • 유료방송: 규정 없음	지상파 폐지

중간광고	• 지상파: 금지(운동경기, 문화·예술 행사 프로그램은 허용) • 유료방송: 프로그램 길이에 따라 차등 허용	변화 없음
가상광고	• 지상파·유료방송: 운동경기 시간의 5/100 이내, 방송 전 가상광고 포함 여부 자막 표기	오락·스포츠 보도도 허용, 유료방송은 시간 7/100로 확대
간접광고	• 지상파·유료방송: 프로그램의 5/100 이내, 방송 전 간접광고 포함 여부 자막 표기	유료방송은 시간 7/100로 확대, 상품 언급이나 구매·이용 권유, 허위·과장 사연 등 금지대상 명확화

* 출처: 양문희(2015). 창조경제시대 방송산업 경쟁력 제고를 위한 제도 개선 방안. 『방송문화』, 2015년 6월호, 86~99.

국내 방송광고는 기본적으로 시장 규모가 작고 그나마 내부규제로 인해 위축돼 있는 반면에 인접국, 특히 중국의 콘텐츠 시장 규모와 광고시장 규모는 날로 커져 가고 있다. 중국은 세계 엔터테인먼트와 미디어 시장 규모에서 2013년 기준 1,647억 달러, 점유율 8.5%로 3위에 올라 있고, 한국의 경우 564억 달러, 2.9% 점유율로 7위에 올라 있다.[182] 중국의 엔터테인먼트, 미디어 시장은 한국의 3배 가까운 규모를 자랑하고 있는 것이다. 광고시장 또한 마찬가지다. 중국의 광고시장은 2013년 기준 409억 달러로 세계 3위에 해당하는 반면, 한국의 광고시장은 106억 달러로 중국의 1/4 수준이다.[183] 물론 국가 규모와 인구의 차이가 있기는 하지만 기본적으로 중국의 시장 팽창은 우리나라 콘텐츠 산업에 분명한 위협이 되고 있는 것이 사실이다.

글로벌 시대의
방송 콘텐츠 비즈니스

뿐만 아니라 디지털 광고의 빠른 성장과 TV 광고의 축소가 가져온 매체별 총 광고비 비중의 변화도 방송 콘텐츠에는 좋지 않은 징조다. 세계 광고시장 전망에서도 2016년까지 온라인 광고는 23.8%까지 확대될 것으로 전망되는 반면, TV 광고의 경우 현재 15.9%에서 9.9%까지 하락할 것으로 예상되고 있다.[184] 국내 매체별 총 광고비 또한 방송광고의 비중이 여전히 높지만 지상파 TV 광고의 비중이 날로 줄어들고 있으며, 모바일 광고의 비중이 높아지는 추세를 보이고 있다.

[표 51] 2013~2015년 국내 매체별 총 광고비

구분	매체	광고비(억원)			성장률(%)			구성비(%)		
		2013	2014	2015 (f)	2013	2014	2015 (f)	2013	2014	2015 (f)
방송	지상파 TV	18,273	16,820	17,400	-5.4	-8.0	3.4	19.1	17.4	17.5
	라디오	2,246	2,024	2,100	-4.8	-9.9	3.7	2.3	2.1	2.1
	케이블/ 종편	13,825	14,350	14,794	4.6	3.8	3.1	14.4	14.9	14.9
	PTV	380	635	800	61.7	67.1	26.0	0.4	0.7	0.8
	위성 TV	151	192	190	16.2	27.2	-1.0	0.2	0.2	0.2
	DMB	124	103	100	-26.3	-17.2	-2.5	0.1	0.1	0.1
	SO	712	755	730	8.7	6.0	-3.3	0.7	0.8	0.7
	방송 계	35,712	34,880	36,114	-1.0	-2.3	3.5	37.2	36.2	36.3
인쇄	신문	15,447	14,943	14,600	-6.6	-3.3	-2.3	16.1	15.5	14.7
	잡지	4,650	4,378	4,360	-8.4	-5.9	-2.9	4.8	4.5	4.3
	인쇄 계	20,097	19,320	18,850	-7.0	-3.9	-2.4	21.0	20.0	18.9

인터넷	검색	13,210	12,291	11,950	2.0	−7.0	−2.8	13.8	12.7	12.0
	노출형	6,820	6,383	6,280	3.5	−6.4	−1.6	7.1	6.6	6.3
	인터넷 계	20,030	18,674	18,230	2.5	−6.8	−2.4	20.9	19.4	18.3
모바일		4,600	8,391	10,700	119.0	82.4	27.5	4.8	8.7	10.8
OHH	옥외	3,549	3,713	3,800	2.5	4.6	2.3	3.7	3.8	3.8
	극장	1,708	1,764	1,850	10.9	3.3	4.9	1.8	1.8	1.9
	OHH 계	9,645	9,362	9,750	5.9	−2.9	4.1	10.1	9.7	9.8
제작		5,810	5,850	5,890	7.2	0.7	0.7	6.1	6.1	5.9
총계		95,893	96,477	99,534	2.2	0.6	3.2	100.0	100.0	100.0

* 출처: 김병희(2014)에서 재인용, 양문희(2015). 창조경제시대 방송산업 경쟁력 제고를 위한 제
도 개선 방안. 『방송문화』, 2015년 6월호, 86~99.

여기에 한국의 드라마 제작비는 미국이나 일본에 비해 출연
료 비중이 지나치게 높다는 점도 품질을 저하시키는 결정적인 요
인으로 작용하고 있는 것으로 분석된다. 미국과 일본의 경우 드
라마 제작비 중에서 출연료와 극본료가 차지하는 비중이 평균
15~20%인데 반해, 우리나라는 드라마의 제작비 중 출연료가 차
지하는 비중이 60%가 넘는 구조를 갖고 있다는 점에서 순수제작
비는 그만큼 더 압박을 받기 때문이다.

[표 52] 드라마 제작비의 지출항목 분석

항목별	비중	비 고
출연료	60%	
극본료	15%	* 미국, 일본 등의 출연
스태프료	23%	료 및 극본료 비중:
진행비 등	2%	평균 15~20%
합계	100%	

* 자료: 윤호진(2008). 드라마 산업 진흥과 HD 콘텐츠 활성화를 위한 인프라 구축방안. 한국방
송영상산업진흥원(박창식, 2008 재인용)

2. 미디어 생태계의 미래 상황 미리보기

1) 미디어 콘텐츠의 진화

네덜란드의 문화사학자 요한 하위징아Johan Huizinga는 인간의 기본적인 특성 중 하나로 '놀이 혹은 유희를 즐기는 인간'이란 의미인 호모 루덴스Homo Ludens를 꼽은 바 있다. 이는 인간은 본능적으로 재미와 오락을 추구하는 '문화적 동물'이라는 의미일 것이다. '문화적 동물'이라는 인간의 특성은 특히 21세기에 들어서면서 더 부각되는 추세이고, 이런 분위기가 반영돼 "21세기는 문화의 세기"라는 분석이 나오기도 했을 것이다. 어찌되었건 21세기에 들어 '문화'와 '산업'이 결합하여 창출해내는 '문화산업'은 "21세기형 우량아"로 등장하고 있기도 하다. 그런데 산업 전반을 종횡으로 관통하는 변화의 흐름은 가히 현기증이 날 정도로 광범위하고 빠

른 속도로 진전되고 있다.

　이 같은 변화의 바람 속에서 미디어 및 콘텐츠 관련 제작 및 유통 전반의 생태계가 요동치고 있고, 비즈니스의 기본 틀이 크게 흔들리고 있기도 하다. 콘텐츠의 제작 및 공급 패턴이 급변하고 있는가 하면, 다른 한편에서는 시청이나 소비 패턴도 바뀌고 있는 것이다. 시장변화의 근저에는 실시간 시청 패턴이 시청시간 선택방식으로, 1인 가구 및 노령층 증가, 결혼연령대 상승 및 여성 인력의 사회활동 증가, 기술발전 및 개인화 등이 깔려 있다고 분석된다. 우선 새로운 매체 환경에서는 드라마 장르도 전체의 구조적 완결성보다 매순간 시청자의 이목을 집중시키는 데 초점을 맞춘 삽화식 구성이 유리할 것이다. 방송사의 편성표에 따라 긴 호흡으로 매주 정해진 시간에 집중하여 시청하는 패턴은 퇴조하고, 짧은 호흡으로 언제든지 부담 없이 찾아서 즐길 수 있도록 삽화식으로 구성된 콘텐츠를 선호하는 경향은 앞으로 더 가속화될 것이다. 실제로 미디어 환경의 변화에 따라 이미 10분 웹드라마에서 72초 드라마에 이르기까지 신형 콘텐츠 포맷이 속속 등장하고 있고, 새로운 형태의 포맷은 광고나 인터넷 상거래 등과도 결합하여 시너지 효과를 창출할 것으로 예상된다. 웹드라마는 SNS 드라마, 모바일 드라마, 드라마툰, 미니 드라마 등으로 불리기도 하며, 짧은 호흡으로 딱 시청자의 반응이 있는 만큼의 연작 시리즈를 이어가는 방식인데, 쉴 새 없이 움직이며 인터넷이나 모바일 기기로 왕성하게 콘텐츠를 소비하는 집단이 급부상하면서 '스낵 컬처'의 대표 상품으로 떠올랐다. 웹드라마는 소비자 취향이 갈수록 다양해지고 새로운 콘텐츠에 대한 갈증은 늘 있다는 점에서 기대를 모으고 있다. 현재는 아이돌과 연예인에게 관심이 많은 10~20대가 주요 소비층이지만 다양한 연령대의 시청자로 확장될 것으로 예상된다. 웹드라마는 2010년 국내 첫 웹드라마 '할 수 있는 자가 구하라'(5~7분×12부작, 연출 윤성호)가 등장했고, 2013년 네이버 TV 캐스트가 웹드라마 전용관을 운영하기 시작하면서 소비층이 급증했다. 특히 2015년엔 아이돌 그룹 엑소가 주인공인 '우리 옆집에 엑소가 산다'의 경우 조회수 1,700만 건을 기록하면서 미디어 업계의 화두로 떠올랐다. 웹드라마의 강점은 적은 제작비용을 들여 높은 화제성을 노릴 수 있다는 것이다. 지상파 드라마 한 편 제작비용(1억~2억원)으로 6회 분량의 시리즈를 만들 수 있고, 한 편을 만드는데 걸리는 시간이 현저히 짧을 뿐만 아니라 PPL이나 협찬·광고와도 궁합이 잘 맞아 새로운 수익구조 창출에도 유리한 측면이 많다.[185]

그런데 미디어 환경이 아무리 변화를 거듭하더라도 경쟁의 핵심은 플랫폼이 아니라 '콘텐츠' 그 자체에 있을 것이고, 또한 콘텐츠 간의 경쟁의 본질은 재미에 기반한 소구력으로 귀착된다는 사실을 간과돼선 안 될 것이다. 또한 방송 플랫폼의 다변화로 촉발된 시청률 전쟁에서 살아남기 위한 전략 차원에서 예능과 드라마 등 장르 간 화학적 결합 현상도 두드러질 것으로 예상된다.[186] 사실상의 장르 파괴라 할 수 있는 예능과 드라마의 결합은 이미 1990년대부터 간헐적으로 나타나기 시작했던 현상이다. 당시 MBC의 예능 프로그램 〈일요일 일요일 밤에〉의 '인생극장'은 예능에 드라마타이즈 기법을 적용해 구성하여 시청자들의 이목을 집중시키면서 "그래, 결심했어!"라는 말을 유행시키기도 했다.[187]

　미디어 기술의 발전은 콘텐츠의 형식과 소비방식을 변화시키는 것은 분명하지만 콘텐츠의 소비는 보다 다양해진 미디어에 실려서 더 확장될 것이고, 콘텐츠 중심의 경쟁구도는 보다 심화될 것이다. 콘텐츠 중심의 경쟁구도가 심화되면서 콘텐츠의 제작영역의 위상과 역할은 더 커질 것이고, 특히 작가의 영역이 더 부상할 것이다. 결과적으로 스토리 산업이라는 특성이 부각되면서 완제품 형태의 콘텐츠 거래뿐만 아니라 반제품 혹은 레시피 형태의 포맷 거래가 활발해질 것이고, 나아가서는 콘텐츠를 기획하는 작가를 비롯한 제작요소의 국가 간 이동도 활발해질 것으로 예상된다. 그리고 제작 패턴도 누가, 혹은 어디서 제작했느냐가 중요한 것이 아니라 글로벌 공감 코드를 찾아냈는지가 경쟁력 확보를 위한 관건이 될 것이고, 국내 제작made in Korea 방식에 대한 강박관념도 현저히 희석돼 현지 제작이나 글로벌 제작made in Global 현상이 두드러질 것으로 예상된다.

2) 글로벌화의 진전

　인류가 사라지지 않는 한 오락이나 엔터테인먼트 비즈니스는 영속할 것이고, 그 시장은 살아남을 것이다. 다만 그 시장을 누가 차지하느냐는 누가 한 발 먼저 변화의 흐름을 읽고 미리 준비하느냐에 따라 그 향방이 갈릴 것이다. 이 같은 점에서 우리의 미디어 기업들은 글로벌형 사업 모델로 무장하고 미디어 기업으로 거듭나는 환골탈태의 노력이 있어야 할 것이다.

우리가 살고 있는 지구촌은 이미 하나의 시장으로 통합되는 과정을 겪고 있고, 글로벌화의 진전은 보다 가속화할 것으로 예상된다. 정치, 지리적 개념의 시장경계나 문화적 요소에 의한 시장 분절 현상도 시간이 지날수록 퇴색할 수밖에 없을 것이다. 미디어 생태계에서 미디어 기업이나 콘텐츠 기업은 일반동물이 그러하듯이 환경 변화에 대한 적응이 살아남기 위한 전제조건이 되고 있다. 급하게 변화하고 있는 미디어 및 콘텐츠 환경 속에서 살아남기 위해, 혹은 사업 확장을 위해 미래전략이 강구될 필요가 있는데, 우리도 당장 5천만 명이 모여 있는 국내 시장에 머물 것인지 아니면 70억 명이 기다리는 글로벌 시장으로 나아갈 것인지의 사이에서 선택을 강요당하고 있다.

이 같은 상황은 경제 전반이 비슷한 양상이고, 미디어 분야도 예외는 아니다. 우리나라도 무역 규모 1조 달러 시대에 살고 있고, 글로벌 무대를 배제한 생존전략은 상상하기 어려운 틀에 매여 있디. 특히 수출 6,280억 달러(2014년 기준) 시대에 우리 문화 콘텐츠 수출액은 외형적으로는 53.2억 달러 규모로 아직 수출 총액의 1%에 못 미치는 수준이지만 미디어 콘텐츠 부문은 특성상 사람의 아이디어와 창작 역량으로 승부를 걸 수 있는 분야라는 점에서 빈약한 부존자원에 기인한 핸디캡을 돌파할 수 있을 뿐만 아니라 부가가치와 수익률이 현저히 높은 분야라는 점에서 정책적 우선순위에 두고 육성해야 할 분야임에 틀림없다.

당장 세계 미디어 산업계를 둘러봐도 최근 급부상하고 있는 신생기업 넷플릭스의 매출 규모가 국내 방송 3사의 합계액보다 2~3배 많은 수준이고, 인접 중국의 미디어 기업들도 글로벌형으로 변신 중이라는 사실은 우리가 나아가야 할 방향이 무엇인지 시사하는 바가 크다. 이는 우리 미디어 기업들도 더 이상 국내 시장에 안주하는 기존의 틀로는 생존하기 어렵고, 글로벌형 사업모델을 구축하고 글로벌 무대로 나서는 것 외에 다른 선택이 있을 수 없다는 의미를 함축하고 있기 때문이다.

우리가 글로벌 콘텐츠 시장에서 키플레이어로 뛰기 위해서는 무엇보다도 콘텐츠 제작 측면에서 기술발전에 따른 소비 패턴의 변화를 반영한 새로운 포맷을 개발하고, 소구력 있는 콘텐츠의 개발 노력이 그 출발점이 될 것이다. 국제 콘텐츠 마켓에서는 한국과 일본 드라마, 그리고 미국 드라마의 특성을 희화화한 분석이 있을 정도로 우리 콘텐츠는 바닥이 빤히 들여다보이고 있기 때문이다. 즉 의학과 경찰 그리고 법정 드라마의 경우에 미국 드라마에서는 의사는 병을 치료하고 경찰은 범인을 잡고 변호사는 변호를 하지만, 한국 드라마에서는 의사와 경찰 그리고 변호사가 연애를 하고, 일본 드라마에서는 의사와 경찰과 변호사가 교훈을 준다. 이제부터는 시장의 새로운 니즈에 맞춘 새롭고 독특한 콘텐츠 상품something new & something unique을 개발하는 것이 한류의 영속성을 위한 전략의 핵심이다. 이는 한때 아시아 시장뿐만 아니라 세계 시장에서 주목받던 홍콩 영화의 흥망성쇠 과정을 통해서도 교훈을 얻을 수 있다.

텔레비전 프로그램의 수출가격 결정요인을 분석한 연구에 따르면, 프로그램의 수출가격은 수출 대상국의 특성, 수출국과 수출 대상국 간의 구조적 관계, 수출 프로그램의 특성을 기준으로 설정돼야 하며, 이 같은 가격 차별화의 효과를 극대화하기 위해서는 수출시장의 다각화, 수출 장르의 다각화가 바탕이 돼야 한다고 지적했다.[188] 글로벌화를 위해서는 이 같은 부분에 대한 고려도 선행돼야 할 것이다. 이 점에서 드라마 이외의 장르에 대한 상품개발을 통한 수출상품 다변화 노력도 시급한 과제로 보인다.

시대가 변해도 문화상품에 있어서는 문화적 할인이 작용한다는 일반적 원리는 그대로 이어진다는 점에서 문화적 할인이 적은 다큐나 애니메이션 영역에서의 전략상품 개발 노력은 아무리 강조돼도 지나치지 않다고 할 것이다. 방송 콘텐츠의 수출액 중 다큐와 애니메이션 구성비가 전체의 2~3%에 밑도는 취약구조로 글로벌 메이저로 부상하기는 불가능하다는 점에서 애니메이션이나 다큐 관련 해외 유수 미디어 기업의 성공사례를 벤치마킹할 필요가 있을 것이다.

3) 뉴미디어 기업과의 경쟁

국내의 네이버, 카카오는 물론 미국의 넷플릭스, 중국의 유쿠투도우, 아이치이, 텐센트 등 국내외 뉴미디어 기업의 전방위적 성장은 방송 콘텐츠의 제작과 유통에 새로운 변화를 몰아오고 있다. 디지털 기술의 발전으로 구축된 인터넷 및 모바일 환경은 방송 시청 형태를 변화시키면서 오랫동안 지속되었던 안방극장의 개념을 빠른 속도로 붕괴시키는 것은 물론이고 콘텐츠의 형태도 변화시킬 것이다. 당장 드라마 같은 전통적 방송 콘텐츠도 전체의 구조적 완결성보다 매회 매순간 이목을 집중시키는 데 초점을 맞춘 삽화식 구성이 보편화하고, 드라마 전체를 긴 호흡으로 정해진 시간에 시청하는 패턴보다 에피소드별로 짧은 호흡으로 언제든지 부담없이 즐길 수 있는 삽화식 구성이 각광받게 될 것이다.

유튜브Youtube나 넷플릭스 같은 강력한 온라인 플랫폼이 활성화되고 있는가 하면, 모바일 중심의 트렌드도 가속화되고 있어서 전통적인 매체의 입지는 점점 좁아지고 있다. 즉 공유, 연결, 참여를 키워드로 하는 방송영상 생태계의 모바일화는 영상물의 제작, 유통, 소비 생태계의 구조적 변화를 불러오고 있는 것이다. 플랫폼이 다양화하면서 시청자는 방송사나 채널보다는 좋아하는 콘텐츠를 즉시, 편리하게 시청할 수 있는지가 더 중요한 관심사가 되었다. 또한 이전까지 방송사의 편성에 의존하여 시간, 공간 제약적이던 시청 환경이 시청자 스스로 시, 공간 큐레이션이 가능한 형태로 변화했다. 나아가 유튜브나 아프리카 TV와 같은 인터넷 방송을 기반으로 하는 MCNMulti-Channel-Network 콘텐츠, 즉 개인방송의 채널화도 이루어지고 있다.[189]

이처럼 영화관, 텔레비전 그리고 컴퓨터와 스마트폰으로 발전해오면서 대중문화의 소비주체는 전체에서 개인으로 세분화되었고, 소비 패턴의 변화로 노출빈도는 시청률 집계방식에서 조회 수나 다운로드 수로 결정되는 단계에 도달해 있다. 넷플릭스를 위시한 OTT 플랫폼의 등장으로 인한 콘텐츠의 진화와 혁신을 '멀티플랫포밍multi-platforming' 전략과 '매스커스터마이제이션mass-customization' 전략으로 요약하기도 한다.[190] 멀티플랫포밍 전략은 여러 단말기와 플랫폼에 걸쳐 콘텐츠의 생산과 소비를 최적화하는 것으로, 장르 간 콜라보레이션과 트랜스미디어 스토리텔링 전략으로 세분화되며, 매스커스터마이제이션은 OTT 플랫폼 사업자의 오리지널 콘텐츠 제작과 웹드라마 제작 등으로 세분화된다. 장르 간 콜라보레이션은 OTT 플랫폼 사업자인 넷플릭스가 마블 엔터테인먼트와 만화, 영화, 드라마 간 콜라보레이션을 추진하는 사례가 대표적이다. 마블의 히어로 드라마 시리즈물을 협력 제작하고, 마블의 영화를 넷플릭스에 가장 먼저 독점 유통하면서 동시다발적으로 콘텐츠의 전송과 배포를 추진하는 방식이다.

트랜스미디어 스토리텔링 전략은 개별 단말기와 플랫폼에 따라 차별화된 콘텐츠를 만들어내면서도 전체 콘텐츠 소비에서 시너지를 유발하도록 하는 것이다. 주로 원본 콘텐츠에서 특정 캐릭터나 배경을 중심으로 스핀오프 형태의 콘텐츠가 제작된다. 국내의 대표적인 사례는 웹툰 〈미생〉으로 시작해 단행본, 모바일 영화 〈미생 프리퀄〉, 케이블 TV 드라마 〈미생〉이 제작되었고, 드라마 〈미생〉의 방영에 맞춰 등장인물 중 오과장의 대리시절을 다룬 〈특별 5부작〉 웹툰이 제작되었다. 이 같은 전략은 관련 콘텐츠를 '몰아보기'할 경우 하나의 콘텐츠가 방영될 때 시청자들에게 이전의 콘텐츠까지 재조명된다는 점에서 시너지 효과가 크다.

이처럼 OTT 플랫폼 사업자의 다양한 전략들은 방송 콘텐츠 제작에 있어서 모바일과 인터넷 환경에 맞는 3분에서 10분 내외의 짧은 콘텐츠 등 여러 단말기와 플랫폼에 적합한 콘텐츠를 개발하고, 이용자의 관심에 따라 재빠르게 플랫폼을 활용할 줄 아는 전략이 필요한 새로운 환경으로 변화했음을 시사한다.

[표 53] 글로벌 OTT 플랫폼의 오리지널 콘텐츠 제작 및 독점공급 현황

업체	대상	주요 내용
넷플릭스	드라마 (프리미엄)	• 〈House of Cards〉, 〈Arrested Development〉, 〈Marco Polo〉 등 제작 • 〈젤다의 전설〉(닌텐도 게임/애니메이션) 실사 드라마 제작 • 〈Marvel Super Heroes〉 드라마 제작 및 영화 방영권 독점
	어린이	• 어린이 타깃의 드라마와 영화 전용 포털 〈Just for Kids〉 구성 • 애니메이션 시리즈 〈Turbo FAST〉 제작 및 독점
	토크쇼	• 빌 코스비와 계약, 토크쇼 TV 프로그램 제작 추진
	여성/코미디	• 〈Derek〉, 〈Orange is the New Black〉 등 제작 및 독점 공급

아마존	드라마 (프리미엄)	• 〈Amazon Studio〉, 〈People's Production Company〉 출범 • 인기작가 Michael Connelly의 경찰드라마 〈Bosch〉 제작 • X-File 작가 Chris Carter의 공상과학 드라마 〈The After〉 제작
	어린이	• 어린이용 오리지널 TV 시리즈 3편 제작 〈Tumble Leaf〉, 〈Creative Galaxy〉, 〈Annedroids〉
	코미디	• 〈Alpha House〉, 〈Transparent〉 등 6편의 코미디/시트콤 제작
훌루	드라마 (프리미엄)	• 〈Spy〉, 〈Misfits〉, 〈White〉 등 25편 오리지널 시리즈 독점 공급 • 〈Battleground〉, 〈Spoilers〉 등 제작 및 독점 공급
	다큐멘터리	• 〈A day in life〉 제작 및 독점 공급
	엔터테인먼트 뉴스	• 〈The Moning After〉 제작 및 독점 공급
유튜브 (구글)	드라마 (프리미엄)	• James Patterson의 베스트셀러 〈Maximum Ride〉를 Collective Digital Studio를 통해 유튜브 전용 동영상 콘텐츠로 제작 • 미국, 유럽 등 유명 CP와 오리지널 콘텐츠 제작 지원 추진(시리즈 당 100만~300만 달러 지원. 30분 이내의 동영상 중심)
	개인 채널	• 다양한 유명스타(Justin Lin, Anthony Zuiker)들의 개인 채널 런칭

* 출처: 최세경(2015). 유통 플랫폼이 이끄는 방송 콘텐츠의 진화와 혁신. KOCCA 방송 트렌드 & 인사이트 8, 9월호(2호), 11~22.

4) 이종 분야 기업과의 경쟁

BAT(바이두, 알리바바, 텐센트)라 불리는 중국 3대 IT 기업은 해외업체들에 대한 지분투자를 통해 전략적 자산을 확보하고 있다. 중국의 총 해외투자 규모는 2014년 기준 1,231억 달러에 이르며, 이 중 한국에 내한 투사는 약 12억 달러를 자지하고 있다.[191] 특히 중국 기업의 해외 M&A 10대 업종 중 통신, 미디어, 기술을 일컫는 TMT 분야는 234.06억 달러에 이른다. 중국 기업들이 2012년 이후 국내의 게임, 모바일 관련 기업에 투자한 금액만 해도

7,000억원 이상이다. 알리바바 마윈 회장은 국내 인터넷 기업에 대한 M&A 의지를 숨기지 않고 있으며, 텐센트는 카카오(720억원, 9.9% 지분 확보)를 시작으로 CJ 게임즈(5,330억원, 28%), 파티게임즈(200억원, 20%) 등에 투자하는 등 한국 기업에 대한 지분 투자가 많다.[192]

[그림 39] 중국 기업의 해외 M&A 10대 업종(2014년 기준)

(단위: 억 달러)

* 출처: 김일환(2015. 4. 2). '차이나머니' 국내 IT 산업을 위협하다. ETview+.

특히 전자상거래업체인 알리바바의 경우 2015년 11월 '중국판 블랙프라이데이'인 광군제 총 매출액이 912억 위안(약 16조5,000억원)에 이르러 2015년 총 매출액이 2014년에 비해서도 상승할 것이 확실시되며, 모바일 거래 비중이 68%를 차지함으로써 그 영향력을 확대하고 있다.[193] 알리바바의 광군제 총 매출액은 국내 최대 오픈마켓인 G마켓과 11번가의 1년 총 매출액인 10조원대를 넘어서는 수준이며,[194] 2014년 기준 우리나라 전자상거래 매출액이 331억 달러, 즉 약 38조원대인 데 비해 알리바바의 매출액이

[표 54] 중국 기업의 미디어 관련 한국 시장 주요 투자사례

투자업종	중국 기업	투자시점	투자한 한국 기업	투자금액
정보기술(IT)	텐센트	2014년	파티게임즈	200억원
		2014년	넷마블	5,330억원
		2012년	카카오	720억원
		2010년	리로디드스튜디오	55억원
	샨다그룹	2010년	아이덴티티게임즈	1,113억원
		2004년	액토즈소프트	1,395억원
엔터테인먼트	소후닷컴	2014년	키이스트	150억원
	주나인터내셔널	2013년	초록뱀	미공개
	SG인베스트먼트	2015년	씨그널엔터테인먼트그룹	198억원

* 출처: 김일환(2015. 4. 2), 김보형(2015) 재구성

약 14조원에 이른다는 점에서 알리바바라는 기업 하나의 매출액이 우리나라 전체 전자상거래 매출액의 40%에 육박하고 있음을 알 수 있다.[195]

그런가 하면 앞으로 미디어의 경쟁자는 국내 방송사끼리의 경쟁이나 외국 유수의 방송사와의 경쟁으로 국한되지 않고, 예상치 못했던 이종업체가 가장 강력한 경쟁자로 등장하고 또 그들에 의해 인수합병될 것이란 예언은 이미 현실로 증명되고 있기도 하다. 이는 콘텐츠 산업이 새로운 기술과 다양한 플랫폼을 타고 시

[표 55] 중국의 주요 IT 기업(2014년 기준)

구분	Alibaba	Baidu	Tencent	合一集团	LeTV
설립시기	1999년 9월	2000년 1월	1998년 11월	2012년 8월	2004년 11월
사업영역	전자상거래, 금융 · 물류, 빅데이터, 광고, 클라우드	포털 검색(중문) SNS, 웹하드, 광고	실시간 통신, SNS, 게임, 인터넷 부가 서비스	비디오 Sharing	비디오 Sharing
매출액/ 순이익	14조원 5조원	9조원 2.5조원	15조원 5.6조원	NA	NA
주수입원	상가 입주비, 광고비 등	Bidding	통신, SNS, 네트웍게임	유료 사용자, 광고	유료 사용자, 광고
IP/PV (일평균)*	IP 4,900만 PV 2억	IP 4.1억 PV 33억	IP 2.5억 PV 10억	IP 5,000만 PV 1.6억	IP 8,300만 PV 2.5억
특기사항	알리바바 픽처스 설립(2014), 유쿠-투도우 지분 18.5% 보유	IQIYI 운영, PPS(동영상 2위 업체) 인수	–	유쿠-투도우 통합(2012) 후 사명 개칭 (2015. 8)	중국 자스닥 상장(2010. 8)

* 주: 1. www.alexa.cn 및 Baidu백과(2015. 9. 30 기준) 자료검색 및 iMBC 내부자료를 종합하여 재정리
　　2. 合一集团은 Youku(2005. 4. 15 설립)와 Tudou(2006. 6. 21 설립)가 2012년 8월 통합합병 후 2015. 8. 20 사명을 合一集团으로 개명(유쿠투도우)
　　3. IP는 해당 사이트 접속자 숫자, PV는 해당 페이지를 클릭하여 읽은 뷰어의 숫자

간과 공간을 넘어 유통되는 상황에서 어쩌면 그리 놀랄 일도 아니다. 예를 들어 중국의 샤오미는 스마트 러닝화, 미밴드, 스마트 램프를 비롯한 다양한 제품들을 출시하면서 샤오미의 스마트폰과 연결할 수 있게 해 사용자의 니즈에 맞는 데이터를 모아 시각적으로 보여주고 있다.[196] 샤오미는 샤오미 스마트폰을 중심으로 한 사물인터넷IoT 환경을 만들면서 콘텐츠의 유통에도 적지 않은 영

항을 끼칠 것으로 전망된다. 방송 콘텐츠는 이미 모바일을 통해 상당 부분 소비되고 있으며, 모바일을 통한 콘텐츠 소비의 범위는 점점 더 확장돼 가는 추세이기 때문이다. 글로벌 컨설팅업체 맥킨지는 사물인터넷 시장 규모가 2025년까지 연간 11조 달러(1경4,300조원)대까지 커질 것으로 전망했다.[197] 특히 한국정보화진흥원에 따르면 커뮤니케이션 분야는 IoT로 대표되는 3차 대전에 진입 중이다. 1차 대전은 인터넷, 2차 대전은 모바일, 3차 대전은 IoT로 진단하며, 구글과 애플의 매출액이 한국 GDP 수준에 육박한다는 보고도 있다. 따라서 IoT를 통해 미디어 분야의 새로운 전장이 펼쳐질 것이라는 예견이 설득력을 얻고 있다.

3. 맺음말

인간사회의 경쟁 양상도 일반적인 동물사회에서 적용되는 '정글의 법칙'과 크게 다르지 않다는 점에서 경쟁을 피해 독자적인 생존을 도모하기는 어렵다. 특히 글로벌화, 디지털화된 미디어 환경에서 한국의 방송 콘텐츠가 살아남기 위해서는 변화에 적극적으로 대응하는 것이 필요하다. 파이낸셜타임즈의 에디디인 제임스 킨지는 "정보가 생산 즉시 공유·배포 되는 시대를 맞아 미디어의 진입 장벽은 사라졌다"며 "미디어는 다른 미디어뿐만 아니라 개인 블로그, 투자은행이나 컨설팅 회사의 보고서와도 경쟁해야 하는 현재의 여건을 명확히 인식해야 한다"고 지적했다.[198] 미디어의 디지털화는 미디어 기업이 더 이상 정보의 중심이 아니며, 콘텐츠 또한 기존의 미디어가 아닌 다른 방식으로 유통될 수 있다는 점을 증명해왔다. 따라서 미디어 기업의 외연은 콘텐츠 생산에만 머물 것이 아니라 콘텐츠를 연결하는 다양한 방식으로 확장돼야 한다. "미디어 기업들은 콘텐츠 생산뿐만 아니라 데이터 활용, SNS, 플랫폼을 통한 정보 공유 등으로 외연을 확장해야 했지만 그러지 못했다"는 〈구글노믹스〉의 저자인 제프 자비스 뉴욕시립대 교수의 비판[199]은 새겨들을 만하다.

여기서 한국 경제의 구조적인 환경조건도 살펴볼 필요가 있는데, 우리는 내수시장이 협소한데다 부존자원도 부족한 핸디캡을 고스란히 안고 있어서, 큰 틀에서 보면 원료를 수입하고 이를 활용하여 완성품을 만들어 다시 해외에 판매하는 가공무역에 매어 있다고 할 것이다. 여기에 더하여 우리는 지정학적으로도 대륙 세력과 해양 세력이 부딪히는 충돌지점에 위치해 있다. 이는 경제적인 측면에서도 작용하고 있는데, 당장의 국제 통상질서 재편 과정에서도 미국과 일본 등이 주도하는 다자간 경제통합체인 환태평양경제동반자협정TPP, Trans-Pacific Partnership과 중국과 아세안국들이 주도하는 역내포괄경제동반자협정RCEP, Regional Comprehensive Economic Partnership의 틈새에 끼어 있는 형국이다. 우리 경제가 대륙 세력과 해양 세력이 충돌하는 지점에 위치하고 있다는 것은 곧 그만큼 외부환경 요인에 의해 예민하게 영향을 받는다는 의미라고 분석된다. 그렇지만 우리가 대륙 세력과 해양 세력을 양 날개로 활용하는 적극적 전략을 강구한다면 취약점은 오히려 장점으로 전환돼 양대 세력을 지지기반으로 활용한 급부상의 기회가 될 수도 있을 것이다. 또한 방송 콘텐츠를 포함한 문화산업은 해외에서 원재료를 수입해 생산하는 기존의 가공무역 틀이 아닌 우리의 창의력과 아이디어에 기반하고 있다는 점에서 구조적 핸디캡을 탈피할 수 있는 가능성을 내포하고 있다. 이 점에서 우리는 인간의 창의력이나 기술력으로 경쟁력을 창출할 수 있는 영역인 문화산업에서 승부수를 던질 필요가 있을 것이고, 지난 몇 년 사이에 이루어진 '한류' 현상에서 그 잠재력과 가능성이 확인되었다고 할 것이다.

또한 인류는 기술적인 측면에서도 끊임없는 진화의 과정을 이어가고 있는데 한 발 앞선 첨단기술을 가진 자가 승자로 부상하게 된다는 사실은 역사에서 반복적으로 증명되고 있다. 동서고금을 막론하고 신기술에 의해 형성되는 새로운 환경과 새로운 질서에 적응하는 자는 살아남고, 이에 적응하지 못하는 낙오자는 도태하게 된다는 것이 생태계의 이치라고 할 수 있다. 이는 미디어 생태계에서도 예외가 아니라고 할 수 있다.

앞에서 살펴본 바와 같이 미디어 생태계는 지금 이 순간에도 변화의 격랑 속에서 요동치고 있고, 그 변화된 환경 속에서 새로운 사업 모델이 출현하고 있다. 이 같은 변화는 미디어업계에도 전통적인 강자가 위기에 휩싸이는가 하면 새로운 플랫폼이 화려하게 등장하는 것을 통해서도 알 수 있다. 새로운 환경에서는 또 다른 새로운 승자가 속속 등장할 것이다. 미래경제학자인 제레미 리프킨 미국 경제동향연구소 소장은 사물인터넷을 통한 '협력적 공유경제'라는 제3차 산업혁명을 예언하면서 2050년경에는 공유경제 혹은 한계비용 제로 사회가 도래할 것이라고 진단한다. 그는 변화하는 경제 패러다임 하에서 번성할 기업은 페이스북, 구글, 알리바바, 트위터처럼 자본주의에 바탕을 둔 통합공급자 aggregator들이 될 것이란 진단도 내놓고 있다.[200]

물론 아무리 환경이 바뀌어도 변함없는 사실은 인간은 오락적 동물이라는 점이며, 앞으로도 통합공급자들이 주목할 것은 사람들을 즐겁게 할 '콘텐츠'가 될 것이라는 점이다. 콘텐츠는 그것을 실어나르는 외형이 어떻게 바뀌든 그 속에 함축된 맛이 경쟁의 요체이며, 이 같은 점에서 콘텐츠 관련 사업은 음식사업과도 닮아 있다. 결론적으로 문화전쟁에 있어서 근본적인 경쟁의 핵심은 유통매체나 플랫폼보다는 매체에 실을 콘텐츠의 '품질'이나 '소구력'으로 귀착한다는 의미이다. 또한 요즘 같이 급변하는 미디어 환경 속에서 살아남기 위한 최선의 대책은 뒤따라가기보다 우리가 글로벌 이슈를 선점하고 변화를 리드하는 것일지 모른다. 그래서 병법에서도 '공격이 최상의 방어'란 책략이 담겨 있다는 점에 주목할 필요가 있을 것이다.

지금은 10년, 100년 뒤 미래의 세계 문화지도를 우리가 원하는 형태의 설계도를 가지고 그려야 할 시점이다. 미래의 양상은 전적으로 우리의 선택과 자세에 달린 문제이다. 흔하게 쓰이는 '기획'의 개념을 쉽게 풀어쓴다면 미래 상황은 아무도 가보지 않아 알 수 없지만 미리 예측하고 이에 맞는 최상의 전략과 대비책을 강구하는 것이라고 정의할 수 있을 것이다. 또한 '경영'은 유한하게 부여되는 자금력과 인력 같은 경영자원을 여하히 활용하여 수익을 창출하는 체계를 구축·운영하는 것이라고 할 수 있을 것이다. 여기서 상황이 불투명하고 어려운 때일수록 리더의 역할이 중요한 데 지금 같은 불안정 상황에서 리더가 갖추어야 할 요건 중 핵심사항은 한 발 먼저 미래 상황을 예측하고 그에 대한 대비책을 세우고 미래 비전을 제시하는 것이다. 여기서 전략수립의 핵심은 '정확한 정보'인데 우리는 미래 상황을 거의 정확히 시뮬레이션 할 수 있는 정확한 메타데이터들을 가지고 있다는 점에서 엄청난 행운아임에 틀림이 없다.

부록

1. 콘텐츠 거래 계약서 견본

AGREEMENT

An Agreement made of this th day of December, 2015.

Between : **Munhwa Broadcasting Corp.(MBC)** (The Licensor in this agreement)

Dori Media Group Ltd. (The Licensee in this agreement)

It is Agreed as follows :

1. Licensor : Munhwa Broadcasting Corp.(MBC)

31, Yoido-Dong, Youngdungpo-Gu, Seoul, 150-728, Korea

(Tel ; +82-2-789-2826)

2. Licensee : Dori Media Group Ltd.

2 Raul Wallenberg St., 5th Fl., Tel Aviv 69 719, Israel

(Tel ; +972-3-647-8185)

3. Program : Drama Series<Jewel In The Palace> (60' x 54 eps)

4. Terms & Conditions

a) Period : Three(3) years (January 1st, 2008 ~ December 31th, 2010)

b) Territory : Israel only

c) Rights & Runs : TV rights, 2 Runs

(each with up to 2 repeats within 7 days)

d) Authorized Language : Korean with Hebrew and/or Russian subtitles

e) License Fee : Total amount US$xxx,xxx (including Withholding tax)

(@US$x,xxx per episode including material cost)

f) Materials : Betacam SP(Pal with the seperated M&E track),

EnglishScripts, promotional photographs, promos and trailers.

* Licensor agree that Licensee uses photographs, promos and trailers in

its web site for the purpose of promotion.

g) Payment Terms : Licensee is to transfer 50% of the license fee within 30 days from

signing on this contract. And, the remaining 50% will be transferred on

completion of delivery of all masters.

* In case of any default in payment by Licensee, all rights granted hereunder shall be

deemed belonging to Licensor.

3-1

5. Wire Transfer Payment To :

        Bank : Industrial Bank of Korea(MBC Branch)

        31 Yoido-dong, Youngdungpo-gu, Seoul 150-728,

        Korea

        Account: Munhwa Broadcasting Corporation(MBC)

        Account No.: xxx-xxxx-xxx

        * Bank Swift Code : xxxx

6. Taxes : The Licensee shall pay all the taxes except withholding tax, duties and other charges which is due and payable as a result of the delivery of the Program from the Licensor to Licensee.

7. Delivery : Upon of this agreement and receipt of 100% payment of the License Fee from the Licensee, Licensor shall deliver all the Materials for the program upon Licensee's broadcasting schedule.

    * Licensor is to be responsible for shipment cost.

8. Terms of Broadcasting :

    a) Licensor grants to Licensee the Satellite & Cable rights throughout the licensed period in licensed territory. Licensee is not allowed to assign the program in other kinds of right than noted in this contract. In case such deed was done, Licensee is to be responsible for any loss and damage caused by such deed. And Licensor shall not distribute the Granted Right in this Agreement to any third party within the limited period.

    b) Licensee is to report to Licensor the further broadcasting schedule as soon as the broadcasting schedule is fixed.

9. Title : The title of the Program is possessed by the Licensor in any translated version in any language including the Hebrew and Russian translated version when broadcasted in Israel.

10. Censorship / Editing : Licensee shall have the right to edit or eliminate any part of the Program exclusively in order to conform to any government regulation within the licensed Territory.

11. Property : The Granted Rights of the Licensed Program shall remain the sole and exclusive property of the Licensor until the Licensee remits the whole (100%) payment to the Licensor.

12. Warranty : The Licensor warrants the Materials to be of an acceptable quality, technically and physically. Otherwise Licensor is deemed to provide Licensee with a better quality Materials within 20 days after written inquiry from Licensee.

13. Rights Granted : For the title <Jewel In The Palace> (60'x54 eps), Satellite and Cable TV rights are granted throughout the License Period in the Licensed Territory, Israel only. However, Licensee is not allowed to assign or use the Program

3-2

in other kinds of right than noted in this contract. In case such deed was done, Licensee is to be responsible for any loss and damage caused by it.

14. Broadcasting Schedule : Licensee is to inform Licensor the broadcasting schedule and the channel of the above program.

15. Waiver : This document contains the entire agreement of the parties. No changes shall be valid, unless in writing and with the agreement of both parties. Licensee shall use the program only in a manner consistent with the licensed rights and any violation of this warranty shall allow the Licensor to any suitable relied for infringement. Licensee may use portions of the program to create promotional and publicity materials.

16. Control : The Licensee shall cautiously control the Master Tapes of the Licensed Program and take every step to prevent Home Video including VHS, VCD, DVD of the Licensed Program from being illegally released to Taiwan, China, Hong Kong, and other countries. If the Home Video of the Licensed Program was illegally released and proven to be the Licensee's default or wrongdoing, the Licensee shall be responsible for all damages & losses occurred and shall pay for any and all additional damages.
In case of problems such as indemnity or dispute occurring due to Licensee not abiding by the above, Licensee must be responsible for all cost and liability.

17. Rescission : In any case of breach by one of the parties of its obligations hereunder, the other party shall be entitled, failing cure of the breach within 30 days after presentation of formal notice to that effect given by registered letter with return receipt requested, to consider this agreement as having been purely
simply rescinded due to the defaulting party without prejudice to any and all additional damages. And in case no action abiding the contract is carried out with three months after the signing of the contract, the contract will be automatically abrogated.

18. Jurisdiction : The agreement shall be governed by Korean Law and the Court of Seoul shall have the jurisdiction over any dispute and all disputes which may arise between the parties regarding the construction of performance hereof.

Date : December th, 2015

Munhwa Broadcasting Corp.　　　**Dori Media Group Ltd.**
(MBC)
xxxxx xxxxx
President & CEO Vice President TV Channels
3-3

글로벌 시대의
방송 콘텐츠 비즈니스

2. 딜 메모 견본

DEAL MEMO

AN AGREEMENT made of this ____ day of November, 2015
BETWEEN : Munhwa Broadcasting Corp. (The Licensor in this agreement)
        (The Licensee in this agreement)

IT IS AGREED as follows :

1. **LICENSOR : Munhwa Broadcasting Corporation**
                31 Yoido-Dong, Youngdungpo-Gu, Seoul, 150-728, Korea
2. **LICENSEE :**

3. **PROGRAM :**

4. **TERRITORY :**

5. **TERMS & NUMBER OF RUNS :**
6. **RIGHTS GRANTED :**

7. **NET LICENSE FEE : Net US$ (@US$)**
8. **MATERIALS : Betacam SP Tape(   ), promotional photos,   script**

9. **PAYMENT TERMS :**

When signed hereon, this deal memo will confirm our AGREEMENT.

Munhwa Broadcasting Corp.

_____   _____

Gildong, Hong
President

*This deal memo is deemed valid for 2months as of date of signature hereon.

＊ 딜 메모는 계약을 체결하기 위한 준비단계로 활용되는 측면이 강하며, 딜 메모 과정을 생략하고 곧바로 계약체결 과정으로 가는 경우도 많음.

3. 저작권 증명서 견본

Certificate Of Copyrights

To Whom it may concern,

This is to certify and warrent that MBC(Munhwa Broadcasting Corp.) is the legitimate license holder of the copyrights in the Drama entitled <Jewel in the Palace>, and KOFICE has the right to broadcast and distribute this title in the territory as mentioned below.

1. Licensee ; Korea Foundation for Int'l Culture Exchange (KORFICE)
2. ProgramS Granted: <Jewel in the Palace>(60 mins x 54 eps)
      * Name of Producer: Lee Byung-Hoon
      Main Cast: Lee Young-AE, Ji Jin-Hee, Hong Ri-Na, Im Ho
3. Territory ; Ethiopia, Tonga
4. Rights Granted ; Terrestrial TV, Satellite & CATV rights
5. Period of Copyright ; Four(4) Years (Jan. 15th, 2008 to Jan. 14th, 2012)

This is to certify the the above statements are correct and true.

November 2nd, 2015

Gildong, Hong
Deputy Director
Global Business Dept.

For and On Behalf Of
MBC(Munhwa Broadcasting Corp.)
    31 Yoido – Dong, Youngdungpo–Gu, Seoul 150-728,
    Korea,

* 저작권 증명서는 해당 업체가 계약을 체결하기 위한 대상 프로그램의 저작권을 소유하고 있는 적법한 업체인지를 확인하기 위한 절차로, 통상적으로 공증을 거친 후 상대에게 제공됨.

제1장 _ 글로벌 시대의 방송 콘텐츠 비즈니스 환경

1) 구문모(2007). 미디어 콘텐츠의 비즈니스 원리. 서울: 해남.

2) KBS 〈슈퍼차이나〉 제작팀(2015). 〈슈퍼차이나 – 중국의 힘은 어디에서 비롯되는가〉. 서울: 가나출판사.

3) 네이버 지식백과 – 국제 방송의 역사와 유형: KBS월드.

4) PWC(2014), 이지성(2015. 9. 4) 등을 참고하여 자료를 재구성함.

5) 이지성(2015. 9. 4). CJ "2020년 글로벌 톱10 문화기업으로 도약". 서울경제.

6) PWC(2015). Global Entertainment and Media Outlook 2015–2019.

7) 박재복(2009). TV 드라마의 사회적 의미와 영향력. 〈웹진 문화관광〉 2009년 11월호 이슈진단 콘텐츠 산업의 사회적 책임.

8) 권호영 · 송민정 · 한광접(2015). 〈디지털미디어경영론〉. 서울: 커뮤니케이션북스.

9) 이서희(2015. 9. 10). 넷플릭스 내년 상륙 …국내서도 '명품 드라마' 내놓나. 한국일보.

10) 박호현(2015. 9. 4). 빅데이터 기반 예능 · 드라마 내년에 나온다. 서울경제.

11) 정윤경(2010). 〈한국 미디어 산업의 변화와 과제〉. 7장 '융합 시대의 미디어 콘텐츠 유통'. 서울: 커뮤니케이션북스.

12) 구문모(2007). 미디어 콘텐츠의 비즈니스 원리. 서울: 해남.

13) 정윤경(2010). 〈한국 미디어 산업의 변화와 과제〉. 7장 '융합 시대의 미디어 콘텐츠 유통'. 서울: 커뮤니케이션북스.

14) 한국콘텐츠진흥원(2014). 중국 콘텐츠 산업의 성장과 대응 전략 (방송).

15) 전병서(2014). 〈한국의 신국부론, 중국에 있다〉. 서울: 참돌.

16) 박재복(2012). 한국 TV 드라마의 수출 요인 및 수입국의 시장 특성 연구: MBC를 중심으로. 연세대학교 박사학위 논문.

17) 권호영 · 김영수(2009). 한류 확산을 위한 전략과 정책: 방송영상물을 중심으로. 『한국콘텐츠진흥원 연구보고서 09-01』, 한국콘텐츠진흥원.

18) 윤재식(2015). 방송 콘텐츠 수출입 현황과 전망. 한국콘텐츠진흥원 통계로 보는 스포츠 산업 제15-07호.

19) 산업통상자원부 보도자료(2014. 1. 1). 2013년(12월, 전체) 수출입 동향 및 2014년 수출입 전망.

20) 한국문화산업교류재단(2012). 한류의 수익효과 및 자산가치 분석.

21) 한국문화산업교류재단(2015). 2014 한류의 경제적 효과에 관한 연구.

22) 한국콘텐츠진흥원(2015). 한국 방송 프로그램의 미국 수출 전략.

23) 박재복(2009). TV 드라마의 사회적 의미와 영향력. 〈웹진 문화관광〉 2009년 11월호 이슈진단 콘텐츠 산업의 사회적 책임.

24) 국제문화산업교류재단(2008). 한류의 지속적 발전을 위한 종합조사 연구.

25) 유승관(2014). 한국 드라마와 K-pop이 국가 이미지에 미치는 영향. 『정치 커뮤니케이션 연구』, 33호, 27~50.

26) 박재복(2012). 한국 TV 드라마의 수출 요인 및 수입국의 시장 특성 연구: MBC를 중심으로. 연세대학교 박사학위 논문.

27) 임정수(2006). 〈영상미디어 산업의 이해〉. 서울: 한울 아카데미.

28) 박소라(2006). 방송시장 개방에 따른 미디어 상품의 국가 간 흐름 모델과 자국 문화 보호: 상대적 시장 규모와 문화적 할인 개념을 중심으로. 『사이버커뮤니케이션학보』, 18호, 113~151.

29) 김은미(2000). 자국 영화와 해외 영화의 경쟁에 관한 연구: 영상물의 창구화windowing와 관련하여. 『한국언론학연구』, 2권, 6~28.

30) 임정수(2006). 〈영상미디어 산업의 이해〉. 서울: 한울 아카데미.

31) 권호영(2001). 유료방송시장의 불공정 경쟁구조와 개선방안. 『PP정책세미나자료집』

32) 임정수(2006). 〈영상미디어 산업의 이해〉. 서울: 한울 아카데미.

33) 유세경 · 김종열 · 윤재식(1997). 방송 프로그램의 국제 경쟁력 제고 방안 연구. 『한국방송개발원 연구보고서 97-06』

34) 이상우(2004). 6개 국가의 영화시장 점유율과 영화 후속 창구 규모의 관계, 1950~2002. 『한국언론학보』, 48권 6호, 225~247.

35) 이상우(2004). 6개 국가의 영화시장 점유율과 영화 후속 창구 규모의 관계, 1950~2002. 『한국언론학보』, 48권 6호, 225~247.

36) 전범수(2011). 한국 미디어 산업의 글로벌화: 글로벌 미디어 시장 구조의 변화와 대응전략 방향. 『ITBI Review』, 17권 1호, 9~26.

37) 정용균 · 홍성구(2008). 동아시아 지역의 문화상품 국제유통과 수출 마케팅: 텔레비전 드라마를 중심으로. 『국제지역연구』, 12권 4호, 421~450.

38) Daya Kishan Thussu(2006). International Communication: Continuity and Change(2nd Edition). 배현석 역(2009). 〈국제커뮤니케이션: 연속성과 변화〉. 서울: 한울.

39) Schiller, H. I.(1976). Communication and cultural domination. 강현두 역(1984). 〈커뮤니케이션과 문화제국주의〉. 서울: 현암사.

40) Varis, T.(1984). The International Flow of Television Programs. Journal of Communication, 34(1), 143~152.

41) Antola, L. & Rogers, E.(1984). Television flows in Latin America. Communication Research, 11(2), 183~202.
Varis, T.(1984). The International Flow of Television Programs. Journal of Communication, 34(1), 143~152.

42) Chadha, Kalyani & Kavoori, Anandam(2000). Media imperialism revisited: some findings from the Asian case. Media, Culture and Society, 22(4), 415−432.

43) Straubhaar, J., et al.(2003). National and Regional TV Markets and TV Program Flows. International Communication Assn. Conference, May 2003.

44) Roach, C.(1997). Cultural Imperialism and Resistance in Media Theory and Literary Theory. Media, Culture and Society, 19, 29~54.

45) Waterman, D. & Rogers, E.(1994). The Economics of Television Program Production and Trade in Far East Asia. Journal of Communication, 44(3), 89~111.

46) Pool, Ithiel de Sola(1977). The Changing Flow of Television. Journal of Communication, 27(2), 139~149.

47) Wildman, Steven. S.(1994). One−way flows and the economics of audiencemaking. In Ettema, J. S. and Whitney, D. C. (eds.). Audiencemaking: How the Media Create the Audience. Sage, Thousand Oaks.

48) Wildman, Steven. S.(1994). One−way flows and the economics of audiencemaking. In Ettema, J. S. and Whitney, D. C. (eds.).

Audiencemaking: How the Media Create the Audience. Sage, Thousand Oaks.

49) Marvasti, A.(1994). International Trade in Cultural Goods: A Cross—Sectional Analysis. Journal of Cultural Economics. 18(2), 134~148.

50) Krugman, P.(1980). Scale Economies, Product Differentiation, and the Pattern of Trade. The American Economic Review, 70(5), 950~959.

51) Davis, D. R. & Weinstein, D. E.(2003). Market access, economic geography and comparative advantage: an empirical test. Journal of International Economics, 59(1), 1~23.
Feenstra, R. C. , Markusen, J. R. & Rose, A. K.(2001). Using the gravity equation to differentiate among alternative theories of trade. Canadian Journal of Economics. 34(2), 430~447.

52) Wildman, Steven S. & Stephan E. Siwek(1988). International Trade in Film and Television Programs. Cambridge, MA: Ballinger.

53) Lee, S. & Waterman, D.(2007). Theatrical Feature Film Trade in the United States, Europe, and Japan Since the 1950s: An Empirical Study of the Home Market Effect. Journal of Media Economics, 20(3). 167~188.

54) Waterman, D. & Jayakar, Krushna P.(2000). The Competitive Balance of the Italian and American Film Industries. European Journal of Communication, 15(4), 501~528.

55) Waterman, D.(2005). "Economics of Media Programming" Chapter 18 in A. Albarran, S. Chan—olmsted, and M. Wirth

Handbook of Media Management & Economics. Lawrence Erlbaum Associates.

56) 대외경제정책연구원(2010), 33쪽 발췌.

57) Schement, J. et al.(1984). The International Flow of Television Programs. Communication Research, 11(2), 163~182.

58) Wildman, Steven S. & Stephan E. Siwek(1993). The Economics of Trade in Recorded Media Products in a Multilingual World: Implications for National Media Policies. In E. M. Noam & Joel C. Millonzi(eds.). The International Market in Film and Television Programs. Norwood. NJ: Ablex. 13~40.

59) 박재복(2005). 〈한류, 글로벌 시대의 문화경쟁력〉, SERI 연구 에세이 036. 삼성경제연구소.

60) 중국의 외국 방송 콘텐츠 등에 대한 규제는 행정법규 12건, 부문 규정 41건, 기타 규범성 문건 428건으로 이루어지고 있음. 예를 들어 외국 영화 및 드라마는 광전총국의 비준 없이는 황금시간대 (19:00~22:00) 방영이 불가하며, 당일 방영되는 프로그램 총 편성시간의 25%를 넘어서는 안 되며, 해외 프로그램은 특정 채널의 당일 방영시간의 15%를 넘어서는 안 됨. 그 외에도 최근에는 외국 프로그램 리메이크 및 포맷 구입도 물량을 관리하고 있음.

61) 광전총국의 허가나 위임을 받은 업체나 단체만이 해외 방송 콘텐츠를 수입, 방송할 수 있도록 함.

62) 윤재식(2011). 2010년 방송 콘텐츠 수출입 현황과 전망. 『KOCCA 포커스』. 한국콘텐츠진흥원.

63) 오정호(2004). 텔레비전 프로그램의 수출가격 결정요인에 관한 연구. 『한국언론학보』, 48권 6호, 5~33.

64) McFadyen, S., Hoskins, C. & Finn, A.(1997). Measuring

the cultural discount in the price of exported US television programs. Working paper.

65) 김도연(2011). 애니메이션의 성공 조건: 〈뽀롱뽀롱 뽀로로〉 사례를 중심으로. 『한국콘텐츠학회논문지』, 11권 8호, 170~176.

제2장 _ 드라마 콘텐츠 비즈니스

66) 오명환(1994). 〈텔레비전 드라마 예술론〉. 서울: 나남출판사.

67) 윤호진(2002). 디지털 시대 TV 드라마의 위상과 전망. 한국방송영상 산업진흥원 연구보고서 05-18.

68) 이경숙(2004). 한류와 텔레비전 드라마. 『프로그램/텍스트』, 제11호, 41~64.

69) 박장순(2006). 〈문화콘텐츠학개론〉. 서울: 커뮤니케이션북스.

70) MBC 미래방송연구실(2013). MBC 한류 리포트.

71) 2015 제1차 K-컬처 정책 포럼 - 전문가 10인 심층조사(50%) 및 일반국민 1,000명 선호도 조사(50%). 선정기준은 글로벌 시장 성과, 상징성, 완성도 등.

72) 박재복(2009). TV 드라마의 사회적 의미와 영향력. 〈웹진 문화관광〉 2009년 11월호 이슈진단 콘텐츠 산업의 사회적 책임.

73) 한국콘텐츠진흥원(2009). 드라마 제작 & 유통의 현재와 진흥 방향. KOCCA 포커스 09-02.

74) 임정수(2006). 〈영상미디어 산업의 이해〉. 서울: 한울 아카데미.

75) 박재복(2012). 한국 TV 드라마의 수출 요인 및 수입국의 시장 특성 연구: MBC를 중심으로. 연세대학교 박사학위 논문.

76) 저자의 2012년 박사학위 논문의 연구결과이기 때문에 분석 시기가 다소 최근 시점이 아니라는 점에서 제한점이 있음을 밝힌다.

77) W. Wayne Fu & Tracy K. Lee(2008). Economic and cultural

influences on the theatrical consumption of foreign films in Singapore. Journal of Media Economics. 21(1), 1~27.

78) 국제문화산업교류재단(2008). 한류 포에버−한류의 현주소와 경제적 효과 분석.

79) 국제문화산업교류재단(2008). 한류 포에버−한류의 현주소와 경제적 효과 분석.

80) 일종의 수입 쿼터인 "지표"와 수입심의허가제도.

81) 홍콩의 경우 TVB와 ATV 등 지상파 2개사와 위성방송 Phoenix TV, 그리고 HK CATV 등 제한적 경쟁체제이고, 싱가포르도 2000년대 중반 Mediacorp이 경쟁사인 Mideaworks을 인수하면서 방송시장 독점체제가 출범함.

82) 박재복(2005). 〈한류, 글로벌 시대의 문화경쟁력〉, SERI 연구 에세이 036. 삼성경제연구소.

83) 박재복(2005). 〈한류, 글로벌 시대의 문화경쟁력〉, SERI 연구 에세이 036. 삼성경제연구소.

84) 국제문화산업교류재단(2008). 한류 포에버−한류의 현주소와 경제적 효과 분석.

85) 권호영 · 김영수(2009). 한류 확산을 위한 전략과 정책: 방송영상물을 중심으로. 『한국콘텐츠진흥원 연구보고서 09−01』, 한국콘텐츠진흥원.

86) 국제문화산업교류재단(2008). 한류 포에버−한류의 현주소와 경제적 효과 분석.

87) 박재복(2005). 〈한류, 글로벌 시대의 문화경쟁력〉, SERI 연구 에세이 036. 삼성경제연구소.

88) 박영철(2013. 4. 13). 한류 원조 '겨울연가' 日 상륙 10년 …지금은. 조선일보.

89) 한국문화관광정책연구원(2004). 일본 내 한국 대중문화 상품의 유통 실태 분석.

90) 전원(2011. 9. 27), KBS 내부자료.

91) 조대곤(2011). 한국 드라마의 미국 진출 동향과 가능성. Content+ Future 2011년 6월호.

92) 한국문화관광정책연구원(2004). 일본 내 한국 대중문화 상품의 유통 실태 분석.

93) 한국문화산업교류재단(2015). 대한민국 2014 한류백서.

94) 한국콘텐츠진흥원(2014). 중국 콘텐츠 산업동향(2014년 5호)-〈별에서 온 그대〉 중국 내 인기 원인 분석.

95) 한국문화산업교류재단(2015). 대한민국 2014 한류백서.

96) 이수연(2014. 9. 29). '상속자들', '별그대' 여파 …중국 시청자, TV에서 인터넷으로 전환. 아주경제.

97) 심상민(2015. 3. 31). '별그대' 아픔 달랠 '사임당' 이영애 "신한류를 부탁해". 미디어펜.

98) 박재복(2009). TV 드라마의 사회적 의미와 영향력. 〈웹진 문화관광〉 2009년 11월호 이슈진단 콘텐츠 산업의 사회적 책임.

99) KOTRA 국가브랜드관리본부(2009). 국가 브랜드 현황 조사 결과보고서 – 바이어 대상 설문조사 결과.

100) 다국적 브랜드 조사기관인 안홀트-GMI의 2008년 조사결과 참조.

101) 장서윤(2015. 9. 19). 한류 4.0 시대, 중국 진출 드라마 · 예능 콘텐츠 시장에 필요한 것은. 스포츠한국.

102) 한국콘텐츠진흥원(2015). 글로벌 마켓 브리핑 10월호(vol.5) – 심층분석: 이란, UAE.

103) 염희진(2015. 10. 30). 드라마 한류의 새 모델. 동아일보.

104) 강태영 · 윤태진(2002), 윤태진 · 이설희(2013)를 참고하여 재구성함.

105) 은혜정(2013). 텔레비전 프로그램 포맷, 서울: 커뮤니케이션북스.

106) O'Regan(1992), The Regional, The National, and The Local: Hollywood's new and declining Audiences.

107) 한국콘텐츠진흥원(2014), 방송 포맷 수출활성화 및 현지화 연구, KOCCA 연구보고서 14-01.

108) 한국콘텐츠진흥원(2015). 방송 포맷 수출입 현황조사 연구.

109) FRAPA(Format Recognition & Protection Association; www.frapa.org: 포맷 인증 및 보호협회) 2011년 자료. 세계 포맷 시장 규모는 정확한 집계가 어려운 관계로 포맷 인증 및 보호협회인 FRAPA의 가장 최근 보고서인 2011년 자료를 참고함. 현재는 이보다 증가했을 것으로 추정됨.

110) UK TV Export Survey, 2012.

111) 배진아(2015). 국내 지상파 방송의 TV 포맷 수출 현황 및 과제. 『방송문화』, 2015년 3월호, 35~48.

112) 문강형준(2010). 〈슈퍼스타 K2〉, 혹은 신자유주의 시대의 스펙타클. 『시민과 세계』, 18권, 186~201.

113) 은혜정(2013). 텔레비전 프로그램 포맷. 서울: 커뮤니케이션북스.

114) 은혜정(2013). 텔레비전 프로그램 포맷. 서울: 커뮤니케이션북스.

115) 은혜정(2013). 텔레비전 프로그램 포맷. 서울: 커뮤니케이션북스.

116) 은혜정(2013). 텔레비전 프로그램 포맷. 서울: 커뮤니케이션북스.

117) MBC 미래방송연구실(2013). MBC 한류 리포트.

118) 송국(2014). 기자협회보(2014. 1. 10).

119) 조인우(2015. 6. 23). [中 한류 빅뱅/②방송] 콘텐츠 판매 → 포맷 수출 → 합작 '진화 거듭'. 뉴시스.

120) 한국콘텐츠진흥원(2015). 글로벌 마켓 브리핑-중국 콘텐츠 산업동향 2015년 20호.

121) 한국콘텐츠진흥원(2015). 중국 콘텐츠 산업동향(2015년 21호).

122) 한국콘텐츠진흥원(2015). 중국 콘텐츠 산업동향(2015년 21호).

123) 한국콘텐츠진흥원(2013). 〈나는 가수다〉 중국 버전 사례분석. 중국 콘텐츠 산업동향 2013년 9호.

124) 한국콘텐츠진흥원(2015). 한중의 이해가 얽히는 새로운 시장을 개척하러 간다-김영희 PD 인터뷰. KOCCA 방송 트렌드 & 인사이트 2015년 8, 9월호, 23~31.

125) 한국콘텐츠진흥원(2014). 방송 포맷 수출활성화 및 현지화 연구.

126) 유재혁(2015. 4. 12). 중국판 '나가수' '런닝맨' 매출만 1조. 한국경제.

127) 홍원식(2015). 해외 TV 포맷 유통 현황과 전망. 『방송문화』, 2015년 3월호, 49~59.

128) 배진아(2015). 국내 지상파 방송의 TV 포맷 수출 현황 및 과제. 『방송문화』, 2015년 3월호, 35~48.

129) 송인정(2014). 우리 방송 콘텐츠 산업의 미래, 창의성과 혁신성에 있다. 『월간 방송작가』, 2014년 7월호, 37~39, 한국방송작가협회.

130) 황진우(2014). 대한민국은 글로벌 콘텐츠 시장의 키플레이어가 될 수 있는가. 『월간 방송작가』, 2014년 7월호, 24~25, 한국방송작가협회.

제4장 _ 다큐 콘텐츠 비즈니스

131) 김만식 외(1998). 〈텔레비전 다큐멘터리 정착화 방안 연구〉. 한국방송개발원.

132) 김현(2014), TV 다큐멘터리의 '현대사' 재현과 시기별 의미 구성 차이 연구. 성균관대학교 언론정보대학원 석사학위 논문.

133) 김현(2014). TV 다큐멘터리의 '현대사' 재현과 시기별 의미 구성 차이 연구. 성균관대학교 언론정보대학원 석사학위 논문.

134) 최양묵(2003). 〈텔레비전 다큐멘터리 제작론〉. 서울: 한울.

135) 한국콘텐츠진흥원(2009). 방송영상 콘텐츠 산업 실태조사Ⅱ: 드라마, 다큐멘터리 제작 및 유통 실태.

136) 방송통신위원회(2014). 2014 방송산업실태조사보고서.

137) 방송통신위원회(2010). 방송사업자 진흥기반 조성을 위한 지원방안 연구: 방송 콘텐츠 산업 육성을 위한 투자 진흥방안을 중심으로.

138) 방송통신위원회(2010). 방송사업자 진흥기반 조성을 위한 지원방안 연구: 방송 콘텐츠 산업 육성을 위한 투자 진흥방안을 중심으로.

139) 한국콘텐츠진흥원(2009). 한류 확산을 위한 전략과 정책: 방송영상물을 중심으로.

140) 한국콘텐츠진흥원(2009). 방송영상 콘텐츠 산업 실태조사Ⅱ: 드라마, 다큐멘터리 제작 및 유통 실태.

141) 윤고은(2010. 2. 6). MBC '아마존의 눈물' 에필로그도 20%대. 연합뉴스.

142) 이종수(2010). 자연/환경 다큐멘터리의 대중 서사 전략: '아마존의 눈물'(MBC)과 '아마존'(BBC2) 비교분석. 『한국언론학보』, 54권 3호, 374~398.

143) 이종수(2010). 자연/환경 다큐멘터리의 대중 서사 전략: '아마존의 눈물'(MBC)과 '아마존'(BBC2) 비교분석. 『한국언론학보』, 54권 3호, 374~398.

144) 이종수(2010). 자연/환경 다큐멘터리의 대중 서사 전략: '아마존의 눈물'(MBC)과 '아마존'(BBC2) 비교분석. 『한국언론학보』, 54권 3호, 374~398.

145) 황정현(2010. 3. 2). 〈아마존의 눈물〉에서 읽은 다큐의 '눈물': 한국

의 다큐가 설 자리를 묻는다. 미디어오늘.

146) 이종수(2015). 〈포스트 텔레비전 시대의 다큐멘터리 트렌드〉. 서울: 커뮤니케이션북스.

147) 방송통신위원회(2010). 방송사업자 진흥기반 조성을 위한 지원방안 연구: 방송 콘텐츠 산업 육성을 위한 투자 진흥방안을 중심으로.

148) 한국콘텐츠진흥원(2009). 방송영상 콘텐츠 산업 실태조사Ⅱ: 드라마, 다큐멘터리 제작 및 유통 실태.

149) 김미라(2007). 다큐멘터리 소재와 시장 성과 간의 관계 연구. 『한국방송학보』, 21권 5호, 7~34.

150) 김미라(2007). 다큐멘터리 소재와 시장 성과 간의 관계 연구. 『한국방송학보』, 21권 5호, 7~34.

151) 이종수(2015). 〈포스트 텔레비전 시대의 다큐멘터리 트렌드〉. 서울: 커뮤니케이션북스.

제5장 _ 애니메이션 콘텐츠 비즈니스

152) 박문석(2002). 황금 거위를 잡아라: 지구는 지금 미디어 콘텐츠 전쟁 중. 서울: 신유.

153) 소년한국일보(2003. 8. 15). 그림에 생명을 불어넣는 작업-애니메.

154) 박장순(2006). 〈문화콘텐츠학개론〉. 서울: 커뮤니케이션북스.

155) 한국콘텐츠진흥원(2014). 2014 애니메이션 산업백서.

156) 2011~2013년 수출입액은 '콘텐츠 산업 통계조사' 결과에 '방송산업 실태 조사보고서'의 지상파 방송 및 방송 채널 사용사업자 수출입액을 추가하여 집계.

157) 한국콘텐츠진흥원(2013). 2013 애니메이션 산업백서.

158) 한국콘텐츠진흥원(2014). 2014 애니메이션 산업백서.

159) 한국콘텐츠진흥원(2010). 2010 애니메이션 산업백서.

160) 한국콘텐츠진흥원(2011). 2011 애니메이션 산업백서.

161) 김영재(2008). 뉴미디어 환경 변화에 따른 애니메이션 콘텐츠 비즈니스 모델.『애니메이션 연구』, 4권 2호, 29~51.

162) 한국콘텐츠진흥원(2011). 2011 애니메이션 산업백서.

163) 정아란(2015. 2. 23) 일본 NHK, 한국 애니 '로보카폴리' 성공사례 조명. 연합뉴스.

164) www.roivisual.com

165) 한국콘텐츠진흥원(2011). 2011 애니메이션 산업백서.

166) 이혜미(2015. 6. 24). '겨울왕국' 대박 디즈니-픽사, '인사이드 아웃'으로 연타석 홈런?. 헤럴드경제.

167) 월트디즈니 2014 연차보고서(thewaltdisneycompany.com)

168) 전범수(2013). 〈글로벌 미디어 기업〉. 서울: 커뮤니케이션북스.

169) 전범수(2013). 〈글로벌 미디어 기업〉. 서울: 커뮤니케이션북스.

170) 고정민(2004). 애니메이션의 비즈니스 사례와 성공전략. 삼성경제연구소 이슈페이퍼.

171) 한국콘텐츠진흥원(2015), "콘텐츠 산업동향분석보고서" 및 "콘텐츠 산업통계" 등 종합.

172) 김영재(2008). 뉴미디어 환경 변화에 따른 애니메이션 콘텐츠 비즈니스 모델.『애니메이션 연구』, 4권 2호, 29~51.

173) 이초희(2015. 1. 12). 웹툰시장 1조원 '쑥'↑…해외시장진출 필수조건. 아시아경제.

제6장 _ 방송 콘텐츠 비즈니스 실무

174) 구문모(2007). 미디어 콘텐츠의 비즈니스 원리. 서울: 해남.

175) 최영묵 · 이세영 · 이상훈(2000). 디지털 시대의 영상저작물과 저작권에 관한 연구. 한국방송영상산업진흥원.

176) 정윤경(2005). 〈저작권과 방송 콘텐츠 유통〉. 서울: 커뮤니케이션 북스.

177) 정수경(2001). 마케팅커뮤니케이션론. 서울: 중앙M&B.

178) 김숙현 외(2001). 한국인과 문화 간 커뮤니케이션. 서울: 커뮤니케이션북스.

179) 정수경(2001). 마케팅커뮤니케이션론. 서울: 중앙M&B.

제7장 _ 미디어 환경 변화 및 향후 전망

180) 이시훈(2015). 방송광고제도의 문제점. 『방송문화』, 2015년 3월호. 94~107.

181) 양문희(2015). 창조경제시대 방송산업 경쟁력 제고를 위한 제도 개선 방안. 『방송문화』, 2015년 6월호, 86~99.

182) PWC(2015). Global Entertainment and Media Outlook 2015-2019.

183) [메조미디어] 글로벌 디지털 시장 현황(2014. 3)(ZenithOptimedia, 2013. 12 재인용)

184) 윤소정(2014. 9. 23). 글로벌 광고지출 5.3% 증가 …ZenithOptimedia 전망. 글로벌비즈.

185) 전영선(2015. 10. 15). 웹드라마 시장에 뜬 '입 큰 개구리'. 중앙일보.

186) 윤석진(2015). 예능과 드라마의 결합, 급변하는 방송 환경에서의 생존전략. 『월간 방송작가』, 2015년 10월호. 한국방송작가협회.

187) 윤석진(2015). 예능과 드라마의 결합, 급변하는 방송 환경에서의 생존전략. 『월간 방송작가』, 2015년 10월호. 한국방송작가협회.

188) 오정호(2004). 텔레비전 프로그램의 수출가격 결정요인에 관한 연구. 『한국언론학보』, 48권 6호, 5~33.

189) 최선영(2015). 방송영상 생태계의 모바일화: 공유, 연결, 참여.

KOCCA 방송 트렌드 & 인사이트 10, 11월호(3호), 4~12.

190) 최세경(2015). 유통 플랫폼이 이끄는 방송 콘텐츠의 진화와 혁신. KOCCA 방송 트렌드 & 인사이트 8, 9월호(2호), 11~22.

191) 김보형(2015). 중국의 한국 투자. 2015 성공경제포럼 CHINA 특별 세미나 6·7회 - 한국 기업의 중국 진출과 투자유치.

192) 김일환(2015. 4. 2). '차이나머니' 국내 IT 산업을 위협하다. ETview+.

193) 박세령(2015. 11. 12). 광군제, 알리바바 총매출 '16.5조원'…거래 68%는 '모바일'. 머니위크.

194) 매일경제TV(2015. 11. 11). [이슈 앤 뉴스] 중국 '광군절' 특수 영향은?

195) 안상욱(2015. 1. 8). [그래프] "한국 e커머스, 올해 40조원 시장". 블로터닷넷.

196) 최재홍(2015. 9. 17). 샤오미의 IoT 생태계 성공할까?. 머니투데이.

197) 2015 세계경제지식포럼 - 사물인터넷IoT이 모든 것을 바꾼다.

198) 매일경제 세계경제지식포럼 사무국(2014). 〈세계경제 새로운 태동〉. 서울: 매일경제신문사.

199) 매일경제 세계경제지식포럼 사무국(2014). 〈세계경제 새로운 태동〉. 서울: 매일경제신문사.

200) 매일경제 세계경제지식포럼 사무국(2014). 〈세계경제 새로운 태동〉. 서울: 매일경제신문사.

| 참고문헌 |

1) 국내 문헌

- 강만석 외(1998). 〈텔레비전 다큐멘터리 정착서 방안 연구〉. 한국방송개발원.
- 강태영 · 윤태진(2002). 한국 TV 예능오락 프로그램의 변천과 발전: 편성 및 사회문화사적 의미와 평가. 서울: 한울 아카데미.
- 고정민(2004). 애니메이션의 비즈니스 사례와 성공 전략. 삼성경제연구소 이슈페이퍼.
- 국제문화산업교류재단(2008). 한류의 지속적 발전을 위한 종합조사 연구.
- 국제문화산업교류재단(2008). 한류 포에버—한류의 현주소와 경제적 효과 분석.
- 권호영(2001). 유료방송시장의 불공정 경쟁구조와 개선방안. 『PP정책세미나자료집』
- 권호영 · 김영수(2009). 한류 확산을 위한 전략과 정책: 방송영상물을 중심으로. 『한국콘텐츠진흥원 연구보고서 09-01』, 한국콘텐츠진흥원.
- 권호영 · 송민정 · 한광접(2015). 〈디지털미디어경영론〉. 서울: 커뮤니케이션북스.
- 권혜미(2015). 손 안의 작은 드라마, 웹드라마. 〈저작권문화〉 Vol 254.

23 한국저작권위원회.

- 김도연(2011). 애니메이션의 성공 조건: 〈뽀롱뽀롱 뽀로로〉 사례를 중심으로.『한국콘텐츠학회논문지』, 11권 8호, 170~176.
- 김미라(2007). 다큐멘터리 소재와 시장 성과 간의 관계 연구.『한국방송학보』, 21권 5호, 7~34.
- 김병희(2014). 광고의 범주에 대한 재정의 및 위상 제고. '광고의 사회적 위상 제고: 광고시장 환경 변화와 중간광고 도입', 한국광고학회 세미나 발제집.
- 김보형(2015). 중국의 한국 투자. 2015 성공경제포럼 CHINA 특별세미나 6 · 7회 - 한국 기업의 중국 진출과 투자유치.
- 김숙현 외(2001). 한국인과 문화 간 커뮤니케이션. 서울: 커뮤니케이션북스.
- 김영덕(2009). 한일 드라마 제작환경 비교. 방송영상산업진흥원 보고서.
- 김영재(2008). 뉴미디어 환경 변화에 따른 애니메이션 콘텐츠 비즈니스 모델.『애니메이션 연구』, 4권 2호, 29~51.
- 김은미(2000). 자국 영화와 해외 영화의 경쟁에 관한 연구: 영상물의 창구화windowing와 관련하여.『한국언론학연구』, 2권, 6~28.
- 김현(2014). TV 다큐멘터리의 '현대사' 재현과 시기별 의미 구성 차이 연구. 성균관대학교 언론정보대학원 석사학위 논문.
- 대외경제정책연구원(2010). 중남미의 사회 · 문화적 코드와 방송영상 산업의 소비 패턴 연구: 한류의 효율적인 정착을 위한 제언.
- 매일경제 세계경제지식포럼 사무국(2014). 〈세계경제 새로운 태동〉. 서울: 매일경제신문사.
- 문강형준(2010). 〈슈퍼스타 K2〉, 혹은 신자유주의 시대의 스펙타클.『시민과 세계』, 18권, 186~201.

- 박문석(2002). 황금 거위를 잡아라: 지구는 지금 미디어 콘텐츠 전쟁 중. 서울: 신유.
- 박소라(2006). 방송시장 개방에 따른 미디어 상품의 국가 간 흐름 모델과 자국 문화 보호: 상대적 시장 규모와 문화적 할인 개념을 중심으로. 『사이버커뮤니케이션학보』, 18호, 113~151.
- 박장순(2006). 〈문화콘텐츠학개론〉. 서울: 커뮤니케이션북스.
- 박장순(2007). 〈한류, 신화가 미래다〉. 서울: 커뮤니케이션북스.
- 박재복(2005). 〈한류, 글로벌 시대의 문화경쟁력〉, SERI 연구 에세이 036. 삼성경제연구소.
- 박재복(2009). TV 드라마의 사회적 의미와 영향력. 〈웹진 문화관광〉 2009년 11월호 이슈진단 콘텐츠 산업의 사회적 책임.
- 박재복(2012). 한국 TV 드라마의 수출 요인 및 수입국의 시장 특성 연구: MBC를 중심으로. 연세대학교 박사학위 논문.
- 방송통신위원회(2010). 방송사업자 진흥기반 조성을 위한 지원방안 연구: 방송 콘텐츠 산업 육성을 위한 투자 진흥방안을 중심으로.
- 배진아(2008). 방송시장의 포맷 거래에 관한 연구. 『방송과 커뮤니케이션』, 제9권 2호, 6~36.
- 배진아(2015). 국내 지상파 방송의 TV 포맷 수출 현황 및 과제. 『방송문화』, 2015년 3월호, 35~48.
- 송인정(2014). 우리 방송 콘텐츠 산업의 미래, 창의성과 혁신성에 있다. 『월간 방송작가』, 2014년 7월호, 37~39, 한국방송작가협회.
- 양문희(2015). 창조경제시대 방송산업 경쟁력 제고를 위한 제도 개선 방안. 『방송문화』, 2015년 6월호, 86~99.
- 오명환(1994). 〈텔레비전 드라마 예술론〉. 서울: 나남출판사.
- 오정호(2004). 텔레비전 프로그램의 수출가격 결정요인에 관한 연구. 『한국언론학보』, 48권 6호, 5~33.

- 유세경 · 김종열 · 윤재식(1997). 방송 프로그램의 국제 경쟁력 제고방안 연구. 『한국방송개발원 연구보고서 97-06』
- 유승관(2014). 한국 드라마와 K-pop이 국가 이미지에 미치는 영향. 『정치 커뮤니케이션 연구』, 33호, 27~50.
- 윤석진(2015). 예능과 드라마의 결합, 급변하는 방송 환경에서의 생존 전략. 『월간 방송작가』, 2015년 10월호, 한국방송작가협회.
- 윤재식(2011). 2010년 방송 콘텐츠 수출입 현황과 전망. 『KOCCA 포커스』, 한국콘텐츠진흥원.
- 윤재식(2015). 방송 콘텐츠 수출입 현황과 전망. 한국콘텐츠진흥원 통계로 보는 콘텐츠 산업 제15-07호.
- 윤태진 · 이설희(2013). 한국 텔레비전 예능 · 오락 프로그램의 어제/오늘/내일: 지상파 방송 3사를 중심으로. 2013 한국언론학회 가을철 정기학술대회.
- 윤호진(2002). 디지털 시대 TV 드라마의 위상과 전망. 한국방송영상산업진흥원 연구보고서 05-18.
- 윤호진(2008). 드라마 산업 진흥과 HD 콘텐츠 활성화를 위한 인프라 구축 방안. 한국방송영상산업진흥원.
- 은혜정(2013). 〈텔레비전 프로그램 포맷〉. 서울: 커뮤니케이션북스.
- 이경숙(2004). 한류와 텔레비전 드라마. 『프로그램/텍스트』, 제11호, 41~64.
- 이상우(2004). 6개 국가의 영화시장 점유율과 영화 후속 창구 규모의 관계, 1950~2002. 『한국언론학보』, 48권 6호, 225~247.
- 이시훈(2015). 방송광고제도의 문제점. 『방송문화』, 2015년 3월호, 94~107.
- 이종수(2010). 자연/환경 다큐멘터리의 대중 서사 전략: '아마존의 눈물'(MBC)과 '아마존'(BBC2) 비교분석. 『한국언론학보』, 54권 3호,

374~398.

- 이종수(2015). 〈포스트 텔레비전 시대의 다큐멘터리 트렌드〉. 서울: 커뮤니케이션북스.
- 임정수(2006). 〈영상미디어 산업의 이해〉. 서울: 한울 아카데미.
- 전범수(2011). 한국 미디어 산업의 글로벌화: 글로벌 미디어 시장 구조의 변화와 대응전략 방향. 『ITBI Review』, 17권 1호, 9~26.
- 전범수(2013). 〈글로벌 미디어 기업〉. 서울: 커뮤니케이션북스.
- 전병서(2014). 〈한국의 신국부론, 중국에 있다〉. 서울: 참돌.
- 정수경(2001). 마케팅커뮤니케이션론. 서울: 중앙M&B.
- 정용균·홍성구(2008). 동아시아 지역의 문화상품 국제유통과 수출 마케팅: 텔레비전 드라마를 중심으로. 『국제지역연구』, 12권 4호, 421~450.
- 정윤경(2005). 〈저작권과 방송 콘텐츠 유통〉. 서울: 커뮤니케이션북스.
- 정윤경(2010). 〈한국 미디어 산업의 변화와 과제〉. 7장 '융합 시대의 미디어 콘텐츠 유통'. 서울: 커뮤니케이션북스.
- 조대곤(2011). 한국 드라마의 미국 진출 동향과 가능성. Content+ Future 2011년 6월호.
- 최선영(2015). 방송영상 생태계의 모바일화: 공유, 연결, 참여. KOCCA 방송 트렌드 & 인사이트 10, 11월호(3호), 4~12.
- 최양묵(2003). 〈텔레비전 다큐멘터리 제작론〉. 서울: 한울.
- 최영묵·이세영·이상훈(2000). 디지털 시대의 영상저작물과 저작권에 관한 연구. 한국방송영상산업진흥원.
- 한국문화관광정책연구원(2004). 일본 내 한국 대중문화 상품의 유통 실태 분석.
- 한국문화산업교류재단(2012). 한류의 수익 효과 및 자산가치 분석.
- 한국문화산업교류재단(2015). 2014 한류의 경제적 효과에 관한 연구.

- 한국문화산업교류재단(2015). 대한민국 2014 한류백서.
- 한국방송영상산업진흥원(2007). 영상물 유통시장의 변화와 신디케이션Syndication의 가능성.
- 한국콘텐츠진흥원(2009). 방송영상 콘텐츠 산업 실태조사Ⅱ: 드라마, 다큐멘터리 제작 및 유통 실태.
- 한국콘텐츠진흥원(2009). 한류 확산을 위한 전략과 정책: 방송영상물을 중심으로.
- 한국콘텐츠진흥원(2009). 드라마 제작 & 유통의 현재와 진흥 방향. KOCCA 포커스 09-02.
- 한국콘텐츠진흥원(2010). 2010 애니메이션 산업백서.
- 한국콘텐츠진흥원(2011). 2011 애니메이션 산업백서.
- 한국콘텐츠진흥원(2013). 2013 애니메이션 산업백서.
- 한국콘텐츠진흥원(2013). 〈나는 가수다〉 중국 버전 사례분석. 중국 콘텐츠 산업 동향 2013년 9호.
- 한국콘텐츠진흥원(2014). 중국 콘텐츠 산업의 성장과 대응 전략(방송).
- 한국콘텐츠진흥원(2014). 2014 애니메이션 산업백서.
- 한국콘텐츠진흥원(2014). 중국 콘텐츠 산업동향(2014년 5호)-〈별에서 온 그대〉 중국 내 인기 원인 분석.
- 한국콘텐츠진흥원(2014). 방송 포맷 수출 활성화 및 현지화 연구.
- 한국콘텐츠진흥원(2015). 2013년 확정치 기준 콘텐츠 산업 규모 분석.
- 한국콘텐츠진흥원(2015). 중국 콘텐츠 산업동향(2015년 21호)
- 한국콘텐츠진흥원(2015). 한국 방송 프로그램의 미국 수출 전략.
- 한국콘텐츠진흥원(2015). 방송 포맷 수출입 현황조사 연구.
- 한국콘텐츠진흥원(2015). 한중의 이해가 얽히는 새로운 시장을 개척하러 간다-김영희 PD 인터뷰. KOCCA 방송 트렌드 & 인사이트 2015년 8, 9월호, 23~31.

글로벌 시대의
방송 콘텐츠 비즈니스

- 한국콘텐츠진흥원(2015). 글로벌 마켓 브리핑 10월호(vol.5)−심층분석: 이란, UAE.
- 한국콘텐츠진흥원(2015). 글로벌 마켓 브리핑−중국 콘텐츠 산업동향. 2015년 20호.
- 홍원식(2015). 해외 TV 포맷 유통 현황과 전망. 『방송문화』, 2015년 3월호, 49~59.
- 황진우(2014). 대한민국은 글로벌 콘텐츠 시장의 키플레이어가 될 수 있는가. 『월간 방송작가』, 2014년 7월호 24~25, 한국방송작가협회.
- KAIST 정보미디어연구센터(2015). KAIST 글로벌 엔터테인먼트 산업 경쟁력 보고서 2015.
- KBS 〈슈퍼차이나〉 제작팀(2015). 〈슈퍼차이나−중국의 힘은 어디에서 비롯되는가〉. 서울: 가나출판사.
- KOTRA 국가브랜드관리본부(2009). 국가 브랜드 현황 조사 결과보고서 – 바이어 대상 설문조사 결과.
- MBC 미래방송연구실(2013). MBC 한류 리포트.

2) 해외 문헌

- Antola, L. & Rogers, E.(1984). Television flows in Latin America. Communication Research, 11(2), 183~202.
- Chadha, Kalyani & Kavoori, Anandam(2000). Media imperialism revisited: some fingdings from the Asian case. Media, Culture and Society, 22(4), 415−432.
- Davis, D. R. & Weinstein, D. E.(2003). Market access, economic geography and comparative advantage: an empirical test. Journal of International Economics, 59(1), 1~23.
- Daya Kishan Thussu(2006). International Communication:

Continuity and Change(2nd Edition). 배현석 역(2009). 〈국제커뮤니케이션: 연속성과 변화〉. 서울: 한울

- Dupagne, M. & Waterman, D.(1998). Determinants of U.S. Television Fiction Imports in Western Europe. Journal of Broadcasting & Electric Media, 42(2), 208~220.

- Feenstra, R. C. , Markusen, J. R. & Rose, A. K.(2001). Using the gravity equation to differentiate among alternative theories of trade. Canadian Journal of Economics. 34(2), 430~447.

- Hoskins, C. & Mirus, R.(1988). Reasons for US dominance of the international trade in television programmes. Media, Culture & Society, 10, 499~515.

- IBM Institute for Business Value(2006). The end of television as we know it: A future industry perspective.

- Krugman, P.(1980). Scale Economies, Product Differentiation, and the Pattern of Trade. The American Economic Review, 70(5), 950~959.

- Lee, S. & Waterman, D.(2007). Theatrical Feature Film Trade in the United States, Europe, and Japan Since the 1950s: An Empirical Study of the Home Market Effect. Journal of Media Economics, 20(3). 167~188.

- Marvasti, A.(1994). International Trade in Cultural Goods: A Cross-Sectional Analysis. Journal of Cultural Economics. 18(2), 134~148.

- McFadyen, S., Hoskins, C. & Finn, A.(1997). Measuring the cultural discount in the price of exported US television programs. Working paper.

- Moran, A.(2013). Global Television Formats: Genesis and Growth. Critical Studies in Television, 8(2), 1~19.
- O'Regan(1992). The Regional, The National, and The Local: Hollywood's New and declining Audiences, Continental Shift: Globalisation and Culture.
- Pool, Ithiel de Sola(1977). The Changing Flow of Television. Journal of Communication, 27(2), 139~149.
- PWC(2013). Global Entertainment & Media Out Look 2013−2017.
- PWC(2014). Global Entertainment & Media Out Look 2014−2018.
- PWC(2015). Global Entertainment and Media Outlook 2015−2019.
- Roach, C.(1997). Cultural Imperialism and Resistance in Media Theory and Literary Theory. Media, Culture and Society, 19, 29~54.
- Schement, J. et al.(1984). The International Flow of Television Programs, Communication Research, 11(2), 163~182.
- Schiller, H. I.(1976). Communication and cultural domination. 강현두 역(1984). 〈커뮤니케이션과 문화제국주의〉, 서울: 현암사.
- Straubhaar, J., et al.(2003). National and Regional TV Markets and TV Program Flows. International Communication Assn. Conference, May 2003.
- Varis, T.(1984). The International Flow of Television Programs. Journal of Communication, 34(1), 143~152.
- Waterman, D.(2005). "Economics of Media Programming" Chapter 18 in A. Albarran, S. Chan−olmsted, and M. Wirth Handbook of Media Management & Economics. Lawrence Erlbaum Associates.
- Waterman, D. & Jayakar, Krushna P.(2000). The Competitive

Balance of the Italian and American Film Industries. European Journal of Communication, 15(4), 501~528.

- Waterman, D. & Rogers, E.(1994). The Economics of Television Program Production and Trade in Far East Asia. Journal of Communication, 44(3), 89~111.

- Wildman, Steven. S.(1994). One-way flows and the economics of audiencemaking. In Ettema, J. S. and Whitney, D. C. (eds.). Audiencemaking: How the Media Create the Audience. Sage, Thousand Oaks.

- Wildman, Steven S. & Stephan E. Siwek(1988). International Trade in Film and Television Programs. Cambridge, MA: Ballinger.

- (1993). The Economics of Trade in Recorded Media Products in a Multilingual World: Implications for National Media Policies. In E. M. Noam & Joel C. Millonzi(eds.). The International Market in Film and Television Programs. Norwood. NJ: Ablex. 13~40.

- W. Wayne Fu & Tracy K. Lee(2008). Economic and cultural influences on the theatrical consumption of foreign films in Singapore. Journal of Media Economics. 21(1), 1~27.

3) 기타 자료

(1) 신문 · 방송기사 및 보도자료, 잡지 기사

- 김일환(2015. 4. 2). '차이나머니' 국내 IT 산업을 위협하다. ETview+.
- 매일경제TV(2015. 11. 11). [이슈 앤 뉴스] 중국 '광군절' 특수 영향은?
- 박세령(2015. 11. 12). 광군제, 알리바바 총매출 '16.5조원'···거래 68%는 '모바일'. 머니위크.
- 박영철(2013. 4. 13). 한류 원조 '겨울연가' 日 상륙 10년 …지금은. 조

선일보.

- 박호현(2015. 9. 4). 빅데이터 기반 예능 · 드라마 내년에 나온다. 서울 경제.

- 산업통상자원부 보도자료(2014. 1. 1). 2013년(12월, 전체) 수출입 동향 및 2014년 수출입 전망.

- 소년한국일보(2003. 8. 15). 그림에 생명을 불어넣는 작업-애니메.

- 손지애(2014. 3. 18). 글로벌 '별그대' 현상. 코리아넷.

- 송국(2014). 기자협회보(2014. 1. 10)

- 심상민(2015. 3. 31). '별그대' 아픔 달랠 '사임당' 이영애 "신한류를 부탁해". 미디어펜.

- 안상욱(2015. 1. 8). [그래프] "한국 e커머스, 올해 40조원 시장". 블로터닷넷.

- 유재혁(2015. 4. 12). 중국판 '나가수' '런닝맨' 매출만 1조. 한국경제.

- 윤고은(2010. 2. 6). MBC '아마존의 눈물' 에필로그도 20%대. 연합뉴스.

- 윤소정(2014. 9. 23). 글로벌 광고 지출 5.3% 증가 …ZenithOptimedia 전망. 글로벌비즈.

- 염희진(2015. 10. 30). 드라마 한류의 새 모델. 동아일보.

- 이경민(2013. 7. 24). [문화융성, 콘텐츠가 만든다] 좁은 내수시장 벗어나 해외서 승부해야. 전자신문.

- 이수연(2014. 9. 29). '상속자들', '별그대' 여파 …중국 시청자, TV에서 인터넷으로 전환. 아주경제.

- 이지성(2015. 9. 4). CJ "2020년 글로벌 톱10 문화기업으로 도약". 서울 경제.

- 이초희(2015. 1. 12). 웹툰시장 1조원 '쑥'↑ …해외시장진출 필수조건. 아시아경제.

- 이혜미(2015. 6. 24). '겨울왕국' 대박 디즈니-픽사, '인사이드 아웃'으로 연타석 홈런?. 헤럴드경제.
- 장서윤(2015. 9. 19). 한류 4.0 시대, 중국 진출 드라마·예능 콘텐츠 시장에 필요한 것은. 스포츠한국.
- 전영선(2015. 10. 15). 웹드라마 시장에 뜬 '입 큰 개구리'. 중앙일보
- 전원(2011. 9. 27). 윤석호 PD '겨울연가' 뮤지컬로 재탄생, 3조 경제효과에 이바지. 뉴스엔.
- 정아란(2015. 2. 23). 일본 NHK, 한국 애니 '로보카폴리' 성공사례 조명. 연합뉴스.
- 조인우(2015. 6. 23). [中 한류 빅뱅/②방송] 콘텐츠 판매 → 포맷 수출 → 합작 '진화 거듭'. 뉴시스.
- 최재홍(2015. 9. 17). 샤오미의 IoT 생태계 성공할까?. 머니투데이.
- 황정현(2010. 3. 2). 〈아마존의 눈물〉에서 읽은 다큐의 '눈물': 한국의 다큐가 설 자리를 묻는다. 미디어오늘.

(2) 연도별 보고서

- 문화산업통계 1997~2000.
- 방송통신위원회 방송산업실태조사 2001~2014.

(3) 인터넷 자료

- 2015 세계경제지식포럼 − 사물인터넷(IoT)이 모든 것을 바꾼다.
- 네이버 지식백과 − 국제 방송의 역사와 유형: KBS월드.
- 로이비쥬얼(www.roivisual.com)
- [메조미디어] 글로벌 디지털 시장 현황(2014. 3)
available: http://www.slideshare.net/MezzoMedia/201403-32786462
- 아이코닉스(www.iconix.co.kr)

- 월트디즈니(thewaltdisneycompany.com)
- FRAPA(www.frapa.org)
- TBI Vision, TBI Prices Guides(2014. 10. 11, http://tbivision.com)
- UK TV Export Survey, 2012.

방송문화진흥총서 161

글로벌 시대의 방송 콘텐츠 비즈니스

지은이 | 박재복
펴낸이 | 박영발
펴낸곳 | W미디어
등록| 제2005-000030호
1쇄 발행 | 2015년 12월 12일
주소 | 서울 양천구 목동서로 77 현대월드타워 1905호
전화 | 02-6678-0708
e-메일 | wmedia@naver.com

ISBN 978-89-91761-88-9 (03300)

값 15,000원

* 이 책은 MBC재단 방송문화진흥회의 지원을 받아 출간되었습니다.